Moritz Neumann

Shabbat Shalom

Streifzüge durch die jüdische Welt

Moritz Neumann

Shabbat Shalom

Streifzüge durch die jüdische Welt

Herausgegeben von
Lothar Bauerochse und Klaus Hofmeister
und dem Landesverband der
Jüdischen Gemeinden in Hessen

echter

Bibliografische Information der Deutschen Bibliothek
Die Deutsche Bibliothek verzeichnet diese Publikation in der Deutschen Nationalbibliografie; detaillierte bibliografische Daten sind im Internet über <http://dnb.ddb.de> abrufbar.

www.echter-verlag.de
Umschlag: Peter Hellmund (Foto: Moritz Neumann)
Druck und Bindung: Druckerei Friedrich Pustet, Regensburg
ISBN 3-429-02727-6

Inhalt

Zum Geleit ... 7
Vorwort ... 9
Einleitung ... 11

Jüdischer Kalender

Luach ... 19
Jomim Noraim ... 23
Sukkot ... 27
Chanukka ... 31
Tu-bischwat, das Neujahrsfest der Bäume ... 35
Purim ... 40
Pessach ... 45
Omer-Zeit ... 51
Schawuot ... 57
17. Tamus und 9. Aw ... 61
Das Jowel-Jahr ... 66

Brauchtum und jüdisches Alltagsleben

Brauchtum ... 71
Talmud ... 78
Tefillin ... 82
Gebet ... 87
Beschneidung ... 92
Kleidung ... 96
Synagoge und Thora ... 101
Magen David ... 105
Rabbiner ... 110
Kohanim und Leviim ... 115
Das jüdische Haus ... 120
Jüdische Speisen ... 124
Hochzeit ... 128
»Die Frauen kommen« ... 133
Vorschriften im Wandel ... 138

Sozialethische Fragen

Wo der Himmel die Erde berührt 145
Wenn der Maschiach kommt 150
Kabbala 155
Die Zehn Gebote 160
Noch nicht! 165
Zedaka 171
Tierschutz 178
Schächten 183
Euthanasie und Todesstrafe 187
Trauer 193

Jüdische Identität

Mi Jehudi? 201
Wer spricht für das Judentum? 206
Reform 211
Über den Umgang mit dem Gedenken 215
G"tt und Holocaust 220
Displaced Persons 225

Zum Geleit

Das Judentum ist eine Religion der Mizwot, der religiösen Pflichten und der guten Taten.
Die Mizwot begleiten uns in allen Situationen unseres Alltags, sei es als regelmäßige Segenssprüche, als Gebet zu Hause oder in der Synagoge, oder sei es in der Form jenes roten Fadens, der sich von Anbeginn an durch unser Leben und das unserer Väter und Vorväter zieht: das Gebot des Lernens.
Wir sagen es täglich im »Schma Israel« und wissen, daß nur durch die Befolgung dieser Mizwa unsere Religion alle Diskriminierungen und alle Verfolgungen überstehen konnte: »Und es sollen diese Worte, die ich dir heute gebiete, in deinem Herzen sein. Und du sollst sie einschärfen deinen Kindern und davon reden, wenn du in deinem Haus sitzt oder auf dem Weg gehst, wenn du dich niederlegst und wenn du aufstehst.«
Zu allen Zeiten hatte das Lernen im Judentum seine hervorgehobene Bedeutung, ein immerwährendes Lernen, das nicht durch Schulabschlüsse oder Universitätsdiplome für abgeschlossen erklärt wird, sondern uns das ganze Leben hindurch begleitet.
Dabei ist das Lernen über unsere Religion und ihre Gesetze, unsere Traditionen und Bräuche, unsere Geschichte und unsere Gebete heute vielleicht wichtiger denn je, weil die Menschen in unserer Überflußgesellschaft so satt werden, daß ihnen die »Basics«, die geistigen Grundnahrungsmittel, oft abhanden kommen.
Die Schnellebigkeit unserer Epoche hat deshalb die Crash-Kurse erfunden, denn Lernen muß anscheinend schnell vonstatten gehen, damit es seine Attraktivität nicht einbüßt und damit genügend Zeit für andere und scheinbar wichtigere Beschäftigungen bleibt.
Einen ganz besonderen »Schnupper-Kursus« in Sachen Judentum bietet an jedem ersten Freitagnachmittag im Monat der Hessische Rundfunk in seiner Sendung »Jüdische Welt« in hr2. Seit mittlerweile mehr als fünfzehn Jahren vermittelt dort Moritz Neumann seinen Zuhörern Lehrreiches über die jüdischen Feiertage, über die Bedeutung von Synagoge und Gebet, über unsere Traditionen und spricht über eine Vielzahl von Fragen, die von nicht-jüdischen

Freunden häufig gestellt werden und – seien wir ehrlich – deren Beantwortung auch dem jüdischen Publikum nicht immer leichtfällt. Milde gesagt.

Moritz Neumann ist kein Rabbiner. Und vielleicht ist das in diesem Fall sein Vorteil. Denn als gelernter Journalist versteht er es, seinen Zuhörern Fakten und Inhalte auf eine unkomplizierte Weise näherzubringen, ohne daß er zu sehr in das »Fach-Chinesisch« abgleitet, das den Laien doch so oft nur das Verstehen erschwert. Was natürlich nicht heißen soll, daß Moritz Neumanns Texte einer ernstzunehmenden Überprüfung nicht standhielten. Aber ihr Qualitätsmerkmal ist ihre Allgemeinverständlichkeit. Und das macht diese Beiträge so sehr wichtig – übrigens für das jüdische Publikum so sehr wie für das nicht-jüdische.

Wir begrüßen sehr die Initiative der Kirchenredaktion des Hessischen Rundfunks, ausgewählte Beiträge aus anderthalb Jahrzehnten nun auch in gedruckter Form einer interessierten Leserschaft zugänglich zu machen, und wir sind stolz darauf, daß der Landesverband der jüdischen Gemeinden in Hessen, dem auch unsere Gemeinden angehören, dabei als Mitherausgeber fungiert.

Es ist eine gute Idee, die hier vorliegende Textsammlung von Moritz Neumann zu Rosh Hashana 5766, dem diesjährigen Neujahrsfest, zu veröffentlichen. Mögen viele unserer Gemeindemitglieder dieses Buch als Informationsquelle und Nachschlagewerk nutzen – auf daß es ihnen helfe, sich in ihrer eigenen Religion noch mehr oder wieder zu Hause zu fühlen.

Dem Autor gelten unser Dank und unsere Anerkennung. Jischar koach und ad mea weesrim schana.

haRaw Menachem Mendel Gurewitz
Gemeinderabbiner von Offenbach/M.

haRaw Shlomo Freyshist
Gemeinderabbiner von Kassel

Vorwort

»Shabbat Shalom«, mit diesem Gruß zum Shabbat beendet Moritz Neumann traditionell seine monatliche Radioansprache am Freitagnachmittag, kurz vor dem Beginn des Feiertages. Seit anderthalb Jahrzehnten nimmt der langjährige Vorsitzende des Landesverbandes der Jüdischen Gemeinden in Hessen mittlerweile diese Aufgabe als Autor und Rundfunksprecher für hr2, das Kulturprogramm des Hessischen Rundfunks, wahr. Und über die Jahre, so hatten wir den Eindruck, fügten sich die Texte mehr und mehr zu einem großen Ganzen, zu einem umfassenden Bild des jüdischen Lebens heute.

Mit Texten über alle großen Feiertage, vom bekannten Pessach bis zum »Neujahrsfest der Bäume«, hat Moritz Neumann den faszinierenden Jahreskreis jüdischen Feierns und Gedenkens abgeschritten. Er hat das jüdische Brauchtum und die Elemente jüdischen Alltagslebens für Nichtjuden erschlossen, hat die großen sozialethischen Fragen vom Schächten bis zur Euthanasie aus jüdischer Sicht erwogen. Und natürlich hat er dargestellt, was es bedeutet, als Jude im Schatten der Judenvernichtung des 20. Jahrhunderts zu leben, noch dazu im Land der Täter.

Als gelernter Journalist und Romanautor verfügt Moritz Neumann über das Handwerkszeug, um seine Streifzüge durch das jüdische Leben informativ und unterhaltsam zu gestalten. Eine Religionskunde, die zugleich ein Lesegenuß ist, findet man nicht oft. Sie macht diesen Band zu etwas Besonderem.

Alle Texte haben einen erzählenden Charakter und nehmen den Leser behutsam bei der Hand. Sie führen tief in die jüdische Tradition hinein. Aber nie vergißt der Autor, daß er für die meisten Hörer und nun auch Leser ein Führer durch fremde Welten ist. Vorurteile und Halbwissen werden aufgelöst, kein jüdisches Fachwort bleibt unerklärt.

Und zwischen den Zeilen, gelegentlich bei einem Augenzwinkern, lernt der Leser mehr als Fakten. Er begegnet auch einem Geist, einer Atmosphäre, einer Lebenstemperatur des Jüdischen. Das ist die eigentliche Entdeckung: Moritz Neumann gelingt es, uns das jüdische Leben sinnlich, emotional, innerlich nahezu-

bringen. Es gelingt ihm, seine Liebe zu dieser Religion auch im Leser zu erwecken.
Auf diese Weise kenntnisreich und menschlich warm die Bekanntschaft mit der großen Religion des Judentums zu vertiefen, ist ein großes Vergnügen. Wir wünschen diese Freude nun auch den Leserinnen und Lesern dieses Bandes.

Frankfurt, im August 2005

Klaus Hofmeister
Lothar Bauerochse

Einleitung

Eine halbe Wahrheit ist mitunter ärger als eine faustdicke Lüge. Doch jene, die solch eine Scheinwahrheit verbreiten, fühlen sich in aller Regel keineswegs als Übeltäter. Im Gegenteil. Sie haben ja nicht gelogen, sie haben ja die Wahrheit gesagt. Wenn auch nicht die ganze Wahrheit.

Mit den Halbwahrheiten verhält es sich wie mit dem Halbwissen. Ein Halbgebildeter mag den Eindruck erwecken, sich auszukennen und zu wissen, worüber er spricht. Im Endeffekt freilich verbreitet er nicht selten puren Unfug. Und mit dem richtet er mehr Schaden an als mit dem Eingeständnis, etwas nicht zu wissen.

Ein Beispiel für solch offenbar beliebtes Halbwissen ist jene Begriffsverwirrung, die uns bei der Zeitungslektüre und den Unterhaltungen immer wieder begegnet: die Behauptung, der jüdische G"tt sei ein rachsüchtiger G"tt. Woraus dann in Folge die Abstempelung zur alttestamentarischen Härte, zur biblischen Rachsucht oder – Kollektivurteile sind wohl noch die griffigsten und beliebtesten – zum unbarmherzigen Volk der Juden herausgefiltert wird. Kaum jemand, der solcherlei Negativqualifikationen wie selbstverständlich und in aller Überzeugung benutzt, könnte vermutlich auch nur entfernt eine Bibelstelle zitieren, auf die sein diskriminierendes Urteil passen würde. Macht aber nichts. Schließlich sind Vorurteile nicht dazu da, vor der Wirklichkeit zu bestehen. Sonst wären sie ja keine Vorurteile mehr – und ohne die lebt es sich anscheinend nur halb so angenehm.

Das gilt im übrigen nicht allein für die vermeintliche Rachsucht von uns Juden. Ein anderer, aus Halbbildung kolportierter Begriff ist der des Pharisäertums als Synonym für Heuchelei. Die Pharisäer, die Schriftgelehrten im Israel vor 2000 Jahren, gelten wegen einiger Passagen in den Evangelien als Typus der Heuchler schlechthin. Wobei gern übersehen wird, daß die Qualifizierung vor allem deshalb niedergeschrieben und damit in die Welt gesetzt wurde, weil die Pharisäer die Gegenposition zu den von Jesus von Nazareth verbreiteten Thesen vertraten und sich beharrlich weigerten, sich überzeugen zu lassen. Diese Gegnerschaft wurde ihnen in der Folge zum Verhängnis, weil geflissentlich übersehen

bzw. verschwiegen wird, daß die Pharisäer immerhin die einzigen waren, die sich überhaupt bereit erklärt hatten, mit dem Nazarener zu diskutieren. Und dies, notabene, aus ihrer sehr liberalen Grundhaltung heraus. Die sehr viel konservativeren Sadduzäer verweigerten grundsätzlich jedes Gespräch mit dem jüdischen »Querkopf« und haben heutzutage immerhin den spätgeschichtlichen Vorteil, nicht bösartig verleumdet zu werden.
Zu den Märchen, die Jahrhunderte lang über das Judentum verbreitet wurden, um bei der unwissenden Bevölkerung die erwünschten Haßgefühle gegen die Minderheit zu erzeugen, gehört auch die Behauptung, Juden würden während des Kol Nidre-Gebets am Vorabend von Jom Kippur um Ablaß von den Versprechen bitten, die sie während des zurückliegenden Jahres abgelegt hätten. Insbesondere vertragliche Zusagen gegenüber christlichen Geschäftspartnern. Solcherart gereinigt, hätten sie dann keine Hemmungen mehr, ihre Geschäftspartner zu hintergehen, weil sie sich von G"tt quasi die Erlaubnis für dieses Verhalten eingeholt hätten. Man mag derlei Gedankenkonstrukte als albern und unsinnig abtun – Tatsache ist, daß sie geglaubt wurden. Und ich fürchte, nicht selten noch immer geglaubt werden.
Also ist es offenbar immer noch und immer wieder notwendig, den wahren Sinn von Kol Nidre zu erläutern, das, genau genommen, gar kein Gebet ist, sondern eine juristische Formel zur Aufhebung von Gelübden, wie sie vor vielen hundert Jahren üblich war. Wir bitten G"tt, jene Gelübde als gegenstandslos zu betrachten, die wir vielleicht arglos und vorschnell, unter Umständen gar unter Zwang abgelegt haben und deren Erfüllung wir, bei Licht gesehen, womöglich gar nicht erbringen können. Wichtig ist aber die Einschränkung, daß dieser »Auflösungsvertrag« nur solche Verpflichtungen betrifft, die zwischen G"tt und uns bestehen. Es ist eine reine Angelegenheit zwischen unserem Schöpfer und uns. Kein dritter ist involviert. Und ebenso wenig ist diese Bitte um Gegenstandslosigkeit für zwischenmenschliche Absprachen gedacht. Nichts, was von einem Menschen einem anderen zugesagt, versprochen oder lose vereinbart wurde, kann durch das Kol Nidre rückgängig gemacht und damit gegenstandslos werden.
Übrigens, noch einmal mit Blick auf die üble Nachrede vom angeblich strafenden und unbarmherzigen jüdischen G"tt der Rache

sei daran erinnert, daß wir traditionell zum Abschluß der Thora-Lesung an Jom Kippur die Haftara von Jona lesen, den Maftir Jona, den vortragen zu dürfen eine besondere Ehre ist. Gegenstand der gemeinschaftlichen Lesung ist die Geschichte Jonas, der vom Wal verschluckt und wieder ausgespieen wird und nach seiner Rettung den Auftrag von G"tt erhält, in die Stadt Ninive zu gehen, deren sündige Bewohner durch ihr zügelloses Verhalten den Zorn G"ttes auf sich gezogen hatten. Jona sollte erkunden, ob er in Ninive Gerechte ausfindig machen könnte, um derentwillen G"tt von der Zerstörung der Stadt absehen wollte. Jona wurde, wie wir lesen, nicht fündig, berichtete voller Zorn von seinem Fehlversuch. In seiner Wut schien es ihm durchaus angemessen, daß sich nun das g"ttliche Strafgericht erfüllen sollte, nämlich die Zerstörung der Stadt. Als G"tt dies aber verweigerte und Jona darüber dessen Zuverlässigkeit beklagte, erteilte ihm der Schöpfer eine Lektion in Barmherzigkeit und Liebe zu den Menschen. Selbst zu solchen, die ärgste Strafe verdient hatten. Diese Geschichte erfährt jeder jüdische Synagogenbesucher Jahr für Jahr am Jom Kippur, an dem Tag, an dem sogar jene in die Synagoge gehen, die sich sonst 12 Monate dort nicht blicken lassen. Wir lernen praktizierte Nachsicht.

Trösten wir uns mit der Erkenntnis, daß es oft eine lange Zeit braucht, ehe sich Wahrheiten und bessere Einsichten durchsetzen. Aber irgendwann gelingt auch dies, mag es selbst Jahrhunderte dazu brauchen. Nehmen wir die Bibel, die bei uns seit alters her Thora heißt, Gesetz also, und die in der christlichen Tradition seit jeher als Altes Testament benannt ist, dem ein eigenes, ein Neues Testament, übergeordnet wurde. Erst Papst Johannes Paul II., der mehr als alle seine Vorgänger für die Verständigung zwischen Christen und Juden getan hat, ließ die Bezeichnung von der hebräischen und der christlichen Bibel in die Welt tragen, um die eher abwertende und ausgrenzende alte Bezeichnung von Altem und Neuem Testament abzulösen. Ein wichtiger Schritt, der es eher möglich macht, sich auf gleicher Augenhöhe zu begegnen. Der aber gewiß noch Jahrzehnte braucht, ehe er sich durchgesetzt haben wird – wenn überhaupt. Tatsächlich macht sich vermutlich niemand sonderlich Gedanken darüber, welche Unterteilung, welche Absonderung mit dem Begriff vom Alten Testament verbunden ist, dem das nunmehr gültige als das wahre Buch, eben das Neue Testament, gegenübergestellt wird. Wir Juden haben die Unterscheidung in alt und neu nie mitgemacht, erstens, weil es für uns überhaupt kein Neues Testament gibt und zweitens, weil wir nicht daran glauben, daß das Neue Testament die Vollendung der Verheißungen und der Lehren aus der jüdischen Bibel sein könnte. Ebensowenig benutzen wir das Wort vom Alten Testament. Denn damit würden wir ja anerkennen, daß es neben dem Alten in der Tat ein Neues Testament gäbe. Und somit die Thora überholt wäre. Tatsächlich aber ist unsere Bibel ja ungebrochen unser bedeutendstes Gesetzbuch, unser Leitfaden für die wichtigsten 613 Ge- und Verbote, an die manche sich nur in Bruchstücken halten mögen, andere hingegen in aller konsequenten Beharrlichkeit.

Ähnlich verhält es sich mit der Benutzung des Begriffs »Anno Domini« bzw. »vor« und »nach Christus« bei der Definition einer Jahreszahl. Da diese rein christliche Bezeichnung zwangsläufig die Anerkennung des jüdischen Nazareners als Sohn G"ttes bedeutet, dessen Geburt die Zeitenwende eingeläutet hat, können wir Juden, die wir Jesus nicht als Messias oder als G"tt anerkennen, die Begriffe auch nicht verwenden, weil dies eine Anerkennung quasi durch die Hintertüre wäre. Also hat sich bei uns die Namensgebung »unsere Zeitrechnung« oder »allgemeine Zeitrechnung« eingebürgert, wenn die gebräuchlichen Begriffe vor oder nach Christi Geburt ersetzt werden sollen.

Für uns ist es absolut unvorstellbar, daß G"tt, der Einzige, einen Sohn in die Welt gesetzt haben könnte, den er mit einer menschlichen Frau gezeugt haben sollte. Zwar kennen wir dieses Prinzip aus den Erzählungen der griechischen Sagenwelt und den vielfältigen amourösen Abenteuern des G"ttvaters Zeus, doch es käme uns nicht in den Sinn, derlei Erzählungen auch nur in Ansätzen für wahr oder realistisch zu halten. Auch die Qualifikation Jesu als Messias ist nach unserer Überzeugung nicht richtig, weil die Voraussetzungen für dessen Erscheinen noch nicht erfüllt waren und die Welt ja wohl noch immer einigermaßen weit vom friedlichen Miteinander des messianischen Zeitalters entfernt ist.

Allein schon der Begriff „G"tt" ist bei uns, den Menschen jüdischen Glaubens, mit einem solch hohen Maß an Ehrfurcht verbunden, daß wir stets bemüht sind, ihn nicht inflationär zu gebrauchen, also nicht zu profanisieren, ja ihn nicht einmal komplett ausschreiben, sondern dafür eine Ausweichmöglichkeit verwenden, etwa die Schreibweise G"tt. Dies ist unsere Auslegung des dritten der Zehn Gebote, wo es heißt: »Du sollst den Namen des Herrn, deines G"ttes, nicht mißbrauchen.« Aber welches ist denn überhaupt der richtige Name des Herrn. Seit biblischen Zeiten gehen wir davon aus, daß die hebräischen Buchstaben J H W H den eigentlichen Namen des Herrn bilden, jene Buchstabenfolge also, die nicht ausgesprochen und nicht aufgeschrieben wurde – außer vom Hohen Priester, wenn er am Jom Kippur im Heiligen Tempel den G"ttesdienst zelebrierte.

Im Laufe der Jahrhunderte haben sich andere Namen als Ersatz eingebürgert, so wie wir sie auch im Siddur, unserem Gebetbuch, verwendet finden: Adonei etwa, was Herr bedeutet, Elohim bzw. Elohenu, unser G"tt, oder die sehr verfremdete Bezeichnung »Haschem« zu deutsch: »Der Name« bzw. »Adoschem«, eine Mixtur aus Adonei und Haschem. Diese bewußt und in betonter Respektshaltung kreierte Bezeichnung »Der Name« wird vorzugsweise von den meisten frommen Juden benutzt, die somit jede auch nur vage Möglichkeit ausschließen wollen, gegen das dritte Gebot zu verstoßen. So weit geht ihre Ehrfurchtshaltung, daß sie selbst beim Gebet das Wort Elohim durch eine Verbalverfremdung in das ähnlich klingende, aber eben doch vom Original abweichende Elokim umwandeln, um nur ja nicht der Gefahr zu unterliegen, mit dem Namensgebot in Konflikt zu geraten.

Wir sind eine Religion der Gebote, also der Gesetze, bezeichnen uns selbst, wenn wir Frömmigkeit ausdrücken wollen, nicht wie die nicht-jüdische Umwelt als »orthodox«, sondern als »gesetzestreu«, halten auch Vorschriften ein, die anderen als anachronistisch und bei weitem überholt erscheinen mögen. Aber wir betrachten die Gesetze andererseits nicht als so unverrückbar, daß Veränderungen damit absolut und für alle Zeiten ausgeschlossen wären. Das jüdische Gesetz hat so – bei aller Wahrung der biblischen und der talmudischen Grundlagen – schon dadurch Modifizierungen erfahren, daß die rabbinischen Autoritäten auch örtliche Einflüsse auf das Brauchtum zuließen. Ein Brauch ist ein Minhag und ein ortsüblicher Brauch ein Minhag Hamakom. Der mag

von dem anderer Gegenden durchaus abweichen, gilt aber an seinem Ort unbedingt als bindend.
Nun kann es vorkommen, daß ein Minhag im Widerspruch zu einem Gebot der Halacha, des übergeordneten Religionsgesetzes steht. Aber dennoch wird häufig der Minhag eingehalten, eben, weil er sich als ortsüblicher Brauch durchgesetzt hat. Bei dieser Einordnung der Prioritäten orientieren wir uns am Talmud, wo es im Abschnitt Baba Metsia heißt: Wenn du in eine Stadt kommst, befolge ihre Bräuche, denn als Moses zum Himmel aufstieg, hat er sich 40 Tage und 40 Nächte der Speise enthalten. Und als die Engel herabstiegen, um Abraham zu besuchen, nahmen sie an seiner Mahlzeit teil, so daß jeder sich dem örtlichen Brauch unterwarf.
Wir sehen also, es steckt weit mehr hinter der Bezeichnung »Judentum«, als wir es durch eine bloße glossarische Begriffs-Erklärung aufzeigen könnten. Deshalb wird in den folgenden Beiträgen der Versuch unternommen, mehr als nur einen kurzen Blick hinter den Vorhang zu werfen, der für viele Menschen noch immer unsere Religion, die älteste der sogenannten abrahamitischen Religionen, umgibt.

Moritz Neumannn

Jüdischer Kalender

Luach

Die Entstehungsgeschichte des Luach, des jüdischen Kalenders, reicht weit zurück in die biblischen Zeiten. Genaugenommen eigentlich in jene Tage, da die Juden in ihrem von G"tt verheißenen Land den Boden bebauten und – gemäß der religiösen Vorgaben zur strikten Einhaltung eines wöchentlichen Ruhetages – nach den schweren Werktagen jeweils den Shabbat als krönenden Höhepunkt der Woche einflochten, somit also dem Gebot aus dem ersten Kapitel der Bibel folgten, in der es heißt: »Und G"tt vollendete am siebenten Tag sein Werk, das er gemacht, und er ruhte am siebenten Tag von all seinem Werk. G"tt segnete den siebenten Tag und heiligte ihn.«

Ich halte es schon für eine Besonderheit, mit welcher Achtung jüdische Menschen seither – und durch die Jahrtausende – an dem Gebot festgehalten haben, den Shabbat, den der Ruhe und dem Gebet gewidmeten siebenten Tag der Woche, zu wahren; nicht nur sich selbst jeder Werktätigkeit zu enthalten, sondern sie auch keinem anderen zu gebieten.

Mehr noch aber als daß die Juden den Shabbat halten, hütet der Shabbat die Juden. So sagt es ein jüdisches Sprichwort, das damit auf die gewiß zutreffende Erfahrung abhebt, daß dieser siebente Wochentag von einer weit über sein religiöses Wesen hinausgehenden Bedeutung ist, indem er das einigende Band darstellt, das die Juden rund um den Erdball verbindet. Und nicht zuletzt deshalb kommt ihm wohl auch die spezielle Namensgebung zu, eben die Bezeichnung Shabbat. Als einziger übrigens aller sieben Wochentage, denn die anderen werden ganz prosaisch Jom Rischon, Jom Scheni, Jom Schlichi usw. genannt, also erster Tag, zweiter Tag ... bis zum sechsten Tag – auch hier so, wie es bereits in der Bibel geschrieben steht.

Seit den Tagen des Shabbat-Gebotes kennen wir also den Kalender, jene Auflistung unserer zahlreichen Fasttage und Feiertage. Viele von ihnen reichen ebenfalls in die biblische Zeit zurück, werden – als g"ttliche Vorgabe – in den fünf Büchern Moses, dem Chumasch, erwähnt. Andere sind in späterer, in nachbiblischer Zeit hinzugekommen, die vorerst letzten im 20. Jahrhundert, nämlich der israelische Nationalfeiertag Jom Ha'atzmaut und der Tag der traurig-gefühlvollen Erinnerung an die von den Nazis ermordeten sechs Millionen, der Jom Haschoa, der Holocaust-Gedenktag.

Nun gibt es jüdische Feste, die acht Tage dauern, Pessach und Chanukka. Dann solche, die einen Tag, und solche, die zwei Tage vorsehen. Und dann haben wir jene Praxis, nach deren Begründung so oft gefragt wird, nämlich die Eigenart, manche Feiertage in Israel einen Tag kürzer zu begehen als in den Ländern der Galut, der Diaspora. Warum also feiern wir in Deutschland, in Frankreich, in den USA manche Feste zwei Tage lang, während am zweiten Tag die Juden Israels längst zum Alltag zurückgekehrt sind? Diese Sitte stammt noch aus jener Zeit, da es noch keinen festverankerten und geregelten Kalender gab und die fernab des ursprünglichen Heimatlandes Israel lebenden Juden nicht sicher sein konnten, mit der Festlegung eines bestimmten Tages als Feiertag auch wirklich das exakte Datum getroffen zu haben. Eine andere Erklärung besagt, daß von Jerusalem aus stets Boten in die entfernten Regionen gesandt wurden, um von den zu begehenden Festtagen zu künden. Um auszuschließen, daß aufgrund der weiten Reisewege nicht der vorgegebene Tag eingehalten würde, wurde kurzerhand ein zweiter Tag angehängt – ein Brauch, der sich erhalten hat, obwohl der eigentliche Grund für die Tradition längst entfallen ist.

Schließlich praktizieren wir bei den normalen Werktagen, die weder Shabbat noch ein besonderer Anlaß zum Feiern oder zum Gedenken sind, eine differenzierte Übung insofern, als zwei Tage der Woche eine hervorgehobene Bedeutung gegenüber den anderen besitzen. Dies ist gleichfalls eine auf die Vorväter zurückgehende Sitte, derzufolge am Montag und am Donnerstag jene Thora-Abschnitte wiederholt und in der Synagoge vorgetragen werden, die dort bereits am vorangegangenen Shabbat verlesen worden waren. Diese Praxis reicht zurück in die Zeit, da im alten Israel Markt gehalten wurde, und zwar an den Montagen und Donnerstagen. Weil an diesen Tagen aber besonders viele Bauern und Kaufleute nach Jerusalem kamen, war die Gelegenheit günstig, ihnen aus der Heiligen Schrift vorzulesen und ihnen die Texte zu erläutern. Und ebendies hat sich als synagogaler Brauch erhalten, bis in unsere heutige Zeit.

Eigentlich könnte man vermuten, daß – in Anlehnung an die Benennung der Wochentage – auch bei den Monatsnamen das einfache Prinzip der numerischen Aufzählung angewendet würde. Doch diese Annahme ist falsch, obwohl die frühen Texte der Heiligen Schrift in der Tat nur einige Monate mit eigenen Namen versehen haben. Da hören wir etwa von einem Monat Aviv, was Frühling bedeutet, oder von einem Monat Etanim, was eine kräftige Frucht beschreibt. In den späteren Büchern stoßen wir dann aber auf die Namen aller zwölf Monate, und zwar hergeleitet aus dem Babylonischen. Sie müssen also in der Zeit des Exils, nach der ersten Zerstörung des großen Tempels, entstanden sein – und sie haben sich erhalten bis zum heutigen Tage.
Es ist dabei interessant, aber wohl auch naheliegend, daß die hebräischen Monatsnamen in enger Beziehung zur Natur und zum Naturgeschehen stehen. So braucht es denn also, zumal bei einem Volk von ursprünglichen Landmännern, nicht zu wundern, daß der erste Monat Nissan Frühling und Blumen bedeutet, weil er in die Zeit der Frühlingsblüte fällt, zeitgleich etwa mit dem März oder dem April. Und es dokumentiert auch diese Qualifikation des Frühlingsmonats Nissan als *erster* Monat – und nicht, wie wohl eigentlich zu vermuten wäre, der Herbstmonat Tischri mit dem Neujahrsfest Rosh Hashana – den hervorgehobenen Bezug zur Natur. Mag das Jahr auch im Herbst enden und wieder neu beginnen, als erster Monat gilt jener, da der Boden neue Blüten hervorbringt, der Beginn des neuen Lebens nach den Monaten des Winters.
Oder nehmen wir den Monat Elul, den sechsten Monat, der nach dem bürgerlichen Kalender in die Zeit von August und September fällt, in die Zeit also, da die Früchte reif sind. So heißt denn Elul eben auch Ernte, wie etwa der Wintermonat Kislew Zeit des Regens bedeutet, weil der israelische Winter eben den stets herbeigesehnten Regen bringt. Oder nehmen wir die heiße Sommerzeit, die das Land ausdörrt und den Boden aufbricht, die Zeit des Juli: Der etwa analoge Monat ist der Tamus – und dies bedeutet vertrocknete Erde.
Zu allen Zeiten übrigens waren vielen Völkern der Erde die Symbole des Zodiakus vertraut, die Tierkreiszeichen. Im Laufe der Zeit hat man sie auch den hebräischen Monaten zugeordnet, den

Widder beispielsweise dem Monat Nissan, die Zwillinge als Zeichen für den Monat Siwan, die Fische für den Adar oder den Skorpion für den Cheschwan.

Worauf die einzelnen Tierkreiszeichen zurückgeführt werden können, wissen wir heute nicht mehr genau. Aber die Deutung liegt nahe, daß der Widder an das Opfer Abrahams erinnern könnte, die Zwillinge an die Brüder Jacob und Esaw, die Fische an Frühling über Land und Meer und der Skorpion an die Zeit der heißen Herbstwinde. Ebenso paßt der Wassermann zum Monat Schwat, wenn die Regenmassen über das Land kommen, und die Waage könnte sehr wohl auf den Monat Tischri hinweisen, denn da begehen wir unser Neujahrsfest Rosh Hashana, an dem – wie wir glauben – das g"ttliche Gericht stattfindet und die Taten der Menschen abgewogen werden.

Daß jedenfalls die Tierkreiszeichen im alten Israel bekannt gewesen sein müssen, haben vor ein paar Jahrzehnten Ausgrabungen bewiesen, bei denen eine alte Synagoge entdeckt worden war. Ihr Bodenmosaik wies, gut erhalten, die geläufigen Symbole der zwölf Monate auf.

Jomim Noraim

Es gibt allerhand gute Gründe, den Geburtstag des Ehepartners und mindestens ebensosehr den gemeinsamen Hochzeitstag nicht zu vergessen. Es gäbe sonst nämlich enttäuschte Gesichter, vermutlich auch einen atmosphärischen Tiefausläufer, und außerdem käme man um ein gutes Geburtstags- respektive Hochzeitsessen herum. Und mindestens das wäre doch zu schade.
Was für uns ganz persönlich gilt, das ist von nicht minder großer Wichtigkeit für jene Tage, die Teil unserer Geschichte sind, für unsere Feiertage. Ein Feiertag ist nun mal ein feierlicher Tag, der den alltäglichen Fluß unseres gewohnten und gewöhnlichen Lebensablaufs unterbricht und uns vielleicht sogar daran erinnert, daß es noch mehr gibt als Arbeit, Essen und Schlaf, um unser Leben mit Inhalten zu versehen, es also lebenswert zu machen.
Ein amerikanischer Rabbiner hat dies in der Sprache unserer mobilen Gesellschaft besonders bildhaft erklärt: Unsere Feiertage sind wie Straßenkarten. Die Karten brauchen wir, um in unbekannten Regionen, auf Ferienreisen vielleicht, ohne allzu große Umwege zum Ziel zu gelangen. Die Feiertage sind ebenfalls Wegweiser. Wir können sie auf unseren Reisen durch die Zeit unseres Lebens nutzen als Markierungen und als Hinweise, deren Botschaft wir lesen und die uns Merkposten sind für den Inhalt des Feiertages, seinen Anlaß und den Grund dafür, innezuhalten.
Unsere Hohen Feiertage Rosh Hashana und Jom Kippur sind eher mehr: Sie sind Wegweiser und Rastplatz zugleich. Der Wegweiser geleitet uns in das vor uns liegende neue Jahr; der Rastplatz läßt uns einhalten und besinnen auf uns selbst und die uns nahestehenden Menschen, läßt uns bangen und hoffen. Denn, so heißt es in unserem Machsor, dem Gebetbuch für die Hohen Feiertage: An Rosh Hashana wird es »geschrieben«, wer leben wird und wer sterben muß, durch Gewalt von Menschen, durch Hunger oder Durst, durch Katastrophen oder Seuchen, es wird geschrieben, wer Freude erfährt und wer Leid. Am Jom Kippur aber wird es besiegelt, und dann ist das Schicksal aller Menschen unweigerlich bekräftigt. Doch können Umkehr, Gebet und Wohlfahrt die Härte unseres Schicksals noch zum Besseren wenden.

Rosh Hashana, der Beginn des hebräischen Jahres, erinnert uns an die Erschaffung der Welt, an den Tag, da G"tt Adam und Eva schuf. Und der Geburtstag menschlicher Existenz auf dieser Erde, so scheint es, ist für G"tt ein idealer Tag, Bilanz zu ziehen und den jährlichen Gerichtstag über die von ihm geschaffenen Menschen zu halten. Deshalb benutzen wir für Rosh Hashana auch eine zweite Bezeichnung, nämlich die eines Tages des Gerichts.

Unter den zwölf Sternkreiszeichen ist jenes, das besonders treffend zu Rosh Hashana paßt, Libra, die Waage. Und fast scheint es, als sei dieses Zeichen ein Symbol der religiösen Bedeutung dieser Tage inmitten des jüdischen Jahres, was bereits den Rabbinern der talmudischen Zeiten als passender Vergleich erschien, denn an Rosh Hashana stellt G"tt seine Waagschalen auf, um die Taten eines jeden seiner Geschöpfe zu wiegen. In der einen Schale liegen die Mizwoth, die guten Taten, die Pflichterfüllungen; in der anderen die schlechten Handlungen, das sündhafte Verhalten. Im Verhältnis beider Waagschalen zueinander wird unser Schicksal während des kommenden Jahres bestimmt.

Zwar sind wir alle unabänderlich Gegenstand dieses g"ttlichen Tages des Gerichts, aber niemand von uns war je Zeuge der eigentlichen Rechtsfindung. Genaugenommen sind wir nicht einmal in der Rolle von Angeklagten vor Gericht oder von Schülern in banger Erwartung der Zeugnisausgabe. Die nämlich erfahren immerhin direkt, welches Urteil über sie verhängt wurde. Wir aber, im Bewußtsein des g"ttlichen Urteils an Rosh Hashana und seine Besiegelung nach zehn Tagen, am Jom Kippur, bleiben zwar im ungewissen, haben allerdings auch immer noch die Möglichkeit, unser Verhalten während der vor uns liegenden zwölf Monate so zu gestalten, daß wir dem dann zu erwartenden Urteilsspruch mit vielleicht größerer Gelassenheit oder mehr Zuversicht entgegensehen können.

Wer allerdings so lange nicht warten möchte, der hat auch vor der endgültigen Besiegelung des ihm zugedachten Urteilsspruchs noch eine zweite Chance – wenn er nur ernsthaft will. Deshalb ist das g"ttliche Gericht letztendlich barmherziger als das der Menschen, denn es gibt uns mit den zehn Tagen zwischen Rosh Hashana und Jom Kippur eben diese unmittelbare Bewährungsmöglichkeit. Die Botschaft lautet nämlich: Auch wenn das Urteil über dich gefällt ist, so hast du doch zehn Tage, um zu einem Leben gemäß den Vorgaben der Zehn Gebote zu finden. Erst am zehnten Tag, am Jom Kippur, ergeht die endgültige Entscheidung. Deshalb nennen wir die Tage zwischen Rosh Hashana und Jom Kippur nicht nur »Jomin Noraim« (Tage der Ehrfurcht), sondern kennen sie auch als die Azereth Jemei Tschuwa, die zehn Tage der Umkehr.

So nimmt es nicht wunder, daß diese Jomim Noraim für uns Juden von hervorgehobener Bedeutung sind. Und es gibt jener Volksweisheit einen zusätzlichen Inhalt, die uns rät, im Zustand gesteigerten Ärgers erst einmal bis zehn zu zählen, ehe wir etwas äußern, das uns später vielleicht leid tun könnte. Wer weiß, vielleicht stammt die Wurzel dieses guten Ratschlags sogar aus biblischer Zeit.

Es sollte eigentlich inzwischen bekannt sein, daß wir Juden an unserem Neujahr keine Raketen in die Luft jagen und keine Sektkorken knallen lassen. Jedenfalls: In konsequenter Unterscheidung der Sinngebung unterscheiden sich auch unsere Neujahrswünsche deutlich von denen unserer nichtjüdischen Umwelt. Unser traditioneller Gruß zu Rosh Hashana lautet: Le schana towa tikatewu. Mögest Du zu einem guten Jahr eingeschrieben werden. Eingeschrieben nämlich in das dicke Buch g"ttlichen Urteils. Da G"tt zu Rosh Hashana nur einschreibt, sein Urteil aber noch nicht abschließt, ehe nicht die Zehntagesfrist zur Umkehr verstrichen ist, klingt der Gruß am Ende der jährlich wiederkehrenden Bewährungsfrist denn auch anders: Gmar chatima towa. Möge Dein Schicksal zum Guten besiegelt werden.

Der Talmud lehrt uns: G"ttes Urteil über die Welt ergeht entsprechend der Mehrzahl ihrer Taten. Sein Urteil über den einzelnen Menschen entspricht der Mehrzahl von dessen Taten. Wenn also ein Mensch eine gute Tat vollbringt, so vermag er damit seine Waage sich nach der guten Seite neigen zu lassen. Und er beeinflußt auch das Abwägen der ganzen Welt. So wie eine einzige Sünde nicht allein auf der Waagschale des einzelnen liegen, sondern die ganze Welt beeinflussen kann. Also wäre es doch gar nicht übertrieben anzunehmen, daß jeder einzelne sein Stückchen Verantwortung für die Welt auf seinen Schultern trägt.

Verantwortung für die Welt heißt zunächst einmal: Verantwortung für uns selbst und für unseren Nächsten. Dies ist denn auch der Sinn, der hinter der in der deutschen Sprache gebräuchlichen Bezeichnung für den Jom Kippur steht, nämlich Versöhnungstag. G"tt, so glauben wir, kann all jenen vergeben (und tut dies auch), die gegen ihn und seine Gebote gesündigt haben. Er kann jedoch keine Sünden vergeben, die von Menschen gegen andere Menschen verübt wurden. Nur der Betroffene, nur das Opfer selbst, hat das Recht und die Möglichkeit, zu vergeben.

Mich erinnert diese einfühlsame Differenzierung immer wieder an die in Deutschland gerade im Zusammenhang mit Juden wieder und wieder mit dem Beigeschmack des Überdrüssigen erwähnte sogenannte Wiedergutmachung. Die Mehrheit glaubt offenbar (weil es bequem ist und weil sie es glauben will), es ließen sich die Schmerzen erlittenen Grauens und die Pein ermordeter Anverwandter dadurch wieder gutmachen, daß Entschädigungen gezahlt werden, über deren Höhe die Erben der einstigen Nutznießer und Mörder dann auch noch feilschen, so wie die Industrie im Zusammenhang mit der Zwangsarbeiter-Entschädigung sich nicht vor diesem unwürdigen Gezerre schämt, daß es so unglaubwürdig macht, man habe wirklich bereut und sei ernsthaft bemüht, die Schandtaten der Vergangenheit durch Umkehr zu entschädigen. Entschädigung nur um des lieben Friedens willen, doch ohne Überzeugung, ohne Aufrichtigkeit, wird die Waagschale nicht zum Guten bewegen.

Sukkot

Sukkot, das Laubhüttenfest, gehörte früher einmal zu den für die nichtjüdische Umwelt wohl bekanntesten jüdischen Feiertagen. Es ist ein Fest, das zwar unter denkbar unterschiedlichen Namen bekannt ist (man sagt etwa: chag ha-assif, also Fest des Einsammelns, nämlich des Erntens landwirtschaftlicher Produkte; man sagt: s'man simchatenu, entsprechend der in unserem Gebetbuch gebräuchlichen Bezeichnung »Zeit unserer Freude«; man sagt: chag ha Sukkot, »Fest der Hütten«, oder man sagt einfach »das Fest«), und meint damit stets jenen Feiertag, dessen Wahrzeichen es ist, sich im Kreis der Familie und guter Freunde in der Laubhütte zu versammeln und sich dort acht Tage lang – wann immer es nur möglich ist – aufzuhalten, um somit Respekt vor unseren Traditionen und vor der Geschichte unseres Volkes zu bekunden.

Auch hier offenbart sich wieder der stete Wechsel der persönlichen Gefühle und religiösen Empfindungen, der das jüdische Jahr mit seinen Feiertagen immer wieder aufs neue zu einem steten, einem immer lebendigen Wandel macht. Vor wenigen Tagen erst, am Ende des vorigen Monats, haben wir in unseren Synagogen unserer verstorbenen Familienmitglieder und Freunde gedacht, haben Rechenschaft abgelegt und Abbitte vor G"tt für nicht eingehaltene Versprechungen erbeten, haben einen ganzen Tag lang unsere Gebete gesprochen, gefastet und nicht getrunken – und jetzt, fünf Tage später, sind unsere Synagogen von Freude bestimmt.

Alles hat seinen Grund. Denn der guten Stimmung geht die Erinnerung an Sklavendasein und Fron voraus, an die Jahre der Pein unter ägyptischer Pharaonen-Herrschaft. Auf den Auszug aus der Sklaverei, dessen wir uns Jahr für Jahr an Pessach erinnern, folgte die lange Wanderung durch die Wüste, dort wo am Berg Sinai unserem großen Lehrer Moses die Zehn Gebote gegeben wurden, was ebenfalls als besonderer Feiertag in das religiöse Jüdische Jahr eingegangen ist, nämlich Schawuot, das sogenannte Wochenfest.

Sukkot aber, das Laubhüttenfest, wiewohl es ebenso wie Schawuot auch durchaus praktische Aspekte in seine Bedeutung mit aufgenommen hat, nämlich den Erntedank, gemahnt uns an jene Zeit der 40jährigen Wanderung, in der die Kinder Israels ein Leben unter denkbar provisorischen Bedingungen führen mußten, ein Leben in Hütten. Und nichts anderes bedeutet Sukkot – als eben »Hütten«. Daß es zum Feiertag erhoben wurde, leitet sich aus dem dritten Buch Moses ab, wo es heißt: »... daß ich Israels Söhne in Hütten habe wohnen lassen, als ich sie aus dem Lande Ägypten führte.« Und an anderer Stelle steht dort geschrieben: »Der Ewige sprach zu Moses: Sprich zu den Söhnen Israels: Am fünfzehnten Tage des siebten Monats ist das Fest der Hütten, sieben Tage dem Ewigen geweiht ... Nehmt euch am ersten Tag Frucht vom Prachtbaum, Blätter von den Palmzweigen und Zweige vom Myrthenbaum und von der Bachweide und freut euch vor dem Ewigen, eurem G"tt, sieben Tage.« Und schließlich heißt es: »In den Hütten sollt ihr sieben Tage wohnen, damit eure Nachkommen es wissen, daß in den Hütten ich Israels Söhne habe wohnen lassen.«

So ist es denn auch das allfällige Merkmal dieses Feiertags, daß traditionelle Juden dann eben in der Sukka, in der Laubhütte, wohnen. Wobei der Begriff des Wohnens sich zumeist auf die Mahlzeiten reduziert, denn geschlafen wird in der Sukka natürlich nicht. Was auch deshalb schon mit erheblichen Unbequemlichkeiten verbunden wäre, weil die Sukka – den Vorschriften zu ihrem Aufbau entsprechend – eine Hütte mit nur teilweise gedecktem Dach ist. Eben dieses erkennbar Unvollkommene, dieses deutlich spürbar Provisorische soll die Erinnerung an die nur »zeitweiligen Hütten« lebendig halten, in denen das Volk Israel während der jahrzehntelangen Wüsten-wanderung leben mußte.

In der gelegentlichen Unwirtlichkeit kälterer Regionen, in denen die Herbstabende nicht selten schon recht kühl und feucht sind, ist es nicht immer leicht und angenehm, dem religiösen Gebot des Aufenthalts in der Sukka in dem Maße zu folgen, wie es manchem lieb wäre. Wenn das Wetter jedoch schön ist, entwickelt sich das »Wohnen« in der Laubhütte zu einer herbeigesehnten Abwechslung. Wer eine private Sukka aufgebaut hat – sei es im Garten, sei es sogar auf dem Balkon –, der empfängt dort Gäste, sitzt mit ihnen zusammen, speist mit ihnen, genießt so eine gänzlich eigene Feiertagsstimmung in diesem zumeist aus Holz zusammengezimmerten Provisorium, das mit bunten Bildern und reichlich Früchten geschmückt ist, um einladend und angenehm zu wirken. Hierzulande gibt es – im Gegensatz zur Praxis in Israel – nurmehr wenige private Laubhütten. Man begnügt sich eher zwangsläufig mit der Sukka in der Gemeinde, wo man sich nach dem G"ttesdienst zum Kiddusch trifft, dem gemeinsamen Segen über Wein und Brot, und dann – so die Temperaturen dies erlauben – noch ausgiebig zusammenbleibt.

Am G"ttesdienst selbst fällt an Sukkot vor allem *eine* Mizwa, ein religiöses Gebot auf, nämlich der Gebrauch der Arba Minim. Die bloße Übersetzung dieser beiden hebräischen Worte wird den meisten zunächst nicht viel sagen, denn Arba Minim heißt nur »vier Sorten«. Gemeint sind damit freilich vier ganz spezielle und symbolische Pflanzen- bzw. Fruchtarten, die ich oben aus dem dritten Buch Moses erwähnt habe, nämlich der Ethrog, eine herrlich duftende, allerdings nicht eßbare Zitrusfrucht, äußerlich ähnlich einer ziemlich großen Zitrone, dann der Lulaw, ein majestätischer Palmzweig, außerdem die Hadassim, drei Myrthenzweige, und schließlich die Arawot, zwei Zweige der Bachweide.

Lulaw, Hadassim und Arawot werden – zu einem Strauß zusammengebunden – in der linken Hand gehalten; in die rechte nimmt man den Ethrog, fügt beide Hände zusammen und spricht einen vorgegebenen Segensspruch, in dessen Folge die Arba Minim in einer festen Reihenfolge symbolisch geschüttelt werden, und zwar in alle vier Himmelsrichtungen, nach oben und nach unten sowie nach vorne und über die Schulter. Der Betende dankt so seinem Schöpfer für die Vielzahl von Früchten und Pflanzen und bekundet mit dem Schütteln der Arba Minim in alle Richtungen seine Anerkenntnis der Allgegenwart G"ttes.

Im Ablauf des G"ttesdienstes werden Ethrog und Lulaw auch bei anderen Gebeten noch in Händen gehalten, nämlich während des Hallel, der Psalmen zum Lobpreis G"ttes, und bei den Versen des Hoidu, die da lauten: »Danket dem Ewigen, denn immerdar währt seine Liebe.« Vor allem aber bei den Hoschanot, einer speziellen Dank-Prozession in der Synagoge, werden Ethrog und Lulaw mitgeführt, um jene Umzüge zu symbolisieren, die einst – zu Zeiten des Heiligen Tempels in Jerusalem – dort stattfanden.

Damit reiht sich Sukkot, das Laubhüttenfest, als dritter Feiertag in die Schalosch Regalim, die drei Wallfahrts- und Wanderfeste ein, neben Pessach und Schawuot, dem Wochenfest. In den Zeiten des alten Israel verstand es jeder als seine religiöse Pflicht, an diesen drei Festen nach Jerusalem zu gehen, um dort im Heiligen Tempel vor den Herrn zu treten, um Fruchtbarkeit des Bodens und um Regen zu bitten. Erhalten geblieben sind davon auch heute noch die traditionellen Gebete, die – weil in Israel zweimal pro Jahr geerntet wird – an Pessach um Tau und an Sukkot um Regen bitten.

Mit Schemini Azeret, dem Schlußfest, endet Sukkot – nicht ohne einen Höhepunkt, der stets auf den darauffolgenden Tag fällt, nämlich Simchat Thora, das Fest der Thora-Freude, ein Feiertag heiteren Frohsinns. Im Deutschen wird oft für Simchat Thora die Übersetzung »Gesetzesfreude« gebraucht, was manchem Kenner allerdings eine zu enge Umschreibung des tatsächlichen Inhalts ist. Denn die Thora, so wird geltend gemacht, enthalte zwar auch unser Gesetz, doch längst nicht nur dies. Die Thora ist die gesamte Lehre Moses, die Lehre für das Leben der Menschen, die Darstellung geschichtlicher Ereignisse, die dort ebenfalls zum Zweck der Lehre wiedergegeben werden. So ist also Simchat Thora wohl treffender und umfassender beschrieben mit dem Wort »Freude der Lehre«.

Und mit Freude wird es in der Tat begangen, mit singenden Umzügen durch die Synagoge, wobei die heiligen Thora-Rollen von Hand zu Hand weitergereicht werden, man sie in den Arm nimmt, an sich schmiegt und mit ihnen heiter durch die Synagoge tanzt, während die Kinder bunte Fähnchen wiegen und freudige Lieder anstimmen. So also wird dankbar und mit Inbrunst die Thora, die Lehre und das Gebot, als die ganz wesentliche Grundlage jüdischen Lebens gewürdigt, so wie es im Psalm heißt: »Alles hat ein Ende, doch dein Gebot bleibt bestehen.«

Chanukka

Erinnern Sie sich noch an die erste Ölkrise in den achtziger Jahren des letzten Jahrhunderts? Wenn Sie Autofahrer sind, dann ganz bestimmt. Es waren diese wunderbar ruhigen Sonntage, an denen Schnee auf den Straßen lag, fast ungehindert liegenblieb und sich allenfalls Fußspuren und Schlittenkufen auf der weißen Pracht abzeichneten und nur ganz selten ein paar Autoreifen. Denn diese erste Ölkrise brachte uns die autofreien Sonntage, die ersten, die es je gegeben hatte.

Genaugenommen aber war das keineswegs die erste Ölkrise in der Geschichte. Jene nämlich, an die wir Juden uns im Kalender unserer religiösen und historischen Ereignisse jährlich wiederkehrend erinnern, liegt viel länger zurück, mehr als 2000 Jahre. Sie zu überwinden gelang freilich nicht am Verhandlungstisch von Politikern und schon gar nicht durch schmerzhafte Preissprünge beim Benzin. Aber weil es letztlich doch möglich wurde, diese erste Ölkrise seit Menschengedenken zu meistern, feiern wir seither Chanukka.

Die Geschichte von Chanukka beginnt mit dem Zusammenprall zweier im Nahen Osten angesiedelter Kulturen, nämlich den hellenistischen Syrern auf der einen und den Juden auf der anderen Seite. Die Griechen und die unter ihrer Herrschaft stehenden Syrer beteten die Schönheit als ihre Heiligkeit an; die Juden dagegen beteten zur Schönheit der Heiligkeit. Die Griechen waren Meister der Künste, erhoben den makellosen Körper zum Idol, sie glorifizierten die körperlichen und sportlichen Leistungen – und die Juden orientierten sich demgegenüber am Vorrang des Geistigen.

Wenn zwei einander so diametral entgegengesetzte Überzeugungen unter einem Dach leben, bleiben Spannungen nicht aus. Eine Erfahrung, die Juden quer durch die Jahrtausende immer dort machen mußten, wo sie als religiöse Minderheit oder unter fremder Herrschaft an ihrem Glauben festzuhalten suchten. Sei es, daß man sie im Mittelalter für die schwarze Pest verantwortlich machte, ihnen die Vergiftung der Brunnen vorwarf oder den Mord an unschuldigen Christenkindern für angeblich vom jüdischen Glauben verlangte Ritualopfer, sei es, daß Martin Luther gegen sie

hetzte, weil sie sich dem von ihm als wahr angenommenen Glauben, dem christlichen also, verweigerten.
Druck lastete auf den Juden auch im Herrschaftsbereich der hellenistischen Griechen. Und dem Druck oder genauer: der Attraktivität eines auf Genuß und Äußerlichkeiten konzentrierten Verständnisses von Lebensqualität hielten bei weitem nicht alle Juden stand. Tatsache jedenfalls ist, daß nicht wenige Juden den verführerischen Lockungen des griechischen Lifestyles erlagen und sich der Philosophie der Epikureer ergaben, von denen die Freude als oberstes Lebensziel verkündet wurde gemäß dem Motto »Eßt, trinkt und genießt das Leben, schon morgen kann es vorbei sein«.
Übrigens: Die den eigenen Traditionen dagegen auch weiterhin verbundenen Juden bezeichneten die dem Hellenismus erlegenen anderen Juden in einer Verballhornung des Begriffs Epikureer als »Apikorus«, und bis zum heutigen Tag gebrauchen wir dieses Wort (zumeist in seiner jiddischen Aussprache: Apikeures) zur Bezeichnung der vom Glauben abgefallenen Juden.
Wer weiß, was geschehen wäre und welchen Weg die Geschichte eingeschlagen hätte, wenn die von Lebenslust geprägten Überzeugungen des Hellenismus die freie Wahl für eine freiwillige Entscheidung der einzelnen geblieben wäre. Es würde jedenfalls nicht wundern, wenn der Zustrom an interessierten und begeisterten Anhängern ständig gewachsen wäre. Dann aber machten die Mächtigen den Fehler, den Mächtige anscheinend immer wieder machen: Sie unterdrückten die von ihnen beherrschten Bewohner – und erfuhren einmal mehr die Richtigkeit des (nicht allein physikalischen) Gesetzes, wonach Druck irgendwann Gegendruck hervorruft.
Das geschah, nachdem im Jahre 175 vor der allgemeinen Zeitrechnung Antiochus Epiphanes Herrscher über Syrien geworden war und er für sein gesamtes Herrschaftsgebiet das Verdikt erließ, daß alle Untertanen in Religion und Kultur sich den griechischen Bräuchen zu unterwerfen hätten. Und in Israel demonstrierte er zusätzliche Härte: Er verbot die Wahrung des Shabbat bei Todesstrafe, ebenso das Einhalten der koscheren Speisevorschriften und auch die rituelle Beschneidung Neugeborener.
Ärger noch als diese einschneidenden Verbote muß es für die un-

terjochten Juden freilich gewesen sein, daß Antiochus den Heiligen Tempel in Jerusalem entweihte und als Gipfel schmerzlicher Provokationen auf dem Altar Schweine opfern ließ, den Inbegriff des Unreinen. Dies und das Aufstellen einer Zeus-Statue im Tempel, vor der niederzuknien allen Juden aufgezwungen wurde, war selbst für die Duldsamen zuviel – Antiochus war zu weit gegangen.

Die beinahe zwangsläufig folgende Revolte gegen die hellenistischen Tempelschänder wurde initiiert und angeführt von Mathitjahu, dem jüdischen Priester, und seinen fünf Söhnen, deren Kampfruf lautete: Wer für G"tt ist, der folge uns. Mathitjahu und seine Söhne gingen als Makkabäer – von Makkabi, der Hammer – in die Geschichte ein. Und der durch Georg Friedrich Händel in der Musikgeschichte etablierte älteste Sohn Mathitjahus war der legendäre Jehuda, von den Römern später Judeus Makkabäus genannt. Es ist aber auch interessant zu wissen, daß Makkabi übersetzt nicht nur »Hammer« heißt. Die Buchstaben des Wortes sind obendrein ein Akronym für die hebräischen Worte: Wer ist wie Du unter den Mächtigen, o Herr.

Der Sieg der Makkabäer war so überwältigend, daß sie – im Dezember 164 vor der Zeitrechnung – den Tempel in Jerusalem wieder in Besitz nehmen konnten, alle Götterstatuen und andere Götzenbilder hinauswarfen und das Heiligtum wieder dem einen und einzigen G"tt weihten. Das hebräische Wort für Weihe lautet Chanukka – der Feiertag war geboren.

Allerdings, hier ist unsere Geschichte noch nicht zu Ende, denn zum Happyend fehlt noch der unumstößliche Beweis, daß G"tt auf seiten der zahlenmäßig unterlegenen Juden gewesen war, die dennoch einen so bemerkenswerten Sieg über eine Weltmacht der damaligen Zeit errungen hatten. Dieser Beweis wurde durch das Wunder der Menorah erbracht, den achtarmigen Tempelleuchter, der stets als Symbol von G"ttes Allgegenwart in seinem Heiligen Haus galt.

Und hier nehmen wir wieder den roten Faden auf, der uns zur ersten Ölkrise in der Geschichte führt. Um nämlich den achtarmigen Tempelleuchter wieder zu entzünden, war koscheres, also rituell reines Öl erforderlich. Dies herzustellen dauerte acht Tage. Der kleine Ölrest, der sich noch in der Menorah befand, hätte jedoch allenfalls für einen Tag gereicht. Wie wir alle wissen, brannte die Flamme erstaunlicherweise so lange, bis neues Öl hergestellt war. Der kleine Rest, der wider alle Erwartungen durchhielt, war das passende i-Tüpfelchen für die Geschichte von der kleinen Truppe, die dem mächtigen Imperator die Stirn geboten und am Ende obsiegt hatte.

Vielleicht sollte ich an dieser Stelle noch einmal betonen, daß Chanukka, unser jüdisches Lichterfest, nun wahrlich nichts, aber auch gar nichts mit dem christlichen Lichterfest zu tun hat. Daß sie beide in den Monat Dezember des allgemeinen Kalenders fallen, mag ein Zufall sein. Daß sie beide zu Feiertagen des Konsums und der Geschenke geworden sind (Chanukka zum Glück noch weit dezenter als Weihnachten), hat mit den Inhalten der Festtage sicherlich nichts zu tun und wird von den stark traditionellen Kreisen eher als störend empfunden – auf beiden Seiten übrigens. Chanukka hat sich, zumal bei der jüdischen Bevölkerung der USA, und dies ist immerhin die zahlenmäßig größte jüdische Gemeinschaft in der Welt, zu einem Ersatz entwickelt, mit dem das Fehlen des eigenen Weihnachtsfestes, wie es die christlichen Nachbarn vorweisen können, kompensiert wird. Und es klingt ein bißchen wie Ironie, daß die tiefe Botschaft von Chanukka ja genaugenommen die Mahnung ist, daß Juden nicht die religiösen Riten ihrer Umwelt nachmachen, sich also nicht assimilieren sollen. Mit anderen Worten: ja zur Integration, nein zur Assimilation.

Ein chassidischer Rabbi hat mir einmal die Bedeutung des Ölwunders zu Chanukka so erklärt: Alle Flüssigkeiten, die wir kennen, verbinden sich, wenn wir sie zusammenschütten mit anderen Flüssigkeiten. Öl aber verhält sich ganz anders. Versuche, es mit Wasser zu mischen, und es wird immer nach oben steigen. So war es in der Zeit des Hellenismus, der die Juden beinahe aufgesogen hätte. Doch dann geschah das Wunder mit dem Öl. Dem Öl, das sich zwar mit anderen Flüssigkeiten verträgt, doch sich nicht assimiliert.

Eine nette Parabel. Aber die Wirklichkeit im 21. Jahrhundert sieht doch eher anders aus. Mathitjahu und seine Makkabäer, so fürchte ich, hätten heute noch ein schönes Stückchen Arbeit vor sich.

Tu-bischwat, das Neujahrsfest der Bäume

Alle Religionen auf dieser Welt leben durch den Glauben an ihre Inhalte. Aber diese Inhalte brauchen auch ihre äußeren Formen, um ständig gegenwärtig zu sein. Diesem Zweck entsprechen in genialer Weise die Feiertage, feste Daten also, die irgendwann und in der Folge irgendeines Ereignisses eingeführt und festgelegt wurden, um seither in aller Regelmäßigkeit bewahrt zu werden. Ein Stück Erinnerungsarbeit also zur Festigung des Bewußtseins – und eben des Glaubens.

Bei uns Juden ist das *traditionelle* jüdische Leben, soweit es sich an Feiertagen *orientiert* und nach außen hin durch Feiertage *dokumentiert*, eine seit vielen Jahrhunderten festliegende Größe, ein in der Form beinahe seit Menschengedenken unverändert gebliebenes Symbol von Stabilität des Glaubens. All das, was durch den Tenach, die Heilige Schrift, durch Mischna und Gemara, die zahlreichen religionsgesetzlichen Vorschriften und ihre kommentierende Auslegung, vorgegeben ist, hat sich ohne merkliche Änderungen bewahrt und gilt heute wie vor hunderten von Jahren in seinen festgelegten und von vielen auch beständig eingehaltenen Normen.

Unsere Feiertage basieren auf der Thora oder dem Talmud und fußen auf historisch-biblischen Ereignissen wie auf religionsgesetzlich gewachsenen Inhalten. Aber dann sind da auch noch *jene* Gedenktage, die weder auf die Thora noch auf den Talmud zurückgehen, jene Erinnerungen an *nach*-biblische Geschehnisse, die sich über lange Zeiten und in einigen wenigen Fällen eher durch ihre Eintragung im Luach, im jüdischen Kalender, niedergeschlagen haben; es sei denn, daß sie sich zu speziellen Zeremonien entwickelt haben, wie etwa das Lichter-Zünden zu Chanukka, das uns an die Tempelweihe nach dem Sieg über den hellenistischen Einfluß der Vielg"tterei erinnert, oder das Freudenfest Purim, an dem wir der glücklichen Wendung gedenken, den ersten in der Geschichte bekannten Versuch zu vereiteln, die Juden kollektiv umzubringen.

Andere Feiertage sind erst neuzeitlichen Datums und haben politische Hintergründe, der Jom Haazmaut etwa, der israelische Nationalfeiertag, oder der Jom ha Schoa, der jüdische Gedenktag an die Opfer des Holocaust. Und dann gibt es da noch jene Anlässe, die über längere Zeit zwar als existent wahrgenommen, jedoch nicht in jenem *festlichen* Rahmen begangen wurden, der unsere wesentlichen Religions-Feiertage auszeichnet, etwa der fünfzehnte des Monats Schewat, Tu-bischwat, *das* Fest, das wir auch Rosh Hashana ha Illanot nennen, das Neujahrsfest der Bäume.

Heute freilich oder, genaugenommen, seit dem Wiederbestehen des jüdischen Staates hat Tu-bischwat sehr wohl *erkennbar* von der Bedeutung zurückgewonnen, auf die seine Existenz letztlich zurückgeht, nämlich die ursprüngliche Pflicht-Abgabe eines Teils der Obst-Ernte aus den Zeiten des Bestehens des Tempels in Jerusalem.

Beinahe 2000 Jahre lang war Tu-bischwat ein Gedenktag ohne Möglichkeit zur eigentlichen inhaltlichen Ausformung, weil der Boden, auf den der Feiertag ja schließlich zurückgeht, nicht mehr im eigenen Besitz stand. Und so hielten zwar Juden über alle Generationen und räumlichen Entfernungen an Tu-bischwat fest, doch die jahrhundertelange Erinnerung beschränkte sich oftmals darauf, die Kinder mit Süßigkeiten oder so exotisch anmutenden Obstsorten wie Datteln, Feigen und Granatäpfeln zu beschenken, eben den Sorten aus dem Boden und von den Früchten des Heiligen Landes.

Diese Praxis hat sich heutzutage erkennbar geändert, ausgehend im wesentlichen von den in Israel selbst ausgeformten Impulsen. Heute ist Tu-bischwat ein richtiges Fest, vor allem für die Schulkinder, die mit ihren Klassen ausziehen, um Stecklinge zu setzen, Bäumchen zu pflanzen; mitzuhelfen bei der Aufforstung der eher kargen Landstriche, einen unmittelbaren Beitrag an jener großen Aufgabe zu leisten, die inzwischen schon zur festen Tradition geworden ist. Dies gilt nicht zuletzt seit jenem Datum etwa um die Jahrhundertwende, da der KKL, der Keren Kayemed leIsrael, sich die Aufgabe gesetzt hatte, die öde Wüste eines jahrhundertelang unbearbeiteten Bodens in blühende Gärten umzuwandeln.

In den 100 Jahren seiner Existenz hat der KKL, der sogenannte Jüdische Nationalfonds, eine Arbeit von nicht zu unterschätzender Bedeutung geleistet, hat Voraussetzungen geschaffen, um das Land urbar zu machen und jene politische Verbundenheit zu ma-

nifestieren, die – ausgehend vom Fünften Zionistenkongreß im Dezember 1901 in Basel – in direkter Linie zur Anerkennung des Staates Israel durch die Vereinten Nationen und zur Staatsgründung im Mai 1948 führte.
Seit den ersten Jahren dieses Jahrhunderts kannten Juden in aller Welt die blau-weißen Sammelbüchsen des KKL, eingeführt von dessen erstem Vorsitzenden Johann Kremenetzky, die in fast jedem jüdischen Haus und erst recht in jeder jüdischen Gemeinde ihren Platz hatten und in denen jeder noch so bescheidene Beitrag gesammelt wurde – um regelmäßig Spenden zum großen Aufbauwerk des Keren Kayemet in Israel zu leisten.
Es ist eine eigentlich zuwenig bekannte Tatsache, daß der KKL seit seiner Gründung und mit Geldspenden aus allen jüdischen Gemeinden in der Welt systematisch Bodenflächen angekauft hat, um seinen Teil beizutragen, den Traum von der Rückkehr in die alte jüdische Heimat zu verwirklichen. Spendengelder und Landkäufe des Keren Kayemet ermöglichten die Gründung des Kibbuz Degania als der ersten kollektiven Gemeinschaftssiedlung, der viele weitere folgen sollten und die sich mit ihren nicht hoch genug einzuschätzenden Verdiensten um die Kultivierung eines brachliegenden Landes in die neue Geschichte des Staates Israel eingeschrieben haben. Grund und Boden, auf dem seit der Jahrhundertwende die landwirtschaftlichen Siedlungen jüdischer Pioniere entstanden, war dabei arabischen Scheichs und Großgrundbesitzern ordentlich abgekauft worden – was freilich die übelwollenden Propagandisten später nicht daran hinderte, von Diebstahl oder Enteignung zu sprechen, vor allem, nachdem aus dem teils kargen, teils malariaverseuchten Boden unter den Händen der Kibbuz-Idealisten blühendes Grün gewachsen war.
Der KKL war es, der ebenso Grund und Boden erwarb, um Israels heutzutage größte Stadt, Tel Aviv, aus den Dünen entstehen zu lassen; der Land ankaufte, um in Haifa den Hadar-haCarmel-Bezirk zu besiedeln oder den Boden, auf dem das Technion, die Technische Universität, gegründet werden konnte.
Stets waren es Aufbauleistungen besonderer Art, an denen sich der Jüdische Nationalfonds wesentlich beteiligte, sei es die Schaffung von Wohnvierteln für die ersten jemenitischen Immigranten im zweiten Jahrzehnt des letzten Jahrhunderts, sei es die Trocken-

legung verseuchter Sümpfe im Norden Israels während der dreißiger Jahre oder die Förderung der ländlichen Besiedlung in den Jahren nach der Staatsgründung.
Stets aber war es die vom KKL selbst als besondere Verpflichtung empfundene Aufgabe, Bäume zu pflanzen, das karge Land mit all den Hilfsmitteln moderner Technologie aufzuforsten – und sich, selbst in den Jahren der Intifada mit ihren immer wieder zerstörerischen Brandstiftungen ganzer Waldstücke, nicht zurückwerfen zu lassen.
Es ist jetzt schon rund 20 Jahre her, daß die Zahl der vom Keren Kayemet leIsrael gepflanzten Bäume die stattliche Zahl von 100 Millionen überschritt, dabei immer auch angelegt als Symbol eines gewissermaßen natürlichen Gedenkens, etwa in Form des Märtyrer-Waldes zum Andenken an die sechs Millionen Opfer des Holocaust oder des Kennedy-Waldes im Westen Jerusalems als posthume Ehrerbietung gegenüber dem ermordeten amerikanischen Präsidenten.
Und immer ist es Tu-bischwat, der Neujahrstag der Bäume, jener über Jahrhunderte kaum beachtete und erst nach langer Schatten-Existenz zu neuer, praktischer Bedeutung gelangte Feiertag, der einen jährlichen Spitzenplatz in der Schaffung neuer grüner Lungen des Landes einnimmt.
Es ist eine schöne und für mein Empfinden sehr gefühlsbetonte Übung geworden, guter Freunde dadurch zu gedenken oder solidarische Verbundenheit dadurch zu zeigen, daß man in Israel und eben durch den KKL Bäume auf den Namen jener pflanzt, die durch diese besondere Art der Würdigung geehrt werden sollen. Lange bevor es hierzulande modern wurde, Baum-Partnerschaften während trockener Sommerperioden zu übernehmen, pflanzten Juden aus aller Welt Bäume im Heiligen Land.
Die Baum-Pflanzungen sind als Synonym für die Arbeit des KKL geblieben, *auch* wenn sich dessen Aufgaben längst ausgeweitet haben. Heute gilt das Augenmerk des Jüdischen Nationalfonds insbesondere dem Pflanzen neuer Waldflächen in der Negev-Wüste, dem Bau von Wasserreservoirs zur Sicherstellung des so wichtigen Potentials zur Bewässerung des Landes oder der Urbarmachung unfruchtbar gewordenen Bodens.
Und immer wieder werden Bäume gepflanzt, damit von Jahr zu

Jahr, wenn an Tu-bischwat die traditionellen Fahrten oder Wanderungen in die Wälder unternommen werden, das Wachstum sichtbar wird. Und wieder ein neues Jahr der Bäume beginnen kann – mit neuen Pflanzen und neuer Hoffnung auf Leben und Wachstum ...

Purim

Kaum ein jüdisches Fest wird von unseren Kindern vielleicht sehnsuchtsvoller erwartet – nicht wegen eines bevorstehenden Geschenkrauschs wie an Weihnachten, obwohl es kleine Geschenke in Form von Süßigkeiten auch gibt, sondern weil es das ausgelassenste aller jüdischen Feste überhaupt ist: Purim, der jüdische Karneval.

Zugegeben, für eingefleischte Feierer mit ausgeprägtem Durchhaltevermögen ist Purim natürlich nur eine ganz leichte Übung, denn anders als Fasching dauert Purim bloß einen Tag. Der Anlaß zur Freude freilich ist unvergleichlich bedeutsamer: Immerhin feiern wir Purim zur Erinnerung daran, daß der erste aus der Geschichte bekannt gewordene Versuch gescheitert war, die Juden kollektiv, als Volk also, zu vernichten. Sie müssen zugeben, das ist schon ein Anlaß, über den man sich einmal besonders freuen darf.

Es ist wohl schon ein bißchen merkwürdig mit uns Juden. Andere treiben es toll, weil sie sich darüber freuen, daß die Macht des Winters gebrochen ist, die Tage wieder länger und wärmer werden und der Frühling vor der Tür steht. Oder weil noch mal richtig einer »draufgemacht« werden soll, ehe dann für ein paar Wochen Enthaltsamkeit geübt werden muß. Wir aber kostümieren uns und lassen die Weinflaschen kreisen, weil wir überlebt haben. Ein wahrhaft kategorischer Unterschied!

Das mit den Weinflaschen gilt übrigens im Wortsinn. Denn obwohl Alkohol unter Juden üblicherweise eher verhalten genossen wird, gilt für Purim eine vom Gesetz des Brauchtums vorgeschriebene Ausnahme. An Purim sollen wir trinken und soll unsere Freude beinahe grenzenlos sein. So sehr sollen wir dem Alkohol zusprechen, bis er unsere Sinne ausreichend getrübt hat, um uns den Unterschied zwischen Mordechai und Haman vergessen zu machen, den beiden Protagonisten der Purim-Geschichte, dem Guten und dem Bösen, dem Retter der Juden, Mordechai, und seinem Sieg über den Schurken Haman.

Über Jahrhunderte hinweg galt dieser Haman als Inkarnation des Schlechten überhaupt. Haman ha Rusche, das war das traditionelle Wort für den Bösewicht schlechthin, den Übeltäter, der Juden nicht allein verfolgte, sondern ihnen mit bis dahin nicht gekannter Planung zielgerichtet nach dem Leben trachtete. Inzwischen haben wir dazugelernt. Leider. Jetzt wissen wir, daß die Geschichte um Haman sich vergleichsweise bescheiden ausnimmt gegenüber dem gigantischsten Mordkomplott aller Zeiten, das in Nazi-Deutschland ersonnen, von hemmungslosen Befehlsempfängern umgesetzt und zielgerichtet ausgeführt wurde. Und das – anders als in der Purim-Geschichte mit ihrem happy end – sechs Millionen jüdische Menschen das Leben gekostet hat.

Angesichts des real passierten Grauens, das schlimmer war als alles, was bis dahin vorstellbar schien, sollte eigentlich die Bewertung des Purim-Festes einer Überprüfung wert sein. Mindestens soweit es die historische Einordnung angeht und die Stellung des Feiertags als Merkpunkt für den einzigen bis dahin denkbaren Genozid.

Letztlich ist Purim nichts anderes als die äußerst glückliche Wende einer zunächst außerordentlich tragischen Situation, die womöglich zur Ermordung aller im Persien des Königs Xerxes lebenden Juden hätte führen können. Und in unserer an Höhen und Tiefen so reichen Geschichte, in der jeder Grund zur Freude durch schlimme Anlässe zur Trauer allzu schnell wieder abgelöst wurde, ist es nur zu verständlich, Parallelen zu ziehen: *Hier* das Persien vor rund 2500 Jahren, in dem die Juden nur knapp der Katastrophe entgingen. *Dort* das Persien der Mullahs mit ihren Juden-Verfolgungen unter Chomeini und der Flucht tausender, seit vielen Generationen in ihrer persischen Heimat lebenden Juden, die inzwischen zumeist in Israel oder den USA ein neues Zuhause gefunden haben.

Die Purim-Geschichte selbst ist ein Geflecht wilder Intrigen und bösartiger Verleumdungen, eine Geschichte von Haß und Eifersucht, von Mißgunst und gekränkter Eitelkeit, die – auch dies hat sich seither das eine oder andere Mal wiederholt – ausgerechnet auf dem Rücken der Schwachen ausgetragen werden sollte, im konkreten Fall: auf dem Rücken der jüdischen Minderheit.

Es wäre wohl der Stoff, aus dem Märchen sind – solche aus 1001 Nacht zumal –, wenn es sich nicht um eine wahre Geschichte handelte, eine zunächst traurige und höchst dramatische, im weiteren Verlauf dann aber fröhliche und erleichternde, eine Geschichte mit dem klassischen und märchenhaften happy end, in der die unschuldigen Guten gerettet werden und der böse Schurke gerichtet wird. Und weil es eben kein Märchen war, sondern die sehr glückliche Errettung aus einer durchaus real existierenden Gefahr, begehen wir die Erinnerung an den guten Ausgang mit einem unserer nachbiblischen Feiertage, nämlich dem Purim-Fest.

Der Name Purim kommt von dem Wort »Pur«, was zu deutsch »Los« bedeutet. Den Hintergrund der Geschichte bildet gewissermaßen eine »Wilhelm-Tell«-Variante. Und was es damit auf sich hat, sei hier in Kurzfassung erzählt: Wütend, weil ihm der Jude Mordechai die erwartete Ehrerbietung in Form eines Kniefalls verweigert hatte, sann Haman, der Minister des persischen Herrschers Achaschverosch (der als Xerxes besser bekannt ist), auf Rache. Er überzeugte seinen König von der, wie er behauptete, jüdischen Absicht, ihn zu stürzen, und gewann den angeblich dem Alkohol weit eher als seinen Staatsgeschäften zugetanen Herrscher für den Plan, alle Juden in seinem Reich an einem bestimmten Tag hinrichten zu lassen. Per *Los* wurde die große »Säuberungsaktion« auf den 14. Adar festgelegt. Auf jenen Tag, an dem wir heute – weil der Massenmord verhindert werden konnte – Purim feiern.

Mordechai, der in seiner Religiosität unbeugsame jüdische Mann, hatte durch Zufall von Hamans Mord-Plan erfahren und brachte seine Nichte Esther, die sich der König kurz zuvor als weitere Frau in seinen Harem hatten holen lassen, dazu, sich dem Herrscher zu offenbaren. Weil aber Xerxes obendrein noch in der Schuld Mordechais stand, der den König einige Zeit zuvor über ein geplantes Mordkomplott unterrichtet hatte, kehrte sich schließlich alles zum Guten: Mordechai wurde in den Stand eines Ministers erhoben, der böse Haman jedoch endete am Galgen, dort, wo er selbst alle Juden hatte hängen sehen wollen.

All dies ist seit Jahrhunderten niedergeschrieben auf Pergamentrollen, den Megillot Esther, die an Purim in den Synagogen in aller Welt verlesen werden. Zur großen Freude der Kinder übrigens, die immer dann, wenn der Name des schlimmen Haman erklingt, mit Ratschen, die wir »Gregger« nennen, einen fürchterlichen

Lärm anstimmen müssen. Eine didaktisch ausgesprochen hilfreiche Methode, denn da Kinder in aller Regel gesteigerten Spaß daran haben, ohrenbetäubenden Krach zu machen, lassen sie sich diese Chance zum erlaubten, ja zum erwünschten Lärmen sicherlich nicht entgehen.
Um aber zu wissen, an welcher Stelle genau »gegreggert« wird, müssen die Kinder zwangsläufig gut zuhören, aufpassen – und so die gesamte Purim-Geschichte sorgfältig mitverfolgen. Aber immerhin: Es gibt auch einen Lohn für die tatkräftige Mitwirkung, nämlich die »Schlachmones«, Leckereien, die auf den sympathischen Brauch zurückgehen, das Purim-Fest nicht nur im Kreis lieber Freunde zu feiern, sondern auch und gerade Bedürftige einzuladen, sie also an der Freude und den leiblichen Genüssen teilhaben zu lassen. Diese soziale Geste soll wohl weniger Ausdruck gegenseitigen Beschenkens im Augenblick der Freude sein als Symbol der Unterstützung von Bedürftigen, die – auch wenn sie mittellos sind – nicht gezwungen sein sollen, sich dem freudigen Feiern zu enthalten. So schreibt denn auch die Megillat Esther vor, daß gerade am Tag der Freude ein Jude nicht die sozial Schwächeren vergessen dürfe.
Gemeinsam gefeiert wird mit einer großen Purim-Mahlzeit, einer Se'udat Purim, die am Vorabend des 14. Adar beginnt und sich bis in die Nacht hineinzieht. Daß der Wein dabei eine ganz besonders hervorgehobene Rolle spielt, geht auf jenes wilde Weingelage zurück, mit dem die Purim-Geschichte eigentlich beginnt. Damals nämlich hatte der betrunkene persische König seine erste Frau Waschti vom Hof verstoßen und sich das jüdische Mädchen Esther zur Frau genommen. Und ebenfalls bei einem Weingelage des Königs hatte sich Esther, einige Jahre später dann, dem Herrscher offenbart und ihm von Hamans Plan zum kollektiven Mord berichtet.
Sehen wir einmal von diesen äußerlichen Merkmalen ab und betrachten uns die Megillat Esther, das Buch Esther, näher, dann fällt auf, daß in der gesamten Geschichte der Name G"ttes kein einziges Mal erwähnt ist. Im Unterschied zu der Schilderung im Chumasch, den fünf Büchern Moses, wirkt G"tt in der Megillat Esther nicht unmittelbar auf das Geschehen ein, läßt nicht direkt Wunder geschehen und spricht auch nicht durch den Mund eines

Propheten. Die Geschichte scheint einfach ihren natürlichen Verlauf zu nehmen, so als wäre es ein Zufall, daß sich der persische Herrscher ausgerechnet eine jüdische Frau nimmt, der es dann gelingt, eine bereits fest geplante gigantische Vernichtungsaktion zu stoppen. Und als wäre es ein bloßer Zufall, daß sich der König just im Moment höchster Gefahr für die Juden daran erinnert, daß es gerade der Jude Mordechai war, der ihn selbst einst dadurch gerettet hatte, daß er ihm über konkrete Attentatspläne berichtet hatte.

Für gläubige Menschen aber gibt es keine Zufälle. Und die scheinbare Verknüpfung einer ganzen Reihe von Ereignissen, die ein Schicksal so gefügt haben könnte, ist ihnen nichts anderes als der Beweis für die leitende Hand G"ttes. Daß er sich dabei freilich nicht offenbart, wird mit Hinweis auf die Galut, die Diaspora, erklärt: Nur im Gelobten Land selbst könne die unmittelbare Verbindung G"ttes zu den Menschen möglich sein.

Die großen, farbenprächtigen und ausgelassenen Umzüge, wie es sie zu Purim in Israel gibt, kennen wir in der Galut nicht – jedenfalls nicht aus Anlaß von Purim. Aber gefeiert wird auch hier, und zwar in allen jüdischen Gemeinden.

Pessach

Das Judentum ist eine Religion der Erinnerung. Die Akzeptanz von Erinnerung als der stabilisierenden Kraft unserer Religion zieht sich wie ein roter Faden durch unsere Traditionen, unsere Gebräuche, ja durch das gesamte religiöse Leben. Wenn wir beten, führen wir zwar unseren ständigen Dialog mit unserem Schöpfer, doch wir verknüpfen damit unablässig die Erinnerung an wichtige Ereignisse unserer Geschichte. Und kein anderes Ereignis kommt dabei so oft zur Sprache wie Jeziat Mizraim, der Auszug aus Ägypten, die Befreiung aus der Sklaverei, die eigentliche Schaffung eines gemeinsamen Volkes und die Bildung einer gemeinsamen Nation.

Pessach, das achttägige Fest des ungesäuerten Brotes, das Fest des Auszugs aus Ägypten, das klassische jüdische Freiheitsfest, ist in der Tat ganz stark mit der Entstehung des jüdischen Volkes verknüpft. Denn in Ägypten begannen sich unter den Nachkommen der Erzväter Abraham, Itzhak und Jakob all jene Eigenschaften abzuzeichnen, die man gemeinhin als die Charakteristika einer Nation ansieht. Zwar fehlte das hohe Gut persönlicher und körperlicher Freiheit, aber die Grundlagen für die Schaffung einer nationalen Gemeinsamkeit waren vorhanden: die gemeinsame Herkunft, die gemeinsame Geschichte, das Gefühl der Zusammengehörigkeit, der Wunsch zur Wahrung eigener Sitten und Gebräuche.

Es waren, wie betont werden muß, nur die Grundlagen. Denn die Freiheit und das Streben nach einem eigenen Territorialgebilde als weiteres Merkmal einer politischen Definition des Begriffs von der Nation kamen erst mit Moses und dem von ihm organisierten Auszug aus Ägypten. Und erst während des langen Marsches durch die Wüste, erst mit der Offenbarung am Berg Sinai, erst mit der Verkündung der g"ttlichen Gesetzgebung, fand der Auszug aus dem Sklavenhaus Ägypten seine Vollendung in Form der Bildung eines Volkes, zu dessen körperlicher Freiheit nun auch die geistige Freiheit getreten war.

Deshalb sind die beiden historischen Ereignisse von Jeziat Mizarim und Matan Thora, von Auszug aus Ägypten und Verkündung der Gebote am Sinai, nicht nur in enger Beziehung zueinander zu

sehen, sondern stellen beide insoweit ein einheitliches (wenn auch durch Jahrzehnte voneinander getrenntes) Ereignis dar, als sie beide uns Juden Jahr für Jahr daran erinnern, daß nationale und geistige Freiheit G"tt als dem alleinigen Herrscher Israels zu verdanken sind.
Kein anderes historisches Ereignis, kein anderes Fest und keine andere religiöse Verpflichtung wird in der Thora häufiger wiederholt als jene, niemals zu vergessen, daß Juden einst Sklaven waren im Lande Ägypten; niemals zu vergessen, daß G"tt es war, der die Kinder Israels aus der Knechtschaft herausführte; niemals zu vergessen, daß G"tt mit den Kindern Israels einen Bund geschlossen hat und sie in das von ihm verheißene Land führen ließ; und schließlich immer an das zu denken, was im 13. Kapitel des zweiten Buches Moses steht: Zu allen Zeiten sei es die Pflicht eines jeden, sich vorzustellen, er sei selbst aus Ägypten herausgeführt worden.
Natürlich ist das ausgeprägte Empfinden vieler Juden für Freiheit, Toleranz, Respekt und Menschenwürde eine sich ins positive Gegenteil auswirkende Folge jener anhaltenden Ausgrenzung, Diskriminierung, Unterdrückung und Verfolgung, die das jüdische Volk über Jahrhunderte wieder und wieder selbst betroffen hat. Und gewiß wird, wer unter der Intoleranz seiner Umgebung zu leiden und Einschränkungen persönlicher Freiheit zu erdulden hat, die Werte von Gleichheit und Freiheit besonders hochzuschätzen wissen und ihre Verwirklichung stets vor allem anderen erstreben. Dennoch sind es bei uns immer wieder der gezielte Verweis und der Rückgriff auf die Knechtschaft in Ägypten, die als Synonym für Rechtlosigkeit und Unfreiheit angeführt werden. Kein anderes Ereignis wird so beständig wiederkehrend in der Thora erwähnt wie jener Satz, der uns mahnend vorhält: »Erinnere dich stets daran, daß du selbst einst Sklave warst im Lande Ägypten.« Was doch nichts anderes ist als ein konstanter Aufruf zur Wahrung von Gerechtigkeit und Selbsterkenntnis. Und es ist zugleich, so fand ich es einmal treffend und bildhaft formuliert, eine Art Kindheitserfahrung des jüdischen Volkes, die sich tief in sein Bewußtsein und sein Unterbewußtsein eingegraben hat.
Pessach, das große Freiheitsfest, dieses achttägige Fest des ungesäuerten Brotes, entfaltet seine kraftvolle Erinnerungsarbeit insbe-

sondere durch den feierlichen Eröffnungsabend, den Seder. Seine seit langen Zeiten festgefügte Ordnung, dieser seit Generationen und Generationen strikt unveränderte Ablauf sind die frühe Erkenntnis dessen, was die moderne Wissensvermittlung der heutigen Zeit gerne als »Learning by doing« bezeichnet. Indem nämlich im Kreis der Familie, von Freunden oder – beim großen Gemeindeseder – im Kreis von hundert oder mehr Anwesenden die ganze Geschichte des Leidens in der ägyptischen Sklaverei und die Geschichte des Auszugs aus der Gefangenschaft gemeinsam gelesen und nachvollzogen werden, erfahren auch jene diesen wichtigen Teil der eigenen Geschichte, die ansonsten den religiösen Traditionen wenig zugetan sind, oder jene, die – wie unsere Zuwanderer aus der einstigen Sowjetunion – von diesen Traditionen durch die äußeren Umstände ihres Lebensumfelds bislang weitgehend ferngehalten wurden.
Sie besonders sind es heute, die lernen müssen, daß gerade dieser Sederabend zu den wichtigsten religiösen Vorschriften unseres Glaubens zählt. Und *sie* sind es, die heute vielleicht am ehesten nachvollziehen und mitfühlen können, was es bedeutet, in die neue Freiheit geführt worden zu sein; was es an neugewonnenen Chancen bedeutet, aber auch, welche Verpflichtungen des Gedenkens und der immer wiederkehrenden Erinnerung es in sich birgt. So wie G"tt in der Thora verlangt, daß Juden aller Zeiten sich stets dieses außergewöhnlichen Ereignisses erinnern sollen, dieses so bedeutsamen geschichtlichen Moments, da G"tt Wunder geschehen ließ, um sein Volk in eine neue Zukunft zu führen.
Der Seder folgt nicht nur einer fest definierten Ordnung, sondern Seder heißt ins Deutsche übersetzt auch Ordnung. Diese Ordnung erinnert und gemahnt nicht allein an den Exodus aus dem Sklavenhaus; sie gibt uns vielmehr auf, die spektakulären Ereignisse des Auszugs aus Ägypten konkret nachzuempfinden. Sei es durch die besondere und ausgewählte Anordnung des Sedertisches, sei es durch das gemeinsame Lesen (und also Lernen) der Hagada, der Geschichte des Auszugs, oder sei es schließlich durch das festliche Mahl, zu dem stets alle einzuladen sind, die allein oder hungrig sind, und das einer der Höhepunkte im Ablauf unseres religiösen Jahres ist.
Pessach, das große jüdische Freiheitsfest, war im Lauf der Jahr-

hunderte vermutlich stets der bedeutendste, weil immer aktuelle Feiertag. Immer nämlich lebten Juden irgendwo auf der Welt in Unfreiheit, immer wieder waren sie Diskriminierung, Einschränkungen im persönlichen wie im beruflichen Umfeld und meist auch religiöser Unterdrückung durch die islamische oder christliche Mehrheit unterworfen. Kein Wunder deshalb, daß die Geschichte vom Exodus aus Ägypten nicht allein ein historisches Ereignis war, dessen man sich in Befolgung einer religiösen und traditionellen Pflicht erinnerte, sondern eine Analogie zu den aktuellen Umständen eines von der Umwelt einschneidend beeinträchtigten Lebens.

So war es bis vor wenigen Jahren noch auch in Europa. Wenn wir in der Pessach-Geschichte lesen, daß G"tt sein Volk mit starker Hand aus Ägypten herausgeführt habe, dann schweiften die Gedanken ab zu der Unfreiheit in den Staaten des Ostblocks, hinter jenen Eisernen Vorhang, der auch die freie Religionsausübung behinderte und der ein gewichtiger Grund dafür war, daß das bekannte Pessach-Wort »Laß mein Volk gehen« von – leider – ungebrochener Aktualität war. Und so ist es – noch einmal: leider – auch heute noch, wenn wir an die kleinen und unterdrückten jüdischen Gemeinden denken, die in einigen Ländern der arabischen Welt als traurige Schatten einstiger Blüte noch existieren.

Noch gibt es einige wenige jüdische Familien, sei es im syrischen Damaskus oder im persischen Teheran, die sich nach Freiheit sehnen und in der täglichen Angst leben, als vermeintliche »zionistische Agenten« verfolgt zu werden. Sie hatten jenen Fehler begangen, der sich zu allen Zeiten irgendwo auf der Welt immer zu wiederholen scheint, jenen Fehler, der nach den Erfahrungen aus der Nazizeit in Deutschland eigentlich überwunden sein sollte: den Fehler, nicht rechtzeitig ausgewandert zu sein, wobei sie zwar ihr Hab und Gut hätten zurückzulassen müssen, aber wenigstens ihre Freiheit hätten retten können. Nur: Im sicheren Hafen eines freiheitlich-demokratischen Staates läßt sich vom weichgepolsterten Sessel aus leicht richten. Aber was ist schon »rechtzeitig«, was ist der unvermeidliche und unwiederbringlich richtige Zeitpunkt für einen Schlußstrich unter ein bisheriges Leben, unter die Existenz in einem Land, das den meisten zur Heimat geworden ist? So

leicht fällt der Entschluß zur Emigration nicht – und wenn, dann ist es nicht selten zu spät.
Laß mein Volk ziehen – dies ist auch das vielzitierte Motto, unter dem jahrzehntelang die Politik der einstigen Sowjetunion und ihrer Satelliten der Weltöffentlichkeit ins Bewußtsein gerufen wurde, einer Weltöffentlichkeit, die sich für derlei scheinbar unbedeutende Randereignisse freilich nicht sonderlich zu interessieren schien. Erst die allgemeinen politischen Veränderungen in Europa in der Folge von Gorbatschows »Glasnost« und »Perestroika« machten es möglich, daß die Allgewaltigen von Miliz und KGB nicht länger wie die Soldaten des ägyptischen Pharao in Bereitschaft standen, um die persönlichen Freiheiten einer unterdrückten Minderheit einzuschränken.
Seither findet der Exodus in der Tat statt. Rund eine Million russischer, ukrainischer, moldawischer, weißrussischer oder litauischer Juden sind inzwischen nach Israel gekommen, um fortan ein Leben zu führen, daß zwar nicht immer bequem und schon gar nicht sehr einfach sein mag, aber immerhin ein Leben in Freiheit ist. Einige zehntausend sind überdies in die Vereinigten Staaten und in die Bundesrepublik Deutschland ausgewandert. Und sie alle haben ihre sehr persönlichen Empfindungen, wenn am Seder-Abend des Pessach-Festes gemeinsam die Geschichte vom großen Exodus gelesen wird.
Dann hören sie, wie wir alle, von den Ereignissen, die wir gut kennen, obwohl sie doch nach allgemeiner Zeitrechnung mehr als 3000 Jahre zurückliegen – und vielleicht denken sie dabei an ihre eigenen Erfahrungen zurück, an die Heimlichkeiten, unter denen in der alten Sowjetunion die jüdischen Feiertage begangen werden mußten, an die Schwierigkeiten bei der Wahrung des äußeren Rahmens während der Pessach-Tage, allein schon das Problem, Mazzoth zu bekommen, um acht Tage lang der Tradition zu folgen und ungesäuertes Brot zu essen.
Mehr als einmal schon habe ich die Tränen in den Augen der jüdischen Menschen gesehen, die zum erstenmal in ihrem Leben das jüdische Freiheitsfest in persönlicher Freiheit begehen konnten. Und ich stelle mir dann vor, welche Emotionen die Menschen bewegt haben mögen, als sie 1946, zum erstenmal seit ihrer Befreiung aus den KZs, wieder ein Pessach begehen konnten. Und

wie schwer es für sie gewesen sein muß, dieses ganz besondere Familienfest oftmals ohne ihre ermordeten Familien, ohne Eltern oder Kinder, ohne Ehepartner begehen zu müssen.
Freiheit heißt immer auch Erinnerung an Unfreiheit. Für Juden in aller Welt ist Pessach deshalb nicht bloß ein Blick zurück in eine Zeit von vor 3000 Jahren, ein Stück längst vergangener Geschichte, ein Teil der Bibel, die nurmehr für ein einmaliges Hervorkramen im Zyklus eines religiösen Jahres taugt. Pessach ist für die Juden in aller Welt ein Ereignis von aktueller Bedeutung, zumindest so lange, wie irgendwo auf der Welt Menschen in Unfreiheit leben. Und dies, so steht zu befürchten, wird sich so bald nicht ändern.

Omer-Zeit

Zwischen den Festen Pessach und Schawuot liegt ein Tag, der deutlich aus der in bestimmter Hinsicht fest umrissenen, siebenwöchigen Zeitspanne zwischen den beiden sogenannten Wallfahrtsfesten herausragt: Lag Ba'Omer, der 33. der insgesamt 49 Omer-Tage.

Omer – das war ursprünglich, also zur Zeit des Tempels in Jerusalem, ein Maß, mit dem die Menge des Ernte-Opfers bestimmt wurde, das die Juden am zweiten Tag des Pessach-Festes im Tempel darbrachten. Omer bedeutete entweder eine Garbe Getreide oder ein Hohlmaß von etwa vier Litern. Dieses am zweiten Tag von Pessach gebrachte Opfer gab also jenen exakt sieben Wochen ihren Namen, die zwischen dem Fest des Auszugs aus Ägypten und dem der Erinnerung an die Verkündung der Zehn Gebote am Berg Sinai liegen.

Heute gelten die 49 Omer-Tage als Trauerzeit, in der man sich immer wieder die Zerstörung des Zweiten Tempels vergegenwärtigt – und da es seither keinen Tempel mehr gibt, ist mithin auch die Möglichkeit genommen, Ernteopfer darzubringen. Einst waren die Omer-Tage die bloße Zeit zwischen Pessach und Schawuot. Daß dennoch – damals wie heute – vom zweiten Tag Pessach an das sogenannte Omer-Zählen begann, hatte zunächst nur eine eigentlich profane Erklärung: Indem Tag für Tag der jeweils aktuelle Tag der Omer-Zeit im Gebet verkündet wurde, konnte man sichergehen, das exakte Datum des Beginns von Schawuot nicht zu verpassen. Und mit dem täglichen Zählen wurde zudem jene Verpflichtung wahrgenommen, die uns schon in der Thora aufgegeben ist.

Dann aber wurde der Tempel zerstört und in die gleiche Zeitspanne fiel einige Jahrzehnte später auch der mißglückte Aufstand des Bar Kochba gegen die Römer, eine Erhebung, die von der Besatzungsmacht überaus blutig niedergeschlagen wurde. Seither gelten uns die Omer-Tage also als Zeit der Trauer mit der Folge, daß in diesen sieben Wochen beispielsweise keine Hochzeiten stattfinden können. Eine einzige Ausnahme ist jedoch inmitten der 49 Tage möglich, und dies ist Lag Ba'Omer.

Zur Erklärung dieser eintägigen Ausnahmesituation wird angeführt, daß in der Zeit des Bar Kochba-Aufstands eine schreckliche Seuche geherrscht und zu einem großen Sterben unter den Schülern des bedeutenden Rabbi Akiba geführt habe, dem geistigen Führer der Revolte. Am 33. Tag der Omer-Zeit habe das Sterben plötzlich aufgehört, was auch heute noch zu eben jener Unterbrechung innerhalb der Trauerzeit führt. Übrigens soll der 33. Omer-Tag noch weitere glückliche Ereignisse gebracht haben. So soll an ebendiesem Tag, nämlich dem 18. des Monats Ijar, nach dem Auszug aus Ägypten zum erstenmal das Manna in der Wüste gefallen sein. Und an eben diesem Tag soll der judenfeindliche persische Minister Haman seinen jüdischen Erzrivalen Mordechai auf Geheiß des Kaisers Xerxes durch die Straßen der persischen Stadt Schuschan geführt haben, um ihm jene Genugtuung zu geben, die wir aus der Purim-Geschichte kennen.
Die angebliche Seuche unter den Schülern des Rabbi Akiba, die so viele Menschenleben gefordert hatte und am 18. Ijar plötzlich zum Stillstand gekommen war, hat in unserer modernen Zeit inzwischen eine ganz andere Deutung erhalten. Interpreten der jüdischen Geschichte halten die Erzählung von der großen Krankheit für einen Euphemismus, der nur habe verschleiern sollen, daß die Schüler des Rabbi Akiba als Teilnehmer des Bar Kochba-Aufstands von den römischen Soldaten getötet worden seien. Um also das Volk nicht zu entmutigen, ihm nicht die Energie für die Revolte im Angesicht der Übermacht der feindlichen Besatzer zu nehmen, sei die Geschichte einer Seuche in die Welt gesetzt worden – was freilich dem Widerstand gleichwohl nicht zum erhofften Erfolg verholfen hatte.
So oder so: Lag Ba'Omer steht im direkten Zusammenhang mit dem Bar Kochba-Aufstand und Rabbi Akiba, und dies führt uns nun zurück ins Jahr 132 der allgemeinen Zeitrechnung, als der revolutionäre Bar Kochba die Unabhängigkeit Israels ausrief und es tatsächlich drei Jahre lang möglich wurde, dem mächtigen Römischen Reich Widerstand zu leisten.
Nun müssen wir uns vergegenwärtigen, daß zu dieser Zeit eigentlich Friede in Judäa herrschte, was gewiß auch der Leistung der großen geistigen Führer des Judentums, Rabbi Jochanan ben Sakkai und Rabbi Gamliel aus Jawne, zu danken war. Vor allem Rab-

bi Jochanan ben Sakkai hatte es vermocht, nach der Zerstörung Jerusalems und mit der grundsätzlichen Genehmigung des römischen Kaisers Vespasian, in der Stadt Jawne einen religiösen Gerichtshof zu schaffen, der die Funktion des früheren Jerusalemer Sanhedrins fortführen sollte. Er hatte so ein geistig-religiöses Zentrum entstehen lassen, das feste Religions-Vorschriften für die verschiedenen Gemeinden Palästinas wie auch der Diaspora schuf, vor allem aber – und dies gilt als sein bedeutendstes Verdienst – hatte er es dem jüdischen Volk ermöglicht, nach der Zerstörung des Tempels und der Vernichtung des spirituellen Mittelpunkts gleichwohl eine Existenz unter den Bedingungen religiöser Regeln zu führen und somit auf ein Leben im Exil vorbereitet zu sein, das trotz aller Erschwernisse und Behinderungen ein Festhalten an den geistig-religiösen Werten erlaubte.
Mehr noch als Rabbi Jochanan verwandte sein Nachfolger, Rabbi Gamliel, all seine Energie dafür, das Zentrum in Jawne zu stärken, ihm also jene Autorität zu geben, die nach dem Fall des Tempels und des Sanhedrin dringend erforderlich war, um dem Volk eine von der Thora geschaffene Leitlinie zu erhalten. Indem er also für die Einheitlichkeit der Thora stritt, schuf er die Grundlagen für die Einheit des in alle Welt verstreuten Volkes.
Als bedeutendster Weiser der nachfolgenden Generation gilt Rabbi Akiba, jener geistige Führer, dessen ganzes Hoffen sich mit der Erwartung an die revolutionäre Kraft des Bar Kochba verband. Und so mag es nur konsequent gewesen sein, daß Rabbi Akiba eben jenen Bar Kochba ermunterte, ja beauftragte, Israels neue Unabhängigkeit auszurufen und den Konflikt mit den Römern einzugehen – ein, wie sich zeigen sollte, ebenso folgenschweres wie letztlich erfolglos gebliebenes Kräftemessen, das freilich in einem Meer von Blut endete. Nach Angaben des römischen Geschichtsschreibers Dio Cassius sollen während des drei Jahre dauernden Krieges 600 000 Juden getötet und eine große Zahl in die Sklaverei verkauft worden sein.
Lange bevor der Aufstand losgebrochen war, hatte Bar Kochba systematisch seine Vorbereitungen getroffen. Er hatte die Höhlen in der Wüste Judäas zu Waffenlagern ausgebaut, hatte Dörfer durch Mauern befestigen und tiefe Tunnel bauen lassen, die Schutz bieten und geheime Verbindungswege entstehen lassen sollten.

Schließlich hatte er ein Untergrundheer geschaffen, das sorgsam ausgebildet und auf den Tag vorbereitet wurde, da die Erhebung beginnen sollte.
Das Volk stand in seiner Gesamtheit hinter Bar Kochba, vertraute ihm und folgte damit eigentlich nur seinen Weisen, die selbst zu begeisterten Anhängern des kraftvollen Partisanenführers wurden, allen voran Rabbi Akiba, der in Bar Kochba den verheißenen Maschiach zu sehen meinte, ihn förderte und ermutigte. Einzig von Rabbi Jochanan ben Torata sind jene Kassandra-Rufe verbürgt, die im Talmud zitiert werden: Auf den Wangen Bar Kochbas werde Gras wachsen, noch ehe der Sohn Davids, nämlich der Maschiach, erschienen sein werde. Eine Skepsis, die sich nur allzusehr bewahrheiten sollte.
Freilich, zu Beginn des Aufstands waren das Unkenrufe, die in krassem Gegensatz zu den militärischen Erfolgen des Bar Kochba standen, der selbst so siegessicher und zuversichtlich in die eigene Stärke war, daß er bereits Münzen mit der Inschrift prägen ließ: Schimon, Nassi von Israel, also Schimon bar Kochba, Fürst Israels. Und in der Tat, der Heerführer eilte mit seinen wohlvorbereiteten Truppen von Sieg zu Sieg. Er befreite Jerusalem, besiegte die zu Hilfe geeilten römischen Statthalter von Judäa und Syrien und ließ die Hoffnung wachsen, durch die Rückkehr zur Eigenständigkeit und Eigenstaatlichkeit die bis dahin traurigste Phase jüdischer Existenz überwinden zu können, die Zeit des großen, weltweiten Exils.
Den ohnehin sehr viel mächtigeren Römern indessen kam die relative Ruhe in allen Teilen ihres immensen Machtbereichs sehr gelegen, weil sie es ihnen ermöglichte, zahlreiche Legionen von den Grenzen des großen Reiches abzuziehen und nach Judäa in den Krieg zu schicken. Dieser Übermacht, in die sogar Teile der römischen Flotte einbezogen wurden, war das vergleichsweise kleine Heer des Bar Kochba auf Dauer natürlich nicht gewachsen. Aber obwohl die Römer Galiläa sehr schnell zurückerobern konnten, dauerte der Krieg in Judäa lange und war von schrecklichen Grausamkeiten der Besatzer und verzweifeltem Widerstand der Aufständischen begleitet.
Der Krieg endete schließlich in den letzten Monaten des Jahres 135 mit schweren Verlusten für beide Seiten. Die Geschichts-

schreibung notiert neben den großen Opfern an Menschen die Zerstörung von 500 Festungen und 1000 Dörfern. Und im Talmud wird die Niederlage mit den Worten beschrieben: »52 Jahre lang sah man keinen Vogel im Lande Israel fliegen.«
Natürlich ließen die alten und neuen Herren die Bevölkerung nun spüren, was es heißen mußte, sich gegen die übermächtige römische Heerschaft zu erheben: Extrem hohe Steuern wurden erlassen, die rituellen Beschneidungen als Kernstück der Zugehörigkeit zum Bund G"ttes mit dem Volk der Juden wurden bei strenger Bestrafung verboten und jede Art von Versammlung – und sei es allein die zum Studium der Thora – wurde untersagt, ebenso wie öffentliche G"ttesdienste oder das Begehen von Feiertagen.
Die Zeit nach dem mißglückten Aufstand ist in unsere Geschichte unter dem Namen einer »Periode der Märtyrer« eingegangen, weil die Juden nicht nur gezwungen wurden, allen römischen Bräuchen zu folgen, die mit der Anbetung des Kaisers verbunden waren (was sich für Juden nach eigener Definition schon grundsätzlich verbat), sondern weil Weigerungen zur Befolgung der römischen Vorschriften in vielen Fällen zu schrecklichem Martyrium führten.
Es war dies die Situation, da die Weisen die Frage diskutierten, ob es Juden erlaubt sein könne, dann eines der bestehenden religiösen Gebote zu verletzen, wenn mit dessen Befolgung eine womöglich tödliche Gefahr verbunden wäre. Und sie kamen zu dem Entschluß: Wenn einem Juden befohlen wird, gegen alle Gebote der Thora zu verstoßen, um dadurch dem eigenen Tod zu entgehen, so darf er dies tun mit Ausnahme von Götzendienst und Mord. (Übrigens kennen wir in unserer religiösen Praxis auch heute noch das Gebot von Pikuach Nefesch, dem Verzicht der Befolgung von Vorschriften im Fall von Gefahr für Leib und Leben, also auch im Krankheitsfall).
Selbstverständlich konnte es den Römern nicht verborgen bleiben, daß die Juden die kaiserlichen Dekrete mißachteten, daß sie statt dessen ihre alten religiösen Gesetze einhielten, die Thora öffentlich lehrten und die Feiertage begingen. Die Strafe der Besatzer war grausam: Zur Abschreckung eventueller Nachahmer ließen sie die Lehrer, die an den Versammlungen teilgenommen hatten, zusammentreiben, nahmen sie gefangen und folterten sie zu

Tode. Und erreichten damit doch nur das eine, was gläubige Juden seither in vielen Jahrhunderten und durch noch mehr Generationen in allen Situationen schlimmer Gefahr stets wiederholt hatten: daß sie noch im Sterben den Namen G"ttes heiligten.
Zu jenen Märtyrern, die ihr Festhalten am Glauben mit schrecklichen Qualen und schließlich mit ihrem Leben bezahlen mußten, zählt auch Rabbi Akiba, den man den größten Gelehrten seiner Zeit nennt. Von ihm heißt es, er habe in der Minute seines Todes durch die Hand römischer Folterknechte laut und vernehmlich das »Schema Israel« ausgerufen, das jüdisch-monotheistische Glaubensbekenntnis, die Anerkenntnis des einen und einzigen G"ttes: »Höre Israel, der Ewige, unser G"tt, ist einzig.« Und mit dem Wort »einzig«, so weiß die Legende zu berichten, habe Rabbi Akiba sein Leben ausgehaucht.
Ich möchte meine Betrachtung mit einer Anekdote über den Rabbi schließen, der unter Mißachtung aller römischen Anordnungen öffentlichen Thora-Unterricht hielt und deshalb einmal gefragt wurde, ob er sich nicht vor der römischen Besatzungsmacht fürchte, wenn er ihren Vorschriften so massiv und für jedermann sichtbar zuwiderhandele. Rabbi Akiba antwortete mit der Parabel vom Fuchs und von den Fischen: »Ein Fuchs, der vom Ufer aus Fischern bei ihrem Fang zusah, rief den Fischen zu, sie sollten doch zu ihm aufs Trockene kommen, dann könnten sie sich vor den Netzen der Fischer in Sicherheit bringen. Aber die Fische entgegneten: Wenn wir schon hier im Wasser, das doch eigentlich unser wahres Element ist, bedroht sind, um wieviel größer müßte die Gefahr für uns auf dem Trockenen sein.« So, fügte Rabbi Akiba an, gehe es wohl auch den Juden: »Wenn es für uns in der Thora, unserem Lebenselement, keine Rettung mehr geben sollte, wo sollten wir sie denn sonst wohl erwarten können?«

Schawuot

Es gibt eine Reihe jüdischer Traditionen, die denen der christlichen Praxis nicht unähnlich sind. Genauer gesagt, wird eigentlich umgekehrt ein Schuh daraus, denn es sind viele der jüdischen Tradition entstammendenden Merkmale, die im Laufe der Jahrhunderte von der christlichen Religionsausübung übernommen wurden. Denken wir nur an den siebten Tag der Woche als Tag der Ruhe und des Gebets, bei uns der Shabbat, bei Christen der Sonntag. Denken wir an das Ner Tamid in unseren Synagogen, aus dem die Kirchen ihr ewiges Licht abgeleitet haben, oder an die Übung des sogenannten Osterputzes, der aus jener häuslichen Grundreinigung entstanden ist, mit der bei uns Juden vor jedem Pessachfest die Wohnung von allen Spuren des Chamez, des Gesäuerten, gereinigt wird.

Oder denken wir an Pfingsten und Schawuot, eines der drei Wallfahrtsfeste. Pfingsten heißt im Englischen Pentecost und im Französischen Pentecote, was sich beides vom griechischen Wort Pentacoste ableitet, zu deutsch: fünfzig. Und fünfzig Tage liegen zwischen Ostern und Pfingsten. Ebenfalls fünfzig Tage beträgt die zeitliche Distanz zwischen Pessach und Schawuot. Daß Pessach übrigens gelegentlich als das jüdische Osterfest bezeichnet wird, mag mit der zeitlichen Nähe der beiden Feiertage zu tun haben, hat aber nicht im entferntesten irgendeine inhaltliche Verbindung.

Schawuot wurde in den Zeiten, da in Jerusalem noch der Heilige Tempel bestand, vor allem als Wallfahrts- und Erntedankfest begangen, ähnlich dem Laubhüttenfest im Herbst, was sich daraus erklärt, daß im sonnenreichen Klima Israels stets zwei Ernteperioden pro Jahr möglich waren und sind. Daneben hat Schawuot eine hervorgehobene Bedeutung als der Feiertag, an dem wir uns der Offenbarung am Berg Sinai erinnern, der Jahrestag der Übergabe der Zehn Gebote und mithin auch das Datum, da sich die aus der ägyptischen Knechtschaft befreiten Sklaven zum Volk Israel formierten, nicht im Sinne einer juristischen Konstitution, sondern durch die inhaltlichen Rahmenbedingungen, die Gesetze von Ethik und Moral, eben die Zehn Gebote.

Im Mittelpunkt des G"ttesdienstes an Schawuot steht die Thora-Lesung aus dem Buch Schemot, dem zweiten Buch Mose, das im nicht-jüdischen Sprachgebrauch gemeinhin als »Exodus« bekannt ist, und hier insbesondere das Kapitel über die Gabe der Zehn Gebote. Und unter den frommen Juden hat es sich im Laufe der Jahrhunderte eingebürgert, analog zur Erinnerung an die Gesetzes-Übergabe den gesamten Tag (und wer es körperlich erträgt: auch die Nacht) mit Lernen zu verbringen, also dem Auslegen von Texten aus Talmud und Thora. In den Kreisen der Frommen ist es eben dieser Studier-Marathon, der dem Tag sein ganz besonderes Gepräge verleiht.
Und schließlich ist da noch ein weiteres, das sich mit Schawuot und den an diesem Feiertag gelesenen Texten verbindet, nämlich die gemeinsame Lektüre des Buches Ruth. Wie Sie wissen, lesen wir an bestimmten festgelegten Daten bestimmte festgelegte Texte; an Purim zum Beispiel die Megillat Esther, das Buch über die Errettung der persischen Juden aus der Gefahr einer kollektiven Vernichtung, wie sie der feindlich gesinnte Minister Haman geplant hatte. Am Shabbat der Pessach-Woche lesen wir das Hohelied und zu Schawuot gehört die Tradition, das Buch Ruth zu lesen, die Geschichte jener Moabiterin, die nach dem Tod ihres jüdischen Mannes bei dessen Volk zu bleiben begehrte und die deshalb als Ur-Mutter all derer gilt, die zum Judentum übertreten wollen.
Wir Juden kennen ja keine Mission. Wir kennen sie zwar sehr wohl als Ausdruck eines gegen Juden ausgerichteten christlichen Verhaltens, das man – in der Sprache der Moderne und auf dem Höhepunkt unserer an Börsenbegriffen reichen Zeit – als »feindliche Übernahme« bezeichnen könnte, aber wir kennen sie nicht als eigenen Auftrag anderen Religionen gegenüber. Nicht nur, daß Juden nicht missionieren. Es wird in unserer Religion denjenigen, die zum Judentum übertreten wollen, auch noch extrem schwergemacht. Nicht etwa deswegen, weil wir uns für einen so exklusiven Club hielten, in den aufgenommen zu werden nahezu herkulische Mühen nötig wären. Sondern aus Sorge um eine mögliche Fehlentscheidung auf Seiten der Aspiranten. Es wäre nicht zum erstenmal geschehen, daß jemand aufgrund gar nicht unbedingt schwerwiegender Ereignisse seinen einstigen Entschluß be-

reute und von innerlichen Zweifeln geplagt würde, welches denn nun der wahre und richtige Weg für seinen inneren Frieden sei. Hat er die Konversion in die eine oder andere Richtung erst einmal vollzogen, ist es mitunter mühevoll, den Schritt wieder zu revidieren. Deshalb wollen unsere Rabbiner, wenn sie denn nach langer Zeit des Lernens und des Prüfens ihr Placet geben, auch sicher sein – und zwar im Sinne des Antragstellers sicher sein –, daß der Entschluß in langen Überlegungen gereift und nicht bloß ein vorübergehendes Strohfeuer ist.

Rabbiner sehen es nicht sehr gern, wenn ein Kandidat vor allem deshalb zum Judentum überzutreten sich bemüht, weil der Ehepartner oder die Ehepartnerin jüdisch ist. Sie befürchten, und dies wohl nicht zu Unrecht, daß solch ein Grund für die Konversion nicht unbedingt so tragfähig ist, um allen Fährnissen standzuhalten, wo doch die steigende Zahl von Ehescheidungen sich nun wirklich nicht übersehen läßt. Und in der Tat: Bei Ruth, der Ur-Mutter, war es eben ganz ausdrücklich nicht das Bemühen, ihrem jüdischen Mann zu gefallen, das sie um Aufnahme in das Volk ihres Mannes bitten ließ. Denn das Besondere an Ruth war ja der Umstand, daß sie ihren Übertritt erst vollzogen hatte, *nachdem* ihr Mann gestorben war.

Welche Position nehmen Juden gegenüber den zum Judentum Übergetretenen ein? Da gibt es zunächst die Forderung des Talmud, einen Konvertiten mit allem nur denkbaren Respekt und jeder Anerkennung zu behandeln, weil er seinen Schritt aus tiefer Überzeugung und in innerlich gefestigtem Glauben vollzogen habe, während ein als Jude Geborener ja eben nur in die Religion hineingeboren wurde. Und obwohl wir Juden, wie erläutert, keine Mission betreiben, existieren ja bekanntlich ganze Volksstämme, deren Zugehörigkeit zum Judentum sich auf kollektiven Übertritt begründet: Dies war das Volk der Khassaren aus dem südöstlichen russischen Reich, das in den Zeiten des Mittelalters auf Weisung ihres Herrschers den jüdischen Glauben annahm. Und es sind die Fallaschas, die im Jahre 1991 in einer einmaligen nächtlichen Rettungsaktion von israelischen Soldaten aus dem Kriegs- und Krisengebiet zwischen Äthiopien und Eritrea nach Israel ausgeflogen wurden. Die Fallaschas empfinden sich selbst als die Abkömmlinge der Verbindung zwischen König Salomon und der afrikanischen

Königin von Saba und haben sich über die Jahrtausende ein Judentum bewahrt, das noch ursprünglich an ihre Entstehungsgeschichte anknüpft, ohne die Veränderungen erfahren zu haben, wie sie seit der Tempel-Zerstörung und der Zerstreuung des jüdischen Volkes unter die Nationen stattgefunden haben.

Es werden zudem wohl auch äußere Umstände und Einflüsse gewesen sein, die eine von Juden ausgehende Missionierung verhinderten, denn im Zuge der Christianisierung der westlichen Welt erging unter kirchlichem Einfluß ein striktes Verbot jeder Art von »Judaisierung« unter Androhung gar der Todesstrafe. Umgekehrt indessen wurde die Christianisierung von Juden zur Norm, wurden Juden zur Teilnahme an Missions-Veranstaltungen in Kirchen gezwungen in der Hoffnung, sie würden unter dem Druck der Umwelt die Taufe hinnehmen. Tatsächlich jedoch entwickelte sich unter diesen Pressionen ein nur noch stärkeres Bewußtsein des eigenen Glaubens-Erbes, was vermutlich zu einer deutlich stärkeren Stabilisierung innerhalb des Judentums beitrug, als es eigene Missionierungen vermocht hätten. Die wenigen jedoch, die sich trotz allem interessiert gezeigt hatten, zum Judentum zu konvertieren, wurden nicht selten von den Rabbinern entmutigt, die ihnen deutlich machten, welche Last es bedeutete, in einer häufig intoleranten Umwelt sich zum jüdischen Glauben zu bekennen.

Bei dieser Skepsis ist es, aus rabbinischer Sicht, bis heute geblieben. Und ebenso beharrlich weigern sich bis heute einige fundamentalistische christliche Missionsbewegungen, den Respekt vor dem anderen Glauben zu üben und aus Gründen religiöser Toleranz und persönlicher Freiheit auf ihre Versuche von Einflußnahme zu verzichten, insbesondere auf die Einflußnahme auf unsere Zuwanderer aus den GUS-Staaten, die von Religion noch zu wenig wissen, um sich zu wehren, und die den dubiosen christlichen Missionaren deshalb leichte Opfer zu sein scheinen. Die besessenen Missionare, so scheint es mir, könnten von uns Juden lernen und von unserer Erkenntnis, daß es verschiedene wahre Religionen gibt, unterschiedliche Wege zu G"tt. Aber diese Stufe der Erkenntnis zu erreichen, braucht es vermutlich länger als nur eine Menschheitsgeschichte.

17. Tamus und 9. Aw

Das religiöse jüdische Jahr bringt uns beinahe ständig einen Wechsel zwischen fröhlicher Hingabe und tiefer Ernsthaftigkeit, zwischen Freude und Trauer – bietet mithin ein treffendes Spiegelbild auch der seit tausenden von Jahren wechselhaften Geschichte unseres Volkes. So mancher Anlaß zu ernster Traurigkeit hat seinen Ursprung eben auch und gerade in den *historischen* Ereignissen. Und so mancher dieser besonderen Tage im jüdischen Kalender findet seinen traditionellen Ausdruck in den Fasten- und Trauervorschriften unserer Religionsgesetze.

In den Monat *Juli* des bürgerlichen Jahres fallen die beiden wesentlichen Fastentage, die mit der Erinnerung an die Belagerung und Einnahme Jerusalems, vor allem aber mit der zweifachen Zerstörung des Heiligen Tempels zusammenhängen. Es sind dies der 17. Tamus, der Tag, da der Überlieferung zufolge die Angreifer die erste Bresche in die Stadtmauer Jerusalems schlugen, und der 9. Aw, der Jahrestag, an dem der Tempel fiel. Und es ist bemerkenswert, daß beide Zerstörungen des Tempels – jene durch die hellenistischen Syrer und jene durch die Römer –, wiewohl sie mehr als 500 Jahre auseinander lagen, doch beide an eben diesem gleichen neunten Tag des Monats Aw geschahen.

Diese beiden Trauertage galten jahrhundertelang als Erinnerung und Mahnung an die größte Katastrophe, die das jüdische Volk getroffen hatte, wie auch die zwischen diesen Tagen liegenden drei Wochen oft als Wiederkehr des schicksalsvollsten Zeitabschnitts in der jüdischen Geschichte betrachtet wurden.

Dies mag auch heute noch eine in der Orthodoxie verbreitete Auffassung sein, an der auch deshalb festgehalten wird, weil die hier erwähnten Ereignisse ihren tiefen Eingang in den religiösen Jahreslauf gefunden haben – und auch in die Liturgie.

Indessen verbietet es sich im Angesicht der Ereignisse des vorigen Jahrhunderts, angesichts der mit aller Energie und staatlichen Macht angestrebten Vernichtung des jüdischen Volkes und im Angesicht von sechs Millionen ermorderter Opfer, mit dem Superlativ des Schreckens zu leicht umzugehen. Als traditionell denkender und fühlender Jude sind mir selbstverständlich der 17. Tamus und der 9. Aw Tage des Trauerns. Doch als größte Katastrophe, die in einer Geschichte tausender von Jahren über die Juden hereingebrochen ist, kann ich nur die Shoa empfinden, den Holocaust, die in diesem Lande entwickelte, geplante und begonnene »Endlösung der Judenfrage«.

Dennoch: Es war nicht nur ein außergewöhnlich schwerer Verlust, der das jüdische Volk durch Zerstörung von Heiligem Tempel und Staat traf, es war ja gleichzeitig – und dies 2000 Jahre lang mit zum Teil schrecklichen Folgen – auch der Beginn der Zerstreuung des jüdischen Volkes unter alle Völker, der Beginn der Galut, der Diaspora.

Höchst bedeutsam aber ist die Erfahrung, daß trotz Zerstörung des Tempels, trotz Eliminierung des Staatswesens und trotz der Verbannung aus der angestammten Heimat die geistigen Grundlagen nicht ausgelöscht werden konnten. Im Gegenteil. In einem Beitrag für die 1937 von den Nazis vernichtete Erstauflage des Buches »Jüdisches Fest, jüdischer Brauch« begründet dies Georg Langer folgendermaßen: »Die ethischen und intellektuellen Kräfte, die bis dahin auf politische und militärische Abwehr in ununterbrochener Gespanntheit gerichtet waren, wurden mit einem Schlage frei und konnten sich von nun an einer gesegneten schöpferischen Tätigkeit des Geistes zuwenden.« Und mit einem Pathos, das nicht so recht zu der eigentlich höchst tragischen Tatsache passen will, daß der Jüdische Staat zerstört, das Volk in die Verbannung gezwungen wurde, argumentiert Langer: »Der tapfere Landmann Palästinas, den, wie es der Talmud so anschaulich schildert, die traurige Nachricht von der Zerstörung seines Heiligtums gleichsam bei seiner Feldarbeit ereilt hat, zieht sich nun in den engen ›Vierellenraum‹ einer stillen Beschaulichkeit zurück, um so den geradezu unermeßlichen Stoff seiner Volkstradition wahrhaft bahnbrechend zu verarbeiten und die ewigen Denkmäler seines heiligen Schrifttums mit Meisterhand herauszumeißeln. Es entstehen die beiden Talmude der Weisen und die Midraschim, die Volkssagen, um gemeinsam mit der Heiligen Schrift der alten Propheten und Seher Israels den Söhnen Halt und Hang für alle Zeiten zu gebieten.«

Wenn wir Langers Beschreibung seines wortgewaltigen Überbaues entkleiden, bleibt doch in der Tat die Feststellung der immensen

geistigen Blüte, die das Judentum in den folgenden Jahrhunderten seines Exils entwickeln konnte, der großen Werke, die in der Verbannung verfaßt wurden, in Spanien bis zur Vertreibung der Juden vor 500 Jahren, in Deutschland oder im litauischen Wilna. Und es bleibt nicht weniger die Bestätigung über die trotz aller Diskriminierung und Verfolgung bewahrten Traditionen als die Grundlage für das Überleben des jüdischen Volkes.
Ebenso ist aber festzuhalten, daß die Geschichte dem jüdischen Volk in all den Jahrhunderten, die der zweiten Zerstörung des Tempels folgten, kaum eine Atempause gegönnt, sondern alle Befürchtungen, Skeptizismen, alle Ängste und alle aus Vorsicht geborenen Zurückhaltungen wachgehalten hat. Gerade der Neunte des Monats Aw ist ein Tag immer wiederkehrender Tragödie, ein Datum von Finsternis und Pein. So war es der 9. Aw des Jahres 135 der bürgerlichen Zeitrechnung, an dem der Bar-Kochba-Aufstand, der letzte große und bewaffnete Widerstand gegen die römischen Besatzer, mit der Vernichtung des gesamten noch verbliebenen jüdischen Heeres endete. Und es war abermals ein 9. Aw, an dem im Jahr 1492 die letzte Frist endete, da die in Spanien lebenden Juden ihre Heimat unter Druck und Mordandrohung durch katholische Kirche und spanisches Königshaus endgültig und bis zum letzten Mann verlassen mußten. Womit für alle Zeiten die stets als »Goldenes Zeitalter« gerühmte Existenz von Juden in Spanien nurmehr der Geschichte angehörte – nach 400 Jahren einer beispielhaften geistigen Blüte.
Ich habe den 17. des Monats Tamus erwähnt und den neunten des Monats Aw. Zwischen beiden Trauertagen liegen exakt drei Wochen, jene Zeit, die bei uns als *»die drei Wochen«* gilt, die an drei dunkle Wochen erinnert, drei Wochen, die in Aramäisch gar als »Wochen der Bestrafung« bezeichnet werden. Es ist jene Zeitspanne, die in den Klageliedern besonders eindringlich in Erinnerung gerufen wird, die Zeit, da Jerusalem sich dem geballten Ansturm der Römer gegenübersah – bedrängt, ruhelos, gefangen im Elend, wie es in den Schriften heißt.
Es leuchtet gewiß ein, des Tages, an dem die Heilige Stadt Jerusalem fiel, in Trauer zu gedenken. Doch unsere Traditionen gehen viel weiter. So wie an dem großen Tag der geistigen Einkehr, des Sündenbekenntnisses und der Bitte um Vergebung, an Jom

Kippur also, unserem Versöhnungstag, so gilt auch für Tischa beAw, für den 9. Aw, das Fastengebot. Vom Sonnenuntergang des Vorabends bis zum Sonnenuntergang des eigentlichen Trauertages, 24 Stunden lang, darf mithin nicht gegessen und nicht getrunken werden.

So wird Trauer zur körperlichen Entsagung, zur Buße. Warum aber büßen wir? Wofür büßen wir, da wir doch eigentlich Trauer empfinden sollten? *Eine* Antwort wird im morgendlichen G"ttesdienst gegeben, wenn dort aus der Thora jener Abschnitt gelesen wird, der die Fürbitte des großen Lehrers Moses nach der vom Volk begangenen Sünde des Goldenen Kalbs erwähnt. Und verbunden damit sind stets auch Erinnerungen an Versagen und Fehlverhalten zu unterschiedlichen Zeiten, wie auch Erinnerungen an den vielfältigen Außendruck gegen die Minderheit der Juden – bis hin zu dem Martyrium während der Shoa.

Im Monat Aw beginnt die Trauerzeit schon am ersten Tag, von dem an bis zum neunten, zu Tischa beAw, kein Fleisch gegessen, sogar auf Speisen verzichtet wird, die tierische Fette enthalten, und auch kein Wein getrunken wird. Beides nämlich, Fleisch und Wein, gehört zu festlichen Mahlzeiten, für die freilich in den Trauertagen kein Platz ist. Und es ist gleichzeitig die historische Verbindung zu jenen Tagen der Belagerung Jerusalems, da dessen Bewohner hungrig waren und durstig – und auch im Tempel keine Tier- und keine Weinopfer mehr dargebracht wurden.

Die Kontinuität von Leid und Entbehrung, von Verfolgung und Tod, die sich wie ein besonderes Merkmal durch die Geschichte der Juden insbesondere während der zurückliegenden zwei Jahrtausende zieht, findet ihren erkennbaren Ausdruck auch in den Synagogen, wo während der G"ttesdienste mittelalterliche Klagelieder gesungen werden, wo »Slichot«, Bußgebete, gesprochen werden und in deutschen Synagogen früher spezielle Trauergesänge aus dem späten Mittelalter üblich waren, die in eindrucksvollen Worten und gefühlvollen Melodien der während der Kreuzzüge vernichteten jüdischen Gemeinden in den Traditionsgemeinden Worms, Speyer und Mainz und ihrer qualvoll ermordeten Mitglieder gedachten.

Die Lehre und das gemeinsame Lernen zählen zu den vornehmsten Pflichten traditioneller jüdischer Menschen, zu jenen althergebrachten Mizwot, Geboten, die von Generation zu Generation als besondere Verpflichtung weitergegeben werden. Und insbesondere ist es das Lernen in der Gemeinschaft der Gläubigen bei der Thoralesung in der Synagoge, die als eherner Grundsatz höchste Wertschätzung und Ehre genießt. (Woraus sich übrigens das in der jiddischen Sprache als Synonym für Synagoge gebräuchliche Wort »Schul« ableitet, was von Nichtjuden wiederum sehr oft verächtlich und abfällig zur »Judenschule« deklassiert wurde.)

Wer also um den hohen Stellenwert des Lernens weiß – und für das Lernen steht hier, wie gesagt, die Thoralesung –, der wird nun die Bedeutung des Trauertages Tischa beAw ermessen können, an dem sogar das Thorastudium unterlassen wird, um nicht durch intellektuelle Beschäftigung von der intensiven Trauer abzulenken, die an diesem Tag geboten ist. Die Bibel darf zwar gelesen, nicht jedoch studiert werden. Und gelesen werden vor allem Texte aus den Klageliedern.

Erst gegen Abend weicht die düstere Stimmung, wenn die Betenden sich wieder in ihren Tallit, ihren weißen Gebetsmantel, hüllen dürfen und die leisen Töne der Gebete wieder kraftvoller werden, wenn der heilige Thoraschrein wieder seinen – zuvor abgenommenen – Parochet zurückerhält, seinen schweren, mit Brokatstickereien verzierten Samtvorhang, und wenn die Thorarollen, die zuvor allen Schmucks entkleidet worden waren, sich nun wieder schmuckvoll im bekannten Glanz präsentieren dürfen.

Die Trauer zur Erinnerung an den Fall des Heiligen Tempels ist vorüber. Tage, an denen wir Grund haben, uns an Verfolgung und Leid zu erinnern, gibt es aber leider reichlich. Und doch erwächst aus ihnen stets nur neue Hoffnung. Hoffnung auf eine bessere Zeit, eine Zeit des Friedens, so wie ihn der traditionelle hebräische Friedensgruß erhofft und erbittet: Shalom.

Das Jowel-Jahr

Den Begriff kennt hierzulande ein jeder: Jubel-Jahr. Und eine gebräuchliche Phrase beschreibt ein eher seltenes Ereignis, das sich nur gelegentlich wiederholt, mit der Kennzeichnung: Alle Jubeljahre einmal.

Es wäre vielleicht anzunehmen, daß ein eben nur alle Jubeljahre stattfindendes Geschehen nicht unbedingt Jubel auslöst. So wie der Begriff des Jubeljahres in der Tat mit dem Jubel auch nicht allzuviel zu schaffen hat, sondern eher als Bezeichnung für bestimmte Zeitabschnitte dient.

Was uns als »Jubeljahr« bekannt und sprachgebräuchlich vertraut ist, verbirgt sich tatsächlich im Mantel der Verballhornung und heißt eigentlich und richtig »Jobel-Jahr« oder – weil im Hebräischen die Buchstaben »b« und »w« in ihrer Schreibweise gleich sind – »Jowel«-Jahr. Die bloße Übersetzung des Wortes »Jowel« bringt uns der Erläuterung und der Erkenntnis über den Sinngehalt des Begriffes zunächst nicht näher, denn »Jowel« bedeutet etwa »Blasen mit dem Widderhorn«, konkret in dem Sinn, daß damit das Zeichen für den Beginn eines speziellen Zeitabschnittes gesetzt wird – nämlich den des Jowel-Jahres.

Es ist dies gewissermaßen ein potenzierter Ruhezyklus, der die jüdischen Traditionen vom Umgang mit der Natur, der Verantwortung gegenüber dem Boden, ja eigentlich der den Menschen von ihrem Schöpfer nur auf Zeit überlassenen Erde manifestiert. Und mag es manchen Vertreter der Ökologie-Bewegung auch erstaunen, so läßt sich doch feststellen, daß die Pflicht zur Erhaltung der Natur, der Umweltschutz also, ein integraler Bestandteil der jüdischen Ethik ist, ja schon im ersten Kapitel unserer Thora angesprochen wird. So lesen wir im Buch »Bereschit«, der Genesis, von der Adam übertragenen Aufgabe, »die Erde anzufüllen und zu unterwerfen«, aber mit der Einschränkung und Verpflichtung, sie zwar zu bearbeiten, jedoch eben auch »sie zu behüten«. Das heißt doch nichts anderes, als daß der Mensch die ihm überlassenen Ressourcen zwar nutzen, sie aber nicht zerstören darf. Er mag im juristischen Sinne deren Besitzer sein – ihr Eigentümer freilich ist er nicht.

Eine verständliche Formel dieses Petitums hat in seinem Buch

»Halacha aktuell – das jüdische Religionsgesetz im täglichen Leben« der frühere Frankfurter Gemeinderabbiner Ahron Daum notiert: »Der Mensch ist ein Beauftragter G"ttes, dem es obliegt, das ihm anvertraute Gut zu behüten und zu bewahren.«Was Rabbiner Daum als »vielleicht beste Kurzdefinition des ökologischen Imperativs aus jüdischer Sicht« empfindet. Denn so, wie ein Verwalter den ihm überlassenen Besitz planvoll und vernünftig bewirtschaften soll, um ihn irgendwann nach Ablauf der übernommenen Verpflichtung dem Eigentümer wieder intakt zurückgeben zu können, so definiert sich jüdisches Selbstverständnis über Schöpfung und Beziehung zur Natur. Anders gesagt: Die Welt gehört nicht uns, sondern sie gehört dem Ewigen, eine Anerkenntnis, die wir in unseren Segenssprüchen immer wieder bekräftigen.

Mit derlei allgemeinen Markierungen, die in modifizierter Form ja längst auch Eingang in politische Manifestationen gefunden haben (man denke nur an den Slogan: Wir haben uns die Erde nur von unseren Kindern geborgt), gaben sich die Talmidae Chachamim, die Religionsgelehrten des Judentums, allerdings nie zufrieden. Was sie sich zur Aufgabe machten, war die Schaffung von Leitlinien zur praktischen und praktizierten Umsetzung des religiösen Selbstverständnisses im allgemeinen Alltagsleben, also die Formulierung von – gewissermaßen – »Ausführungs-Verordnungen«, die in unterschiedlichen Zeitaltern und unter den jeweils aktuell gewonnenen Erkenntnissen den Rahmen der Vorgaben aus der Thora beschreiben sollten. So sind im Zusammenhang mit den Gedanken des Umweltschutzes, also der Pflicht zum verantwortungsvollen Umgang mit der Natur, spezielle Gebote zur Definition periodischer Ruhe entstanden und kommentiert worden: zunächst einmal die Mahnung zum respektvollen Einhalten des Shabbat, der eintägigen Ruhephase nach sechs Tagen des Schaffens. Zweitens – und hier wieder im Siebener-Rhythmus – die »Schmita«, das Brachjahr, das der Ruhe gewidmete siebente Jahr, das – soweit es die Landwirtschaft betrifft – dem Boden Ruhe und neue Kraft bringen und ihm die Möglichkeit zur Regenerierung geben soll. Im übertragenen und akademischen Sprachgebrauch der Amerikaner nennt man das ein »sabbatical«. Und schließlich, drittens, das Jowel-Jahr, das alle sieben mal sieben Jahre ausgerufen wird, nämlich, wie anfangs gesagt, mit dem Schall des Widderhorns als Ausdruck der

Vergänglichkeit menschlichen Besitzes (oder womöglich: Besitzanspruchs) gegenüber dem wahren und tatsächlichen Eigentumsvorbehalt des ewigen und einen Schöpfers.
Das an Auslegungen reiche jüdische Religionsgesetz würde nicht dem Anspruch auf die sprichwörtliche Diskussionsfreudigkeit gerecht, wenn es bei den zyklischen Geboten von Shabbat als dem siebten Tag, von Schmita als dem siebten Jahr, also dem Shabbatjahr, und von Jowel als dem siebten aller sieben Jahre bloß die vorhin zitierte und in moderner Parallele entwickelte Naturschutzidee gäbe. Der langjährige Landesrabbiner von Hessen, der verstorbene Professor Ernst Roth s. A., hochgeschätzt als religionswissenschaftliche Kapazität, hat einmal die Vermutung geäußert, daß der eigentliche Sinn des Schmita-Gesetzes und der Vorschrift des Jowel-Jahres so eindeutig klar gar nicht sei, denn es gelte als keineswegs sicher, ob die Thora mit der zyklischen Ruhepflicht nur die übermäßige, mithin der Allgemeinheit und den nachfolgenden Generationen schadende Ausnutzung des Bodens verbieten wollte oder ob nicht das biblische Wort vom »Shabbat la Haschem« vielmehr vermuten lasse, daß hier ein Shabbatjahr für G"tt aus Respekt vor G"tt angeordnet werde in dem Sinne, wie es der aufgeklärte italienische Bibelkommentator Owadia aus Sforno meinte: daß nämlich der Mensch durch einen zyklisch geordneten und für die Dauer eines Jahres anhaltenden Rückzug von der Feldarbeit nun ganz und gar seinen religiösen Bedürfnissen sich zuwenden könne – mit anderen Worten: nach sechs Jahren Arbeit zur Produktion landwirtschaftlicher Erträge dann ein Jahr zum Reifen und Genießen geistiger Früchte.
Das freilich wäre, gemessen an heutigen Möglichkeiten und den heutigen Ansprüchen, ein bißchen wenig – wenn wir uns nur »alle Jubeljahre« dem geistigen Studium widmen könnten. Andererseits: Es soll auch heute noch Menschen geben, für die eine solche Auflage zu konzentrierter geistiger Arbeit eine ziemliche Anforderung darstellen würde. In der Tat, um in sich zu gehen und sich mit den höheren Werten zu beschäftigen, wäre nur »alle Jubeljahre« wohl etwas wenig.
Vielleicht streben wir also danach, den Zyklus auf die kleinste Variante im Siebener-Rhythmus, nämlich auf den Shabbat, zu verkürzen.

Brauchtum und jüdisches Alltagsleben

Brauchtum

Wir alle kennen diese Fragen: Warum tragen fromme jüdische Jungen und Männer immer eine Kopfbedeckung? Warum werden am Freitagabend Shabbatkerzen angezündet? Warum sitzen wir nach dem Tod eines nahen Verwandten Schiwa? Warum legen fromme Juden beim Morgengebet Tefillin, die Gebetsriemen, an und warum tragen sie beim Gebet in der Synagoge einen Tallit, den Gebetsmantel?

Wir alle kennen diese Fragen, sei es, daß sie uns von nichtjüdischen Freunden gestellt werden, sei es, daß wir sie uns selbst das eine oder andere schon einmal gefragt haben.

Es soll nun an dieser Stelle kein Katalog grundlegender Fragen zur jüdischen Praxis aufgelistet, sondern nur an einigen Beispielen das demonstriert werden, was jüdischer Ritus ist, Brauchtum, jener äußere Rahmen also, der eine Religion für die Umgebung wie für einen selbst zu dem macht, was sie ist.

Jüdisches Brauchtum, das ist einer knappen und präzisen lexikalischen Erklärung zufolge »... die Vielfalt und die Summe volkstümlicher Gepflogenheiten und Sitten, die nach Herkunft und Heimat der das Judentum bildenden Gruppen verschieden ist.« Diese vielleicht etwas umständliche Beschreibung läßt sich auf ein kurzes Wort reduzieren: Minhag. Brauchtum ist Minhag, und der Minhag ist uns Vorschrift und Verhaltensregel, mitunter sogar von einer solch strikten Verbindlichkeit, daß sie beinahe so bindend ist wie das Religionsgesetz selbst.

In der Tat existiert hier eine ziemlich variable Grenzziehung zwischen einzelnen Gemeinden: Nicht nur in der Verschiedenartigkeit der Sitten und Gebräuche in bezug auf die strengere oder liberalere Gesetzespraxis, sondern auch in solchen Gemeinden, die eigentlich der gleichen Richtung angehören. Dies kann sich beispielsweise bei der Formulierung bestimmter Gebete ausdrücken, und sei es nur eine Abweichung von wenigen Worten. Nehmen wir einen traditionellen Siddur, unser Gebetbuch, das in weiten Teilen Europas oder auch nur im gesamten deutschsprachigen Raum seine Anwendung fand, so entdecken wir an bestimmten Stellen einiger Gebete den Vermerk, daß man in Frankfurt hier eine abweichende Formulierung betet. Dabei handelt es sich nicht etwa um eine Variante von grundsätzlicher Aussage, sondern um eine eben leicht veränderte Praxis, entstanden vor langer Zeit und eben zur festen Größe entwickelt, zum etablierten Brauch, also zum Minhag. Und als solcher mit einer so fest gefügten Routine verbunden, daß daraus ein unverrückbarer Standard geworden ist.

Minhagim können – unter allgemeinen Kriterien betrachtet – von einer so unscheinbaren Abweichung zueinander sein, daß ein Außenstehender kopfschüttelnd der Frage gegenübersteht, worin denn nun eigentlich der Unterschied bestehe und ob es denn überhaupt der Rede wert sei, die kaum wahrnehmbare Verschiedenartigkeit zu thematisieren.

Voneinander abweichende Minhagim zweier orthodoxer Gemeinden können bei einem Angehörigen einer liberalen oder einer Reform-Synagoge wohl nur mildes Lächeln und Schulterzucken hervorrufen, weil von ihnen nur ein so grundlegender Unterschied wie zwischen der Orthodoxie und der Reformbewegung als nennenswert angesehen wird. Dagegen werden die Mitglieder bei beiden zur gleichen orthodoxen Richtung zählenden Gemeinden sehr wohl hohen Wert auf die Beachtung ihrer Minhagim legen und ihre Unterscheidung voneinander als in höchstem Maße wesentlich interpretieren.

Dies mag die Vorschrift des Eruw erläutern, jener Anordnung, der fromme Juden sich für den Shabbat unterziehen und die ihnen sehr konkret vorgibt, innerhalb welcher Grenzen sie sich am Shabbat, dem hohen Festtag regelmäßiger Ruhe, bewegen dürfen, welche Wegstrecken ihnen also erlaubt sind, ohne gegen das strikte Ruhegebot zu verstoßen. Ein liberaler Jude, der am Shabbat sogar mit dem Auto zur Synagoge fährt (wenn er denn überhaupt zum G"ttesdienst kommt), wird wenig Verständnis für die Praxis des Eruw aufbringen, ein orthodoxer Jude hingegen kann anhaltend und engagiert darüber diskutieren, ob ein Eruw von 500 Metern oder – in größeren Städten – von einem Kilometer durch das Religionsgesetz abgesichert ist und ob die Praxis einer anderen orthodoxen Gemeinde, nämlich deren Minhag, nicht als Verstoß abgelehnt werden muß.

Damit jetzt aber kein Mißverständnis entsteht: Ein Minhag ist letztlich bloß ein Brauch, auch wenn der »Minhag haMakom«, also die in einer bestimmten Gemeinde übliche Verfahrensweise, sich so eingebürgert haben kann, sogar über mehrere Generationen, daß sie wie ein uraltes Gesetz verstanden wird. Dennoch ist sie, strenggenommen, nur ein Brauch. Und der kann nie die Halacha, das Religionsgesetz, außer Kraft setzen oder ersetzen. Ungefähr so, wie wir es vom Verhältnis der Landesgesetze zu den Bundesgesetzen kennen. Bundesgesetz bricht im Zweifelsfall Landesgesetz. Die Halacha ist das Gesetz. Innerhalb seiner Bandbreite können Ausführungsvariationen vorkommen, je nach Minhag einzelner Gemeinden. Das sind dann Abweichungen innerhalb des bestehenden Rahmens, Gesetzesänderungen aber sind es nicht.

Nun muß freilich ein Minhag sich nicht nur in solch engen Grenzen bewegen wie im Beispiel des Eruw erwähnt, sondern kann durchaus von grundsätzlicher Bedeutung sein, wie ebenfalls erwähnt, in der Unterschiedlichkeit zwischen frommen und reformistischen Gemeinden. Obwohl – wenn wir es genau betrachten, dann unterscheiden sich die gesetzestreuen von den reformierten Juden natürlich in weitaus mehr als nur ein paar Bräuchen. Nach meiner Einschätzung jedenfalls gehen in der Reform-Begeisterung sehr wohl auch ganz grundlegende Bedeutsamkeiten verloren, deren Preisgabe auf Dauer ein ganz anderes Judentum entstehen lassen könnte – G"tt bewahre.

Bloße Minhagim sind es dagegen, die sich in der verschiedenartigen Praxis zwischen den aschkenasischen und sephardischen Gemeinden zeigen, sei es, daß die Angehörigen dieser beiden großen Richtungen eine unterschiedliche Aussprache des Hebräischen üben, sei es, daß sich Unterschiede in der Liturgie herausgebildet haben. Unterschiede aber, wie gesagt, bei denen es auf den sehr persönlichen Standpunkt ankommt, ob man sie als überhaupt nennenswert versteht.

Es ist Ihnen vielleicht bekannt, daß die beiden großen jüdischen Gemeinschaften, die aschkenasische und die sephardische, sich erst nach der zweiten (und bisher endgültigen) Zerstörung des Tempels durch die Römer im Jahr 70 d. Z. herausgebildet haben, die Aschkenasim in Nord- und Osteuropa, die Sephardim in Mittelmeerländern.

Nach der Ermordung eines Drittels der jüdischen Weltbevölkerung durch die Nazis und nach der fast völligen Vernichtung ihrer

einst starken, frommen und sehr stabilen Gemeinden in den jüdischen Zentren Osteuropas hat sich diese einstige Grenzziehung natürlich erheblich verändert, umso mehr, als die überwiegende Mehrheit der Juden Israels heutzutage den sephardischen Ritus praktiziert – was nicht ohne Auswirkungen auch auf die Gemeinden der Galut, der Diaspora, bleiben kann.
Einerlei aber, ob aschkenasisch oder sephardisch: Bedenken wir die 2000jährige Zerstreuung des jüdischen Volkes, das seit der Zerstörung des Tempels völlige Fehlen einer übergeordneten, mit religiöser Richtlinienkompetenz ausgestalteten Institution und die – vor Beginn dieses Jahrhunderts der Kommunikation – noch erheblichen Schwierigkeiten im Austausch untereinander, so ist sicher das besonders Bemerkenswerte eben nicht die Unterschiedlichkeit in manchen liturgischen Praktiken, in voneinander abweichenden Gebräuchen oder Textstellen, sondern – im Gegenteil – die trotz allem sehr weitreichende Übereinstimmung.
Ich kann als ein in Deutschland nach dem Krieg geborener Jude heute eine beliebige Synagoge in Manchester oder Marseille, in Melbourne, Mexiko City oder Montevideo betreten, und ich werde gewiß im ersten Moment durch die Unterschiedlichkeit der religiösen Gesänge etwas verwirrt sein, aber wenn ich meinen Siddur aufschlage, mein Gebetbuch, dann vermag ich dem G"ttesdienst sehr wohl klar zu folgen, wo immer auch in der Welt. Mögen wir also noch so sehr über Minhagim diskutieren: Die große Einheit und die Gleichheit der Ausübung sind es, die das jüdische Volk und seine Religion die Jahrtausende haben überdauern lassen.
Und dies, obwohl es Herausforderungen und Prüfungen nun wahrlich zur Genüge gegeben hat, zu allen Zeiten. Stets haben Religiosität und Festhalten an den Traditionen das Judentum alle Herausforderungen überdauern lassen. Dies ist das große Verdienst jener, die immer an der Halacha festgehalten und allen Fährnissen getrotzt haben. Ihrer Beharrlichkeit verdankt das Judentum seinen Fortbestand.
Nach diesem eher grundsätzlichen Diskurs möchte ich anhand einiger Beispiele beschreiben, welche Riten wir praktizieren, welche Symbole uns wichtig sind und worauf bestimmte Praktiken zurückzuführen sind.

Beginnen wir mit jenem Brauch, der für die Umwelt zu den bekanntesten zählt und der einen Juden, einen frommen Juden, für seine Umgebung sofort identifizierbar macht: mit dem Brauch, eine Kopfbedeckung zu tragen. Unsere Rabbinen streiten darüber, besonders die orthodoxen und die reformistischen, ob es sich hier um ein religiöses Gebot handelt, das auf die Thora zurückgeführt werden kann, oder nur um einen Brauch, einen Minhag, der eingehalten werden kann, jedoch nicht zwingend befolgt werden muß.

Tatsache ist, daß der Brauch der Kopfbedeckung mindestens 2000 Jahre alt ist und – wenn schon nicht permanent – wenigstens dann praktiziert wird, wenn die Schriften studiert werden, wenn die Synagoge betreten oder wenn Gebete gesprochen werden.

Es ist zwar nicht die Thora selbst, aber es ist der Talmud, das Kompendium unserer Gesetze und ihrer Auslegungen, in dem verlangt wird, daß ein Mann keine vier Meter weit gehen soll, ohne sein Haupt bedeckt zu haben. Und es mag den Reformierten ein ständiger Quell des Ärgernisses sein, das sie mit Energie zu demontieren suchen, es bleibt dennoch die tiefverwurzelte religiöse Sitte, mindestens beim Beten in allen traditionellen Synagogen, seien sie orthodox, konservativ oder liberal, sein Haupt bedeckt zu halten. Wobei es absolut unerheblich ist, welche Form und welches Ausmaß die Kopfbedeckung hat. Es mag ein Borsalino sein oder ein Homburg, ein Zylinder oder ein Strohhut, ein Samtkäppchen oder eine gestrickte Kippa – ein Jude, der ohne Kopfbedeckung betet, wäre (außer in den Reformsynagogen) etwas Anormales.

Ein ebenso wichtiges Symbol wie das Käppchen ist der Tallit, jenes viereckige Tuch mit Quasten an den Seiten, das beim täglichen Morgengebet und erst recht am Shabbat und an den Feiertagen über die Schultern gelegt wird. Diese Vorschrift, die in orthodoxen Synagogen oftmals große weiße Tücher mit schwarzen Streifen sehen läßt, die beinahe bis auf den Boden reichen, und die in liberalen Synagogen aus schmalen Schals (ähnlich denen katholischer Priester) bestehen können, dieser Brauch geht – im Gegensatz zur Kopfbedeckung – sehr konkret auf die Bibel zurück, nämlich auf das vierte Buch Moses, »Bamidbar« oder »Numeri«: »Und der Ewige sprach zu Mosche: Sage den Kindern Israels, sie sollen sich Schaufäden machen an die Ecken ihrer Kleider ... Ihr sollt sie sehen und aller Gebote des Ewigen gedenken und sie erfüllen.«

Die Vorschrift, einen Tallit zu tragen, gilt für alle erwachsenen Männer, erwachsen im Sinne des Religionsgesetzes, also von der Vollendung des 13. Lebensjahres und der Bar-Mizwa an, der Einsegnung eines Jungen und seiner Aufnahme als vollberechtigtes Mitglied in den Kreis der Betenden. Mag es eine ganze Reihe jüdischer Männer geben, die für sich auf die Einhaltung des Gebots, einen Tallit zu tragen, verzichten, so wird man doch in traditionellen Synagogen niemanden sehen, der sich einer Thora-Rolle nähert, geschweige denn sie berührt, ohne sich in den Tallit gekleidet zu haben, das wollene oder seidene Tuch, das wohl ursprünglich auf die vor tausenden von Jahren gebräuchlichen viereckigen Kleidungsstücke zurückgeht.
Fromme Juden nehmen es mit der Mizwa, dem Gebot zum Umlegen des Tallit, so genau, daß sie auch außerhalb der Synagoge oder des vielleicht außerhalb von zu Hause verrichteten Morgengebetes einen Tallit tragen, und zwar einen sogenannten Tallit Katan, einen »Talleskuten« wie es im Jiddischen heißt, eine unter dem Hemd getragene Miniversion des Gebetsmantels, dessen Tsitsit, nämlich die Schaufäden, sie aus dem Hosenbund herauslugen lassen in strenger und wörtlicher Befolgung des Gesetzes über die sogenannten Schaufäden.
Einen Tallit verwenden Juden in manchen Gemeinden auch bei anderen Gelegenheiten, etwa bei Hochzeiten, wenn auf die Benutzung des sonst üblichen Trau-Baldachins in Samt verzichtet und statt dessen ein von vier Freunden des Brautpaares straff in die Höhe gehaltener Tallit verwendet wird als Symbol der Frömmigkeit, unter der die Ehe geschlossen wird.
Eine weitere, auch in der heutigen Zeit der Moderne übliche Sitte ist der Brauch, Mesussot an die Türpfosten von Haus und Wohnung anzubringen, somit also sehr direkt der Aufforderung der Thora zu genügen, die im Deuteronomium oder »Hadewarim«, dem fünften Buch Moses, fordert: »Du sollst den Ewigen, deinen G"tt, lieben mit ganzem Herzen und ganzer Seele. Es seien diese Worte in deinem Herzen. Schärfe sie deinen Kindern ein und sprich von ihnen, wenn du in deinem Hause sitzt, wenn du auf dem Weg gehst, wenn du dich niederlegst und wenn du aufstehst ... Schreibe sie auf die Pfosten deines Hauses und deiner Tore.«

Die Tradition der Mesussot wird erstaunlicherweise auch in jenen Kreisen oftmals praktiziert, die sonst eher selten und höchst zurückhaltend auf die Vielzahl unserer religiösen Gesetze reagieren. So wie gelegentlich auch verkleinerte, aus Gold oder Silber gearbeitete Mesussot an Kettchen um den Hals getragen werden. Dies ist freilich keine Befolgung irgendeiner Mizwa, eines konkreten Gebots, sondern ein Symbol der Zugehörigkeit oder einfach nur eine Form von Talisman oder Amulett.

Die wirkliche Mesussa indessen, die in einer metallenen, einer hölzernen oder aus Keramik gefertigten Hülse jene handgeschriebene Pergamentrolle enthält, die den Text aus dem Deuteronomium wiedergibt, verkündet durch ihre Existenz, daß die Bewohner des Hauses jüdischen Glaubens sind. So wie einst unsere Vorfahren in Mizraim, in Ägypten, auf Geheiß G"ttes ihre Torpfosten kenntlich gemacht haben, auf daß der Malach haMoves, der Todesengel, an ihnen vorüberschritt, als er den bis dahin halsstarrigen Ägyptern die schreckliche zehnte Plage brachte, den Tod der Erstgeborenen.

Kritiker könnten nun einwenden, daß meine hier aufgezählten Beispiele der pure Ritualismus seien, daß es schließlich auf Inhalte ankomme, nicht auf äußere Formen. Mag sein, doch unbestritten sollte sein, daß Religionen, daß Gruppenzugehörigkeit der äußeren Form, der Symbolik bedürfen, um auf die tieferen Inhalte hinwirken zu können.

Talmud

Es gibt auf der ganzen Welt kein Buch, das öfter gedruckt und in mehr Sprachen übersetzt worden wäre als das eine Buch, das Buch der Bücher. Die Christen unterteilen es in das Alte und das Neue Testament, die Muslime achten es, sehen darin aber nur den Prolog zu ihrem eigenen großen Buch, dem Koran.
Wir Juden haben keine alte oder neue Version, wir benutzen den Chumasch, das sogenannte Fünfbuch, als unsere einzige Thora, unser Gesetz. Und gemeinsam mit den späteren Büchern, dem der Könige, dem der Propheten, also dem Tenach, ist die Thora die Bibel des Judentums.
Ob dieses meistgedruckte Buch aller Zeiten auch besonders häufig, eifrig und interessiert gelesen wird, das entzieht sich meiner Kenntnis. Allerdings neige ich zu der skeptischen Ansicht, daß es sehr viel häufiger im Bücherregal anstauben könnte, als daß es tatsächlich in die Hand genommen wird.
Wer freilich als Jude – ob religiös oder nur traditionell – einigermaßen regelmäßig den Shabbat-G"ttesdienst in der Synagoge besucht, der kann sich der ständigen Beschäftigung mit der Thora gar nicht entziehen. Denn dort wird Woche für Woche aus ihr gelesen, beginnend mit der Schilderung der Entstehung unserer Welt im Buch Bereschit und Woche für Woche ein fortlaufendes Kapitel, bis wir schließlich im Laufe eines Jahres unsere Thora komplett durchgelesen haben – und dann wieder von vorne beginnen. Das bedeutet, daß ein durchschnittlich religiöser Jude im Laufe eines durchschnittlichen Lebens die Thora ca. 60mal gelesen haben dürfte – was für jeden Autor wohl ein unbestritten überragendes Erfolgserlebnis sein dürfte.
Mit solchen Quoten kann es der Talmud kaum aufnehmen. Er bleibt vermutlich für all jene, die ihn nicht in frühester Jugend zu studieren beginnen und darüber alt werden, ein Buch mit sieben Siegeln. Und dennoch – oder deshalb – stellt der Talmud die hohe Kunst jüdischer Studien dar, eine lebenslange Aufgabe, die den einen glanzvolle Erfüllung ist – und die andere schnell überfordert.
Während die Bibel ein mit Gesetzesvorschriften angereichertes Geschichtsbuch sein mag, eine Schilderung historischer Ereignis-

se, in deren Kontext die zahlreichen Ge- und Verbote mit aufgelistet sind, auch wenn wir die Thora eben als »das Gesetz« bezeichnen, ist es in Wirklichkeit doch der Talmud, der die Gesetze lebendig werden läßt, sie erläutert, sie kommentiert, sie begreifbar und anwendbar macht.

Genaugenommen besteht der Talmud, der etwa 1000 Jahre jünger ist als der größere Teil der Bibel, aus zwei Büchern: Aus der Mischna und der Gemara. Zwischen ihnen liegen wiederum 300 Jahre. Zusammen stellen sie die Klassiker des jüdischen Rechts dar: Die Mischna als Kompendium gesetzlicher Entscheidungen einer Reihe von Auslegern und Richtern, die Gemara als Dialog, der ergangene Entscheidungen debattiert, der alle bis dahin noch in Erinnerung gebliebenen Diskussionen über die Bibel und die Mischna in Form von Geschichten oder Gesprächen auflistet.

In der Systematik des Talmud sieht dieser ständige Wechsel zwischen Gesetzesentscheidung und anschließender Analyse so aus, daß auf vier oder fünf Sätze der Mischna als gewissermaßen juristische Festlegung dann viele Seiten analytischer Debatte folgen können, die sich ausweiten, die abschweifen, die den Charakter von Erzählungen annehmen, von Gedichten, von Erinnerungen, von Tischgesprächen, dabei gelegentlich auch wissenschaftliche Themen aufgreifen. Wenn man bedenkt, daß die Gemara jahrhundertelang als zunächst ausschließlich mündliche Überlieferung praktiziert wurde und nur von Lehrern auf Schüler, von Vätern auf Söhne oder von Großvätern auf Enkel überging, bevor sie schließlich ihre noch heute unveränderte Schriftform fand, dann wird es vielleicht nachvollziehbar, daß lebenslange Beschäftigung notwendig ist, um die immer stärker anwachsende Sammlung von Dialogen im Gedächtnis behalten und weitergeben zu können. Es muß etwa, schrieb einmal ein Kenner des Talmud, so gewesen sein, als wenn wir heute die Encyclopaedia Britannica auswendig lernen sollten.

Was heißt denn nun eigentlich Talmud, woher kommt und was bedeutet das Wort Talmud? Es leitet sich ab vom hebräischen »lamod«, also »lernen«, und kennzeichnet das Buch des Lernens, des Studierens, des Forschens. Dabei ist es eigentlich die Abkürzung von Talmud Thora, etwa also: Studienbuch zur Thora, zum Gesetz der Juden.

Talmudisten, so heißt es, fänden durch ihre Studien einen besonders leichten Zugang zur Jurisprudenz, hätten alle Chancen, überdurchschnittliche Juristen zu werden. Das ist richtig und falsch: Wer den Talmud studiert, der ist nicht prädestiniert für die Juristerei – sondern er betreibt sie bereits, er bedarf keiner guten Chance, um Jurist zu werden – er ist bereits Jurist. Denn der Talmud, so verzwickt und weitschweifig, so enzyklopädisch und ungeordnet er auch sein mag, ist doch nichts anderes als ein großes und großartiges Kompendium von Gesetzeskommentaren, eine gewiß einzigartige Sammlung in der Welt, vermutlich die einzige allen Interessierten verfügbare Zusammenstellung der über Jahrhunderte gesammelten Gesetzestexte, Kommentierungen, schließlich richterlichen Entscheidungen und wieder Kommentierungen dieser Rechtsprechung – ein Kaleidoskop jüdischen Rechts, bunt, vielfältig und immer wieder überraschend in seiner scheinbaren Widersprüchlichkeit.
Für das jüdische Volk war die Bibel ein vor allem historisches Dokument, das Vergangenes beschreibt. Zu allen Zeiten und durch alle Generationen wurde die Bibel, die Thora, als das ewige Buch der ewig geltenden Lehre verstanden – und dieses Buch der Lehre wurde dann auch stets als Buch und als Lehre gelesen, immer verbunden mit zwei Fragen: »Was meint der bloße Text?« und »Was bedeutet er in Konsequenz für den Menschen?«
Den Text allein zu kennen und zu verstehen reicht einem frommen Juden nicht aus. Er trachtet danach, zu erfahren, welche Folgen sich für sein Leben ergeben, er will die Lehre erlernen. Und eben darin besteht der Wesenskern des Talmud, weil jemand, der die Bibel mit dieser dargestellten doppelten Fragestellung liest, bereits das talmudische Schema anwendet.
Ein Beispiel für diesen Standard findet sich in Eli Berkowitz' 1935 in Berlin veröffentlichtem und sofort nach seinem Erscheinen von den Nazis in beinahe kompletter Auflage verbrannten Büchlein »Was ist der Talmud«? Dank dem Frankfurter Ner Termid Verlag, der 1962 eine kleine Neuauflage publizierte, erfahren wir also folgende Erläuterung:
»Mit dem Bibellesen beginnt der Talmud. Der erste Jude, der Bibel las, war der erste Talmudist. Talmud ist nichts anderes als die besondere Art, in der das jüdische Volk Jahrtausende hindurch seine

Bibel las und immer noch liest ... Wie man auch die Bibel lesen wird, immer wird man Fragen stellen. Das Fragen aber ist die dynamische Kraft des Talmud. Bibel ist Text, vor allem aber ist sie Lehre, und zur Lehre gehören Antworten.«

Tefillin

Wodurch überlebt und überdauert eine Religion, wenn sie – wie die jüdische – tausende von Jahren alt ist? Durch den Glauben an G"tt, durch die Anerkennung und die Wahrung seiner Gebote? Natürlich, der Glaube ist gewiß die erste und grundlegende Voraussetzung, die einen Menschen zu einem religiösen, also zu einem gläubigen Menschen macht. Und Glaube wird üblicherweise nicht in Frage gestellt, weil glauben nun einmal Überzeugung bedeutet – jenseits von Wissen und naturwissenschaftlicher Beweisführung.
Glaube aber, Bekenntnis oder Religion sind stets auch aufs engste verbunden mit der Einhaltung jener Vorschriften, die den äußerlich sichtbaren Rahmen der Zugehörigkeit zu einer Religionsgruppe ausmachen. Was den Christen die Taufe, ist uns Juden beispielsweise die Beschneidung respektive die Namensgebung, also die Aufnahme des Neugeborenen in den Kreis jener Gläubigen, denen auch seine Eltern angehören. Rituale und Gebote oder genauer: die aus Geboten sich entwickelnden Rituale sind – zumindest aus der Sicht frommer Menschen – also unverzichtbare Erfordernisse für jeden, der sein Bekenntnis nicht nur als Zufälligkeit begreift, durch die man in einen bestimmten Kreis hineingeboren wird, sondern als Überzeugung, als Verpflichtung und als immerwährende Aufgabe.
Ein klassisches Beispiel im jüdischen Alltag bietet hier das Anlegen der Tefillin, der sogenannten Gebetsriemen. Sie werden, wie das religiöse Gebot es verlangt, an jedem Werktagsmorgen um den linken Arm und um den Kopf geschlungen, damit dann das »Schema Israel«, das Glaubensbekenntnis der Juden an den Einen und Einzigen G"tt, gesprochen werden kann. Aber, werden sie tatsächlich jeden Morgen angelegt? Sie sollten jeden Morgen angelegt werden, wenn man es mit Bekenntnis und Glaubenszugehörigkeit ernst nimmt. Und doch gehe ich jede Wette ein, daß die Mizwa der Teffilin, das Gebot zum Anlegen der Gebetsriemen, tatsächlich nur von einer Minderheit der weltweit etwa 13 Millionen Juden befolgt wird.
Die Verpflichtung dazu finden wir gleich an mehreren Stellen der

Thora, wo es etwa in Exodus 13,9 heißt: »Und es soll dir als ein Zeichen an deiner Hand und als eine Erinnerung an deiner Stirn dienen, daß der Herr dich mit starker Hand aus dem Lande Ägypten befreit hat.« Oder in Deuteronomium 6,8: »Binde sie als ein Zeichen an deinen Arm und lasse sie ein Symbol an deinem Kopf sein.«

Ich habe es immer wieder erlebt, daß Nichtjuden mit Interesse an den Riten und der Glaubenspraxis unserer Religion besonderes Erstaunen äußerten, wenn sie auf die Tefillin zu sprechen kamen. Sogar in einem hessischen Gefängnis, in dem ein jüdischer Häftling einsaß, der darum gebeten hatte, ihm ein paar Tefillin für sein Gebet zu überlassen, entstand höchste Verunsicherung. Denn man befürchtete offenbar, es könnten in dem wenige Zentimeter großen Würfel womöglich Drogen ins Gefängnis geschmuggelt werden. Und so entstand ein anhaltender Konflikt zwischen dem Respekt der Anstaltsleitung vor den religiösen Bedürfnissen eines Einzelnen und dem Mißtrauen, es könne ein religiöses Ritual nur vorgeschützt werden, um in Wirklichkeit etwas ganz anderes zu erreichen.

Wer Tefillin kennt, wer weiß, wie sie geschaffen sind, der wird auf solche Ideen kaum kommen. Denn der aus festem Leder gefertigte kleine Würfel ist derart versiegelt und sorgsam vernäht, daß selbst einem Laien sofort auffiele, wenn eine Manipulation daran vorgenommen worden wäre. Die beiden Würfel, die wir als Bajit bezeichnen, wörtlich übersetzt: Haus, im übertragenen Sinne eher: Kästchen, sind einander äußerlich völlig gleich bis auf das eingravierte Zeichen, das die Tefillin-schel-Jad und die Tefillin-schel-Rosh klar unterscheidet: Die einen werden um Hand und Arm gewickelt, die anderen auf die Stirn gebunden.

Im Inneren unterscheiden sich die Kästchen sehr wohl, denn die Tefillin-schel-Jad, die Handgebetsriemen, enthalten ein beschriebenes Stückchen Pergament, während die Tefillin für die Stirn derer vier haben, jeweils eines in einem eigens dafür gefertigten kleinen Fach. Der Inhalt der Pergamentröllchen ist in beiden Fällen gleich, nämlich Auszüge aus den biblischen Büchern Exodus und Deuteronomium. Doch die vier aufgeschriebenen Passagen befinden sich in den Arm-Tefillin auf einem einzigen Pergament, während sie bei den Stirn-Tefillin, wie gesagt, auf vier Stücke aufgeteilt sind.

Diese kleinen Pergamentstreifen werden sorgsam gerollt und mit dem Haar eines – natürlich koscheren – Tieres zusammengebunden. Die Spitze des Haares wird später aus dem Inneren des Würfels nach außen geführt, so daß ein letzter Rest sichtbar bleibt und für Kenner damit etwas über die Qualität der sorgsamen Arbeit bei der Fertigung der Tefillin aussagen kann.
An jedem Bajit, also an jedem Würfel, werden dann zwei lange, schmale Lederstreifen befestigt, die wir brauchen, um die Tefillin um den linken Arm zu wickeln bzw. über den Kopf zu ziehen und an der Stirn zu placieren. Während dies bei den Teffilin-schel-Rosh, den Kopfgebetsriemen, vergleichsweise einfach ist, gibt es für die des Arms eine ganz genaue Vorschrift über die Art und Weise, in der die Lederriemen von den Fingern über die Hand und den Unterarm bis zum Oberarm gewickelt werden, damit sich dort das Kästchen exakt in Höhe des Herzens befindet. Da es bereits in der Bibel an der Stelle, da die Vorschriften über die Tefillin erstmals erwähnt sind, heißt: »Und du sollst diese Worte an deinem Herzen tragen«, wird der linke Arm gewählt, weil er sich näher am Herzen des Menschen befindet.
Fromme Juden, die sich selbst eher als »gesetzestreu« definieren, legen Tefillin jeden Tag an, nur nicht am Shabbat und an den Feiertagen. Sie legen sie im Morgeng"ttesdienst in der Synagoge an oder während des Gebets zu Hause, wenn sie das »Schema Israel«, das Glaubensbekenntnis an den Einen und Einzigen G"tt, und die »Schemone Esre«, das Gebet der 18 Benediktionen, sprechen. Das Prozedere des Anlegens von Tefillin ist natürlich weit mehr als ein bloßer Akt äußerlichen Rituals. Indem wir die Tefillin anlegen, binden wir uns körperlich wie geistig an den Schöpfer und die von ihm erlassenen Gebote. Wir erinnern uns des bedeutendsten Ereignisses unserer kollektiven Vergangenheit, nämlich des Auszugs aus Ägypten, so wie es im Buch Exodus heißt: »Und es sei eine Erinnerung an deiner Stirn ..., daß der Herr dich mit starker Hand aus dem Lande Ägypten befreit hat.« Das Binden der Tefillin ist also ein Symbol, daß mit G"ttes Hilfe die erzwungene Bindung an die Sklaverei des Pharao durchschnitten werden konnte und dafür die Bindung an den Dienst im Sinne G"ttes in das Zentrum jüdischen Denkens und Fühlens gerückt wurde. Denn nach dem Auszug aus Ägypten wurde unseren Vorfahren am Berg Sinai

das Gesetz übergeben – das Gesetz, das uns eine immerwährende Bindung an unseren Schöpfer ist.
Die Tefillin sind also ein Dokument dessen, wo wir waren, nämlich in Ägypten, wer wir waren, nämlich das Volk, das am Sinai die Gebote empfing, und wo wir uns befinden, nämlich auf dem Pfad einer anhaltenden Verpflichtung des Dienstes am Schöpfer. So sind die Gebetsriemen ein ganz spezielles Zeichen unserer Anerkenntnis G"ttes. Sie sind ein Zeichen unserer Bereitschaft und unseres Willens, G"tt zu preisen, und sie sind ein äußeres Zeichen unseres Bewußtseins der immerwährenden Gegenwart des Allmächtigen.
Das erste Paar Tefellin seines Lebens bekommt ein jüdischer Junge üblicherweise zu seiner Bar Mizwa an seinem 13. Geburtstag geschenkt, denn von diesem Datum an gilt er im religiösen Sinne als mündig und damit auch verpflichtet zur Einhaltung der religiösen Vorschriften, der Mitzwot. Einer gängigen Praxis folgend, sollten Tefillin zweimal im Ablauf von sieben Jahren einem Sofer, einem Schreiber, zur Überprüfung gegeben werden. Wichtig ist dabei vor allem die Kontrolle, ob die Tusche-Schrift auf dem Pergamentstreifen sich nicht womöglich im Laufe der Zeit verflüchtigt hat oder in Folge des Rollens abgebröckelt ist. In einem solchen Fall müßte entweder die Schrift nachgebessert oder ein neues Pergament eingelegt werden.
Wie viele jüdische Menschen tatsächlich dieser Vorgabe entsprechen, vermag ich nicht abzuschätzen. Ich vermute, es werden kaum mehr sein als jene, die ihre Mesusot, die Kapseln an den Türpfosten, von Zeit zu Zeit auf ihre Unversehrtheit hin überprüfen lassen. Nicht mehr sein – das heißt in diesem Fall eine vermutlich relative Minderheit. So wie das Tefillin-Anlegen überhaupt bei der breiten Masse jüdischer Männer einigermaßen aus der Mode gekommen sein dürfte, es sei denn, sie sind so fromm, daß sie tatsächlich jeden Tag zur Synagoge gehen. Alle anderen und insbesondere die sogenannten Dreitagesjuden, die ihre Synagoge nur an Rosh Hashana und Jom Kippur von innen kennen, werden ihre Tefillin vielleicht zwei oder drei Tage vor ihrer Bar Mizwa zum ersten und vermutlich zum letzten Mal angelegt und sie anschließend verlegt haben. So halten es nun einmal viele Menschen in wohl allen Glaubensbekenntnissen mit den zum

Teil anstrengenden Verpflichtungen im religiösen Alltag. Daß freilich jemand, der die Mizwa des Tefillin-Legens eher locker, großzügig oder liberal handhabt, ein schlechterer Mensch wäre als andere, das wird niemand behaupten wollen. Und irgendwann einmal – zumeist in späteren Jahren – kehren viele dann doch wieder zu den Ursprüngen zurück.

Gebet

Wann ist ein Mensch religiös? Wenn er regelmäßig in die Synagoge respektive in die Kirche oder in die Moschee geht, um zu beten? Einmal pro Woche oder einmal, dreimal, gar fünfmal am Tag? Wenn er dieser Pflicht genügt, die man ihm vermutlich bereits im Kindesalter beigebracht hat und die es ihm im Laufe seines Lebens als Erwachsener ermöglicht, seine Gebete im Eiltempo abzuspulen, um der vermeintlich religiösen Pflicht entsprochen zu haben, ist er dann ein religiöser Mensch?
Ist das Beten, wie es in einem der besonders selbstironischen jüdischen Witze von einem Betenden an der Klagemauer beschrieben wird, nur das Reden gegen eine Wand? Oder ist es eine modifizierte Form von Meditation, also eine therapeutische Eigenleistung? Und überhaupt, was ist das eigentlich, das Beten? Ist es womöglich tatsächlich die sehr persönliche Kontaktaufnahme mit dem Schöpfer, dieser ganz individuelle Dialog, den wir Juden mit dem Allmächtigen führen? Und wenn ja, was mag es dann sein, was wir ihm dabei erzählen? Reden wir mit ihm über Probleme in der Familie oder im Beruf? Oder beklagen wir uns bei ihm über die Nahost-Politik und die schrecklichen Folgen blutigen Terrorismus?
Die Frage läßt sich wohl nur insoweit beantworten, als es sich um gemeinsam und vernehmlich gesprochene Gebete handelt. Dann nämlich hören und kennen wir den Gebetstext, wissen wir, daß wir uns gemeinsam an der Vorgabe orientieren, die uns das Gebetbuch auflistet. Dann wissen wir, daß unsere gemeinsamen Gebete Textstellen aus der Thora sind, Psalmen Davids, die Benediktionen der Schemone Esre oder das monotheistische Glaubensbekenntnis des Schma Israel. Und gemeinsam sprechen wir auch die vielfältigen Lobpreisungen für den Herrn der Welt, worin sich die Weltreligionen – im Prinzip jedenfalls – nicht wesentlich unterscheiden.
Aber diese standardisierte Form kann es eigentlich kaum sein, die G"tt eine gesteigerte Aufmerksamkeit des jeweils Betenden abverlangen müßte. Dazu hört er die Texte vermutlich zu oft, weiß ja auch am Anfang sowieso schon, was zum Schluß gesagt wird,

und erträgt die Übung vermutlich einigermaßen gelassen und in aller Duldsamkeit, die er sich aus schmerzhafter Erfahrung im Umgang mit seinen Geschöpfen im Laufe der Jahrtausende wahrscheinlich anerzogen hat.

Anders sieht es da wohl mit den persönlich gefaßten Gebeten aus. Ich weiß zum Beispiel von einem guten Bekannten, daß er täglich diese Art des Austauschs pflegt, sich zurückzieht und seinen sehr eigenen Dialog mit G"tt führt. Einmal habe ich ihm etwas skeptisch zu bedenken gegeben, daß der Begriff »Dialog« nicht ganz treffend gewählt sei, weil ja ein Dialog immer auch Reaktionen, Äußerungen oder gar Antworten des Dialogpartners bedinge, in seinem Fall aber eher ein Monolog gesprochen werde, dessen Wirkung beim Adressaten eher ungewiß bleibe. Worauf mich mein Bekannter einigermaßen irritiert anschaute. Nein, es sei keineswegs ein Monolog ohne Antworten. Er erhalte sie nur in einer etwas anderen Form als der verbalen. Etwa dadurch, daß er sich in der Folge des Gedankenaustauschs spürbar wohler fühle als zuvor, entspannter, gelöster und zufriedener.

Psychotherapeuten werden jetzt mit wissendem Lächeln anmerken, daß dieses Phänomen schulmedizinisch klar auf der Hand liege, weil es die Kraft dokumentiere, die sich aus meditativer Versenkung ins eigene Ich speise. Eigentlich auch nur ein weiterer Versuch, das zu erklären, was sich so ganz einfach vielleicht eben doch nicht erklären läßt. Aber Psychotherapeuten haben ja sowieso für fast alles und jedes eine plausible Erklärung. Und wenn nicht, dann basteln sie sich eben eine.

Vergessen wir also mal Psychoanalyse und Psychotherapie und denken darüber nach, was es denn jenseits der Wirkung von Meditation wohl sein könnte, das das Gespräch mit G"tt zum nachfühlbaren Erlebnis machen kann, in dessen Folge sich Empfindungen ausbreiten, Gefühle von Freude, von Erleichterung, womöglich gar die Lösung von Problemen. Da wäre also noch der Glaube. Von dem wissen wir, daß er Berge versetzt. Warum also soll er nicht auch einen stillen Dialog möglich machen, wenn der irdische Gesprächspartner nur ausreichend stark daran glaubt.

Warum sonst sollten denn auch Gebete gesprochen werden, wenn nicht aus dem Glauben? Jedenfalls nicht, um einem speziellen Gebot zu folgen. Denn ein eigentliches Gebot, das uns aufgäbe,

Gebete zu sprechen, gibt es in der Bibel nicht direkt. Jedenfalls nicht in dieser Direktheit und Ausschließlichkeit formuliert. Allenfalls interpretieren die Rabbiner das aus dem fünften Buch Moses stammende Zitat »Dem Herrn, deinem G"tt, sollst du dienen« als Aufforderung zum Beten, denn Beten sei Dienst an G"tt, der Dienst des Herzens. Dienen, sagen unsere Weisen, geschehe durch das Gebet. So wie Maimonides es vor mehr als 800 Jahren erklärt hat: »Ein jeder, gleich wessen Geschlechts, soll an jedem Tag flehen und beten, den Allmächtigen preisen und für seine Bedürfnisse bitten und danach soll ein jeder G"tt preisen und ihm für die guten Taten danken, die G"tt ihm erwiesen hat.«

In ihren Debatten über Bedeutung und Form des Gebets ordnen die Weisen des Talmud eine besondere Bedeutung der Kawanah zu, der Verinnerlichung, der Gefühlstiefe. Nur dann sei ein Gebet wirklich ein Gebet, wenn es in ernsthafter Überzeugung gesprochen werde, voller Gefühl und Innerlichkeit. Inbrünstig also. Denn ein Gebet verlange nach innerer Bindung, sei eben eine Angelegenheit der Herzen, nicht bloß der Lippen. So wie ein Gebet nun einmal mehr sei als die Summe der gesprochenen Worte. In den Worten des Psalmisten: ein Ausfluß der Seele, ein Schrei aus der Tiefe.

Es gibt freilich nicht nur *eine* Kawanah, nicht nur eine Stufe von Inbrunst beim Beten. Der bedeutende litauische Rabbi Chaim Solowejtschik unterschied zwischen Kawanah in der einfachen Form des bloßen Verstehens der ausgesprochenen Worte und jener als Bewußtsein von G"ttes Gegenwart. Nur dies, schreibt der Rabbi, sei das wahre Konzentrat des Gebets. Bloß Worte auszusprechen, selbst im Glauben an ihre Bedeutung, doch ohne tiefe Ehrfurcht, sei kein wirkliches Gebet.

An wen sind unsere Gebete nun gerichtet? An G"tt, an den Allmächtigen, an den König der Welt. Maimonides sagt es im fünften seiner dreizehn Glaubensartikel: »Ja, er ist der Herr der Welt und jedes Geschöpf zeugt von seiner Größe und seinem Reich.« In einer zeitgemäß modernisierten Übersetzung heißt das: »Es ist richtig, zum Schöpfer zu beten – doch zu keinem anderen Wesen.«

Im Sohar, dem krönenden Buch der Kabbalah aus dem späten 13. Jahrhundert, wird das Gebet zu G"tt wie eine Leiter Jakobs geschildert, die Erde und Himmel miteinander verbinde. In den malerischen und bildhaften Erzählungen des Sohar klingt das so: »Und wenn das Gebet das Himmelszelt erreicht, öffnen sich die zwölf Pforten des Himmels und an dem zwölften Tor steht der Engel Annael. Wenn das Gebet die Tore erreicht, ruft Annael: Öffnet eure Pforten, ihr Tore – und die Tore werden geöffnet, um das Gebet eintreten zu lassen.«

Wenn der Sohar also Recht hätte, dann wüßten wir nun immerhin, welche Wege unsere Gebete nehmen. Doch wirken sie auch, funktionieren sie denn? Die bitteren, tragischen und traurigen Erfahrungen des Holocaust haben in vielen Fällen zu Skepsis geführt, ja zu Zweifel und Enttäuschung. Und zu der Auffassung, daß das Konzept des eingreifenden G"ttes nicht mehr stimme, da G"tt offenkundig die millionenfachen Gebete seines Volkes nicht erhört und die schreckliche Katastrophe nicht abgewendet habe.

Traditionalisten hingegen wenden trotz allem und trotz dieser sehr leiderfüllten Erfahrung ein, daß G"tt in einer bestimmten Weise durchaus auf Gebete antwortet. Sie konstruieren, um ihre Überzeugung greifbar und begreifbar zu machen, ein Bild von der Unterschiedlichkeit zwischen äußerer und innerer Wirklichkeit. Die äußere Realität wird durch Gebete nicht immer erkennbar beeinflußt, also im Sinne des Betenden geändert, seinen Wünschen oder Bitten angepaßt. Die innere Realität hingegen unterliege ohne Zweifel den Auswirkungen des Gebets, indem es auf das innere Empfinden des Betenden wirke, so Selbstvertrauen schaffe und durch die somit gewonnene Stabilität auch wieder in die äußere Realität einzugreifen in der Lage sei.

Es mag sein, daß an dieser These etwas dran ist. Denn wer innerlich gefestigt ist, selbstbewußt durch den Glauben an die helfende Partnerschaft eines g"ttlichen Wesens gestärkt, der wird auch manche Klippen der Außenwirklichkeit wahrscheinlich besser überstehen. So wie Gläubige überzeugt davon sind, daß es Zufälle nicht gibt, daß alles in G"ttes Hand und vorbestimmt ist. Was nicht bedeutet, sich tatenlos in Situationen zu ergeben, also Fatalist zu sein. Denn auch die Gegenwehr, die Reaktion auf das Geschehen, wäre nach dieser These ja vorbestimmt und deshalb sinnvoll und notwendig.

So oder so. Daß es mehr Dinge zwischen Himmel und Erde gibt, als unsere Schulweisheit uns erklären kann, das wissen wir längst. Wo Erklärungen an ihre Grenzen stoßen, weil eben auch der menschliche Geist und das ihm gegebene Verstehen nur endlich sind, dort, spätestens dort beginnt der Glaube. Und wer glaubt, der betet auch. Wenn nicht täglich, dann vielleicht doch mindestens am Shabbat.

Beschneidung

Unter den Leserbriefen einer Zeitung fand eine durch einen eigentlich ganz sachlichen Artikel im Lokalteil heftig beflügelte Debatte über Beschneidungen statt. Es ging zwar um Beschneidungen, mit denen in Afrika noch immer Mädchen verstümmelt werden. Und das hat mit den im Judentum bei männlichen Babys üblichen Beschneidungen nun wirklich nicht das geringste gemein. Mir begegnen aber immer wieder Diskussionsfetzen, die unsere Tradition der Beschneidung mit der Inbrunst des Kampfes für Recht und Gerechtigkeit kritisieren. Und mehr denn je bin ich überzeugt davon, daß vieles, was da unters Volk gebracht wird, weniger einer tief verankerten antijüdischen Einstellung entspringt als der mindestens so tiefen Unwissenheit.

Um einen verbreiteten Denkansatz sogleich zu zerstören, obwohl er doch einer gewiß positiven Grundeinstellung entspringt und eine Spur verständnisvoller Entschuldigung außenstehender Freunde für jüdische Religionspraxis dokumentiert: Nein, mit Hygiene hat die Beschneidung absolut gar nichts zu tun, jedenfalls nicht in ihrer als Gesetz festgeschriebenen Forderung. Wenngleich natürlich nicht von der Hand zu weisen ist, daß unsere Vorschrift zur Beschneidung durchaus von medizinischem und hygienischem Vorteil ist. Das aber ist nicht ihr eigentlicher Sinn und Zweck.

Den eigentlichen Inhalt der rein rituellen Handlung der Beschneidung ersehen wir aus der hebräischen Bezeichnung Brith Milah. Brith ist der Bund, den G"tt mit seinem Volk Israel schloß, als er Abraham aufgab, ihm seinen Sohn Isaak zu opfern. Wie wir alle wissen, war Abraham zur Erfüllung der g"ttlichen Order zwar bereit, doch G"tt nahm die feste Absicht bereits als die Tat und verhinderte so die letzte Konsequenz. Und deshalb findet sich, nachdem die Thora geschrieben wurde, dort als zweites der insgesamt 613 Ge- und Verbote die Mizwa, die Pflicht zur Beschneidung eines neugeborenen Jungen am achten Tag. Sie ist das äußere Symbol der Aufnahme des neuen Erdenbürgers in den heiligen Bund G"ttes mit dem jüdischen Volk.

Ich erinnere mich noch immer der Frage, die einmal unserem Lehrer gestellt wurde, der uns, als wir Kinder waren, Religionsunterricht erteilte: Wenn G"tt, der doch alles vermag und der die Welt nach seinem Willen erschaffen hat, wollte, daß alle männlichen Juden beschnitten sind, warum hat er sie dann nicht gleich so geformt? Das wäre ihm doch ein leichtes gewesen und den Kindern Israel hätte es zusätzliche Erschwernis erspart.

Eben dies aber, die Erschwernis (will sagen, die ausdrücklich dokumentierte Bereitschaft, dem Bund beizutreten), ist wohl der tiefere Sinn der Brith Milah. Es soll jedem Menschen selbst überlassen sein oder genauer: den Eltern des neugeborenen Jungen, dem Gebot der Beschneidung zu folgen und sich damit als Angehörige des jüdischen Volkes zu definieren. Rabbi Israel Lau, der aschkenasische Oberrabbiner Israels, hat dies mit den Worten formuliert: »Indem die Entscheidung über eine Beschneidung den Menschen selbst überlassen wird, wird betont, daß es in der Welt des Geistes nichts Selbstverständliches gibt. Der Kampf jedes Einzelnen, seine jüdische Identität zu wahren, ist und war der Schlüssel des Geheimnisses zur Existenz des jüdischen Volkes.«

Es ist wohl wahr, daß durch alle Zeiten Juden Verfolgung, Folter und Selbsttod auf sich genommen haben, um ihrem Glauben treu zu bleiben. Und selbst in den schwersten Zeiten, da ein Jude nur durch seine Beschneidung identifiziert werden konnte, verzichteten die Juden nicht darauf, ihre Söhne zu beschneiden, folgten also dem g"ttlichen Gebot, trotz aller noch so massiven Gefahr, die sich daraus ergeben konnte. Jedenfalls folgten sie dem Gebot dort, wo sie bei allem Druck von außen dennoch an der Religion festhielten. In der kommunistischen Sowjetunion unseligen Angedenkens war das oftmals anders.

Allerdings: Längst ist die Beschneidung kein verläßliches Merkmal mehr, das einen Juden als solchen ausweist. Denken wir nur an die mehr und mehr verbreitete Praxis auf den Geburtsstationen der USA – und seit einigen Jahren auch in Deutschland –, Neugeborene nach wenigen Tagen noch im Krankenhaus zu beschneiden, um ihnen eine Prophylaxe gegen später womöglich entstehendes medizinisches Ungemach zu bieten. Das hieße also, daß zwar nach wie vor jeder jüdische Junge beschnitten ist, aber längst nicht alle Beschnittenen auch Juden sind.

Doch selbst diese Schlußfolgerung stimmt in unseren Zeiten

nicht mehr. Denn unter den Juden der einstigen Sowjetunion, die ohnehin von der religiösen Praxis sehr weit entfernt sind, gibt es eine auffallend große Zahl solcher, die nicht beschnitten sind. Sei es, daß ihre Eltern, so sie überzeugte Kommunisten waren, auf den Akt aus ideologischen Gründen verzichteten, sei es, daß sie ihre Söhne in Schule und Militär vor Ausgrenzung und Benachteiligung schützen wollten. Es hat, wie wir heute wissen, nicht allzuviel genutzt, denn die Herkunft ließ sich zumeist auf Dauer ohnehin nicht verheimlichen – und die Nachteile waren zu spüren, einerlei ob beschnitten oder nicht.

Tatsache jedoch ist, daß viele der heute nach Israel oder Deutschland einwandernden Juden nicht beschnitten sind. Was uns in unseren Gemeinden ein neues Problem beschert hat, nämlich die Antwort auf die Frage, ob wir sie, die Unbeschnittenen, als Mitglieder zählen und zu religiösen Handlungen zulassen, etwa auch zur Thora aufrufen dürfen oder nicht. Schlicht gefragt: Sind sie nun Juden oder sind sie es nicht?

Nun, die Halacha, unser jüdisches Religionsgesetz, definiert sehr eindeutig, daß Jude derjenige ist, der von einer jüdischen Mutter geboren wurde oder von einem Rabbinatsgericht nach den Regeln der Halacha ins Judentum aufgenommen wurde. Dies ist das absolute Kriterium. Was aber ist dann die Beschneidung? Hat sie nur den Charakter eines religiösen Gebotes, ohne conditio sine qua non zu sein, eine Unverzichtbarkeit, die über die Zugehörigkeit entscheidet?

Unsere Rabbinen haben versucht, eine pragmatische Antwort zu geben, in der sich Respekt vor unseren Geboten ebenso widerspiegeln soll wie die Anerkennung der Bedrohung, unter der Juden teilweise leben mußten und die sie aus Gründen des Selbstschutzes auf die Befolgung eben mancher Gebote verzichten ließen. Also entschied die Rabbinerkonferenz in Deutschland, daß auch ein unbeschnittener Jude als Mitglied einer jüdischen Gemeinde aufzunehmen sei, ihm jedoch die heiligen Handlungen vorenthalten werden müßten, das Lesen aus der Thora insbesondere. Diese Möglichkeit soll ihm erst dann gegeben werden, wenn er sich nachträglich hat beschneiden lassen, was ja nach seiner Auswanderung immerhin kein politisches Problem mehr sein sollte. Und ein medizinisches heutzutage auch nicht mehr.

Ich verhehle nicht, daß ich diese Verfahrensweise zwar als Ausdruck der Kompromißsuche anerkenne, sie aber letztlich als nicht glücklich empfinde, weil sie ein für die gesamte Gemeinde sichtbares Zweiklassensystem schafft. An einem so bedeutenden Ereignis wie dem Thora-Aufruf also wird deutlich, wer durch die einst vollzogene Handlung dem Bund angehört und wer nicht. Auch wenn die Rabbinen hier entgegenhalten mögen, daß schließlich ein jeder frei sei, dem Bund per nachgeholter Brith Milah noch beizutreten, ist mir die Unterscheidung vor aller Augen ein zu massiver Widerspruch gegen unsere ansonsten praktizierte Gleichheit, wie sie etwa im Thora-Wesen zum Ausdruck kommt, wo ein Bal Koreh, ein von der Gemeinde anerkannter und auserkorener Vortragender, das Lesen für jeden einzelnen Aufgerufenen vornimmt, somit also die Unterschiede, ob jemand allein des Vorlesens fähig und kundig ist oder nicht, zusammenschmelzen läßt. Dennoch will ich damit gewiß nicht einem Verzicht auf die Brith Milah das Wort reden und würde sehr wohl jeden auch älteren Mann ermutigen, den Schritt doch noch vollziehen zu lassen. Eben deshalb, weil der Beschneidung dieser besondere Symbolgehalt zu eigen ist, der über die Erfüllung eines Gebotes hinaus Zusammengehörigkeitsgefühl empfinden läßt.

Kleidung

Kleider, das wissen wir nicht nur aus den Märchen, Kleider machen Leute. Ärzte tragen weiße Kittel, Soldaten ihre Uniform, Bankangestellte in aller Regel einen gedeckten Anzug.
Evangelische Pastoren kennen wir im G"ttesdienst mit schwarzem Talar und weißem Beffchen, katholische Pfarrer im häufig prächtigen Meßgewand, Rabbiner haben wie die meisten Erwachsenen in der Synagoge den Tallith um die Schultern gelegt, so wie es die Thora im vierten Buch Moses, dem Sefer Bamidbar, vorgibt.
Kleider, so sehen wir, sind multifunktionale Textilien, deren Aufgabe eindeutig über den bloßen Schutz des Körpers vor der Witterung hinausgeht. Juden wissen um die Mehrfachbedeutung von Kleidungsstücken aus ihrer Geschichte und ihrer religiösen Tradition. Seit rund 2000 Jahren, so wird gesagt, gilt für fromme Juden das Gebot, eine Kopfbedeckung zu tragen, woraus sich im Laufe der Zeit die heute übliche runde Kippa entwickelt hat, die am Hinterkopf getragen wird. Dabei ist die Art und Form der Kopfbedeckung genaugenommen nirgendwo festgeschrieben. Es mag ebenso gut ein britischer Bowler sein, ein eleganter Borsalino im Humphrey Bogart-Stil oder ein Zylinder, wie ihn die Synagogenbesucher um die Jahrhundertwende häufig trugen. Und weil doppelt genäht bekanntlich besser hält bzw. bei zwei Kopfbedeckungen die Gefahr gemindert wird, durch irgendwelche Umstände womöglich kurzfristig barhäuptig dazustehen, hat es sich bei den Ultrafrommen eingebürgert, unter dem steifen Filzhut auch noch ein seidenes Käppchen auf dem Kopf zu haben.
Solange all dies aus freien Stücken geschieht, läßt sich dagegen auch nichts einwenden. Freilich gab es auch Zeiten, da Juden gezwungen waren, sich mittels bestimmter Kleidungsstücke als Juden zu erkennen zu geben, sich also schon durch die äußere Erscheinung zu outen. So galt seit dem 13. Jahrhundert beispielsweise der spitze sogenannte Judenhut und seit dem 15. Jahrhundert ein gelber Fleck oder ein gelber Ring als Pflicht – und es war dies, denken wir an den gelben Stern, den sogenannten Judenstern, nicht die einzige diskriminierende Bösartigkeit, die sich die Nazis

aus der antisemitischen Tradition vergangener Jahrhunderte abgeschaut hatten.
Die Idee zur Kennzeichnungspflicht jüdischer Menschen stammte aus der katholischen Kirche. Beim vierten Laterankonzil von 1215 hatte Papst Innozenz III. die Verschärfung der antijüdischen Gesetzgebung und die damit verbundene Ausgrenzung folgendermaßen begründen lassen: »Es kommt zuweilen vor, daß sich irrtümlicherweise Christen mit jüdischen und Juden mit christlichen Frauen vermischen. Um dies in Zukunft zu verhindern, setzen wir fest, daß Juden beiderlei Geschlechts sich durch die Art ihres Gewandes öffentlich von der übrigen Bevölkerung unterscheiden sollen.«
Wenn zwei das gleiche tun, sagt ein gängiges Sprichwort, so ist das noch lange nicht dasselbe. In der Tat und um bei unserem Thema zu bleiben: hier der Zwang, sich per Kleidung als Jude zu offenbaren, dort die Neigung, eine traditionelle Kleidung zu tragen, wie sie eben von jüdischen Menschen bevorzugt wurde. Und wenn diese Neigung denn überhaupt und bewußt als Kennzeichnung gedacht gewesen sein mag, dann jedenfalls nicht unter dem Druck irgendeiner Obrigkeit, sondern aus freien Stücken.
Machen wir also einen Zeitsprung ins vorige Jahrhundert und schauen wir nach Osteuropa, wo jüdische Menschen in der Tat Kleidungsstücke trugen, die man als »typisch« ansehen mag, jedenfalls in den Stetls, den von Armut gezeichneten Dörfern mit einer fast ausschließlich jüdischen Bevölkerung.
Dort, in den Stetls Polens und Rußlands, gab es durchaus einen speziellen Kleidertyp, eine Art Tracht für Männer und Frauen, auch wenn örtliche Unterschiede geherrscht haben mögen. So trugen Männer häufig einen Kaftan, lang und enggeschnitten, zu dem als wichtigstes – und auch religiös begründetes – Requisit ein Gürtel gehörte. Im Laufe der Zeit und in der Folge von Modernisierung und liberalerer Einstellung zur religiösen Tradition wich der Kaftan dem klassischen Anzug, blieb jedoch im Kreis der Orthodoxen deren bevorzugtes Kleidungsstück – und ist es dies in den Quartieren der Frommen in Israel, den USA, in London oder Antwerpen auch heute noch, freilich zumeist reduziert auf die Fest- und Feiertage.
Neben dem allzeit üblichen Käppchen aus Seide oder Baumwolle

wurde von den besseren Herren gerne ein Spodek getragen, eine hohe, mit Pelz verbrämte Samtkappe, während die armen Leute, Kleinhändler, Handwerker, Hausierer oder Lastenträger, sich durch einen Kaskett auswiesen, eine kleine Schirmmütze mit auffallend kurzem Schild. Man kennt diese Mützen noch am ehesten von der Figur Tevjes, des Milchmannes aus Anatevka. Am Shabbat und an Yom Tov wurden die Streimels aus dem Schrank geholt. Von all denen zumindest, die sich diese sehr breite und vergleichsweise flache Kopfbedeckung mit ihrem Pelzbesatz aus Zobel, Marder oder Fuchs leisten konnten. Auch der Streimel hat sich – in den vorhin erwähnten Quartieren der Frommen – bis in unsere heutige Zeit gehalten.
Zwar kennen wir das Gebot, sich den Kopf zu bedecken, nur als verpflichtende Vorgabe für Männer, doch in der ostjüdischen Tradition hat sich auch für Frauen eine Form der Kopfbedeckung entwickelt, die für alle verheirateten, geschiedenen oder verwitweten Frauen galt. Es war (und ist bei frommen Frauen auch heute noch) die Gepflogenheit, ein Kopftuch, eine gehäkelte flache Haube oder eine Perücke zu tragen, wobei besonders die Perücke (im Jiddischen »Scheitel« genannt) zunehmende Verbreitung erfuhr. Eine religiöse jüdische Frau kann heutzutage einen Scheitel tragen, der nur von Fachleuten als solcher erkannt wird, ansonsten vom echten Haar nicht zu unterscheiden ist. Doch es zählt das Bewußtsein, die eigenen Haare gemäß der Tradition abgeschnitten zu haben und sowohl öffentlich wie privat nie ohne Scheitel und also nie ohne bedecktes Haar zu erscheinen.
Zurück zum Beginn unserer Betrachtung und damit zurück zum Tallit, dem in der ganzen Welt unter Juden üblichen Gebetsmantel, auf den einzig die Reformer verzichten, der ansonsten aber stets das Bild unserer Morgeng"ttesdienste prägt, jener am Shabbat und an den Feiertagen zumal. Seinen Tallit erhält jeder jüdische Junge in aller Regel zu seiner Bar Mizwa, dem bedeutenden Datum, da er im religionsgesetzlichen Sinne volljährig wird, somit also zum Minjan gezählt wird und die religiösen Pflichten übernimmt. Von diesem Tag an kann er im G"ttesdienst – und nicht nur gelegentlich eines Aufrufs zur Thora – den Tallit tragen. Er *kann* ihn tragen. Von seiner Heirat an *sollte* er ihn tragen.

Es ist dies kein direktes religiöses Gebot, wie übrigens auch die Gepflogenheit von Männern, nie ohne Kopfbedeckung zu gehen, kein ausdrückliches Gebot ist, sondern sich aus der Thora ableitet, in der es heißt, Moses habe im Angesicht des brennenden Dornbuschs auf dem Sinai sein Haupt bedeckt – als Zeichen von Ehrfurcht und Respekt. Kein direktes religiöses Gebot also auch für Frauen – und dennoch wird eine Frau, die der Heiligkeit eines G"tteshauses ihre Reverenz erweist, dort ihren Kopf bedecken, mitunter zusätzlich zum ohnehin getragenen Scheitel noch mit einem Seidentuch, ähnlich dem Brauch in katholischen Kirchen Spaniens und Italiens.

Im Zeitalter kämpferischer Frauenpower blühen mitunter auch die Übertreibungen. Daß sich in liberalen oder reformistischen Synagogen der USA die weiblichen Kantoren oder die Rabbinerinnen einen Gebetsschal um die Schulter legen, um es ihren männlichen Vorbildern gleichzutun, mag noch als Demonstration des Strebens nach Gleichheit im Ritus verstanden werden. Daß einige der Damen ihre Streitbarkeit um gleiches Recht aber auch auf die Kopfbedeckung der Männer ausweiten und sich zum Zeichen ihres erfolgreichen Einbrechens in eine Domäne der Männer eine kleine runde Kippa aufs Damenhaar setzen, das finde ich persönlich ziemlich albern. Die Rabbinerin von Oldenburg, die das auch so handhabt, möge mir verzeihen. Aber dann kann sie auch gleich einen Zylinder aufsetzen.

Der Tallit gilt bei uns Juden als ein sehr persönlicher Gegenstand; nicht ohne Grund, denn schließlich begleitet er uns von der Vollendung des 13. Lebensjahres bis in den Tod – unser ganzes Leben lang. Manch einer hat seinen Tallit an seinen erstgeborenen Sohn weitervererbt, auf daß er auch nach außen sichtbar in der Tradition des Vaters weiterlebe. Andere werden nach ihrem Ableben mit ihrem Tallit beigesetzt, eingehüllt in jenes Tuch, das sie ihr Leben lang trugen als Symbol ihrer Treue zur Thora und ihrer Frömmigkeit.

Seit der Jahrhundertwende ist es, zumal in den Synagogen Europas, üblich geworden, daß Rabbiner und Kantoren sich beim G"ttesdienst in schwarze Roben kleiden, ähnlich denen von Juristen oder solchen von evangelischen Pastoren. In England kommt es zudem vor, daß sie zum schwarzen Anzug einen schmalen weißen Rundkragen verwenden, abgeschaut vermutlich dem Beispiel der Priester in den anglikanischen Kirchen. Aus Frankreich kennnen wir eine rabbinische Tracht, die jener katholischer Geistlicher ähnelt. Und in Griechenland hatte die Kleidung von Rabbinern mitunter eine auffallende Ähnlichkeit mit jener der orthodoxen Kirche.

Religiöse Gründe gibt es für derlei unterschiedliche Erscheinungsbilder nicht. Es ist eher eine Mode, die der sie umgebenden Kulturlandschaft folgt. Es gilt halt auch hier das Wort: Kleider machen Leute.

Synagoge und Thora

Es gibt einen Ausspruch, der mich schon als Kind immer geärgert hat: »Hier geht es zu wie in einer Judenschule.« Wie viele von denen, die diesen Satz wie eine Selbstverständlichkeit ausgesprochen haben, wenn sie sagen wollten, es sei zu laut, mögen wohl jemals in ihrem Leben in einer Judenschule gewesen sein? Und überhaupt: Was ist das eigentlich, eine Judenschule?

Es waren und sind beileibe nicht bloß die unwissenden und naiven Kinder, aus deren Mund diese abfällige Bezeichnung »Judenschule« zu hören ist. Ich mag sieben oder acht Jahre alt gewesen sein, Volksschüler der zweiten oder dritten Klasse, als ich unseren damaligen Lehrer voller Verärgerung schimpfen hörte, er bitte sich Ruhe aus, wir seien doch hier schließlich nicht in der Judenschule. Ich erinnere mich an die Worte und daran, daß sie mir einen Stich versetzten. Ob er sich bewußt war, der Herr Pädagoge, daß unter den dreißig Jungen in seiner Schulklasse auch ein jüdischer Schüler saß? Doch, dies ja. Aber ob es ihm, nachdem er den Satz gesprochen hatte, vielleicht unangenehm war? Oder ihm sogar leid tat? Ich weiß es nicht. Jedenfalls ließ er es nicht erkennen. Ich weiß nur, daß ich damals offenbar noch zu jung war, um angemessen zu reagieren, etwa mit der Frage: »Herr Lehrer, was ist das, eine Judenschule?«

Vermutlich entstammt die Bedeutung des Begriffs nicht dem, was wir im herkömmlichen Sinne unter Schule verstehen. Es meint wohl die im Jiddischen sogenannte Schul, also die Synagoge, was die Unfreundlichkeit des Satzes nicht mildert, aber was sich aus dem Eindruck erklären könnte, den ein nichtjüdischer Besucher haben mag, wenn er zum ersten Mal in seinem Leben einem G"ttesdienst in einer Synagoge beiwohnt. Das soll nun nicht heißen, es ginge in unseren Synagogen und unseren G"ttesdiensten tatsächlich so zu, wie sich das die schlichten Gemüter vielleicht denken mögen, wenn sie die Vorurteile, die um jüdische Bethäuser kursieren, im Kopf haben. Aber immerhin: Die tiefe Stille, die viele Besucher von Kirchen umgibt, in denen man es als beinahe störend empfindet, einen Fuß vor den anderen setzen zu müssen, diese Stille herrscht während eines durchschnittlichen jüdischen

G"ttesdienst nur an einer Stelle, nämlich während der »Schemone Esre«, dem sogenannten Achtzehngebet der Benediktionen, die ein jeder in Innigkeit und ohne jedes vernehmliche Wort, als stillen Dialog mit dem Schöpfer, zu sprechen pflegt.
Ansonsten aber kann es durchaus geschehen, daß während des G"ttesdienstes Kinder umherlaufen, daß der eine oder andere mit seinem Nachbarn ein mehr als nur dezent vernehmliches Schwätzchen hält oder manch einer von seinem angestammten Sitzplatz aufsteht, um in einer anderen Reihe einen Bekannten zu treffen. Ganz so also, wie es zu der ursprünglichen hebräischen Namensgebung des Ortes paßt, jener, die heute noch in Israel die gebräuchlichste ist, nämlich Beith haKnesset, Haus der Versammlung. Und es ist exakt dieser Begriff, aus dem das weltweit am meisten verbreitete Wort für das G"tteshaus der Juden sich ableitet, nämlich der eigentlich aus dem Griechischen stammende Begriff »Synagoge«. Synagoge aber heißt nichts anderes als Versammlung. Daß in Synagogen mitunter mehr und lauter gesprochen wird, als es angenehm ist, mag manchen als unkultiviert und unentschuldbar erscheinen, es hat aber vielleicht auch etwas mit der Frühzeit einer G"ttesdienstform zu tun, die ihren Ursprung tatsächlich in der Schule hat, nämlich dem Beith ha Midrasch, dem Lehrhaus, in dem Studenten über ihren Folianten zu sitzen und sich mit anderen über Fragen der Auslegung bestimmter Thora- oder Talmud-Stellen auszutauschen pflegten.
Wenn es dann Zeit war, die Gebete zu sprechen, wurde an just demselben Ort, an dem eben noch gelernt wurde, der G"ttesdienst abgehalten. So entstand das im Jiddischen gebräuchliche Wort »Schul« für Synagoge und die hierzulande als befremdlich empfundene Umtriebigkeit, die sich in dem abfälligen Wort von der »Judenschule« wiederfindet. Der amerikanische Rabbiner Benjamin Blech, der viel in der Welt herumgekommen ist, erzählt, daß er einmal in einer Synagoge einen Mann angesprochen und ihn gefragt habe, weshalb er eigentlich in der Synagoge herumlaufe und obendrein auch noch Unterhaltungen führe. Worauf der Angesprochene ihn verständnislos angeschaut und geantwortet habe: »Wieso ich von Bank zu Bank gehe und mit anderen Leuten rede? Na, ganz einfach, Rabbi, ich fühle mich in der Synagoge eben wie zu Hause.«
Ein Symbol des Lernens ist nach wie vor, und seit gut 2000 Jah-

ren, die wöchentliche Lesung aus der Thora, den fünf Büchern Moses. Mit dieser vor der Gemeinde vollzogenen Lesung des jeweiligen Wochenabschnitts wird am Shabbat und in Wiederholung an dem darauffolgenden Montag und Donnerstag das gemeinsame Gebet in der Synagoge unterbrochen, um nach dem öffentlichen Vortrag der Parascha, des wöchentlichen Kapitels, wieder fortgesetzt zu werden. So bilden Beten und Lernen einen unverändert gleichen Kreis im Ablauf des Geschehens im jüdischen G"tteshaus, zu dessen besonders feierlichen Momenten das Ausheben und das Einheben der Thora-Rolle in den Ahron haKodesch, den heiligen Schrein, gehört.
Dieser Ahron haKodesch, der zum wichtigsten und bedeutendsten Bestandteil einer jeden Synagoge zählt, ist unsere lebendig gebliebene Erinnerung an die Bundeslade, die beiden Gesetzestafeln, die Moses – der Überlieferung zufolge – auf Geheiß G"ttes schrieb und vom Sinai mitbrachte und die nach der Offenbarung am Berg Sinai durch die Wüste in das verheißene Land getragen wurden, um später ihren Platz im großen Tempel von Jerusalem zu finden. Seitdem der Tempel im Jahre 70 der allgemeinen Zeitrechnung zerstört und bislang nie mehr wieder aufgebaut wurde, ranken sich um den Verbleib der Bundeslade die geheimnisvollsten Mythen und die abenteuerlichsten Geschichten – bis in unsere heutige Zeit.
Sicherlich regt es die Phantasie der Geschichtenerzähler an, daß die originale Bundeslade, die eine und einzige, als ein aus purem Gold gefertigtes Behältnis beschrieben wird, das zur Aufbewahrung der beiden Steintafeln mit den Zehn Geboten diente. Golden soll sie von außen wie im Innern gewesen sein, geschmückt von zwei Cherubim, geflügelten Engelsgestalten mit den Gesichtern von Kindern. Kinder versinnbildlichen die Zukunft und die Bewahrung der Thora, der jüdischen Lehre. Nur wenn unsere Kinder im Sinne der Thora erzogen werden, kann das Judentum überleben. Eine Erkenntnis, die Eltern zu allen Zeiten beschäftigt haben dürfte, die aber vielleicht nie so wichtig war wie heutzutage.
An den beiden Außenseiten der Bundeslade, zu ihrer Linken und zu ihrer Rechten, waren Ringe eingelassen, durch die Stangen gezogen wurden, großen Deichseln ähnlich, um die Bundeslade zu jeder Zeit und ohne große Vorbereitung transportieren zu können. Dies war eine notwendige Voraussetzung während des Marschs

durch die Wüste, um an jedem beliebigen Ort den Vorläufer des späteren Tempels, den Tabernakel, mit dem Heiligtum der Bundeslade in seinem Zentrum errichten zu können. Die Möglichkeit, ständig und überall das Gesetz mit sich führen zu können, war natürlich auch eine Einrichtung von großer Symbolkraft. Sie erinnert Juden seit jeher daran, daß, wo immer sie in der Welt sein mögen, sie die Thora mit sich führen können – wenn sie es denn nur wollen. Und vom Inhalt einmal abgesehen: Die Fähigkeit, schnell und ohne große Vorbereitung den Aufenthaltsort zu wechseln, diese schon vor 2500 Jahren praktizierte Flexibilität, hat Juden, wo auch immer auf der Welt, seither immer wieder begleitet – nicht zuletzt gezwungenermaßen. Eine frühe Form des Lebens aus dem Koffer, die wir in Deutschland ja nur allzugut kennen.

Die Bundeslade ist seit der Zerstörung des Tempels durch die Römer verschwunden. Sei es, daß sie mit dem Tempel untergegangen ist, sei es, daß sie noch rechtzeitig in Sicherheit gebracht und an einem geheimen Ort verborgen wurde. Als Kinogänger wissen wir, daß nicht einmal Indiana Jones, der geniale Archäologe und Abenteurer, es vermocht hat, das Heiligtum vom Berg Sinai aufzuspüren. Geschichten aber gibt es reichlich, etwa jene, die davon erzählt, die Gesetzestafeln seien damals nach Babylon gebracht worden und ruhten dort noch heute. Oder jene andere, die als Ort des Verstecks durch die Jahrhunderte eine Höhle in der Nähe des Jordan beschreibt.

Was auch immer mit den Gesetzestafeln geschehen sein mag, alle Juden in der Welt haben sie sich seit gut 2000 Jahren aufbewahrt – in ihren Köpfen und in ihren Herzen. Und in jeder Synagoge rund um den Globus sind sie uns immer gegenwärtig, nämlich in der Form des Ahron haKodesch, des heiligen Schreins, an der Ostwand des G"tteshauses. Wir mögen die ursprünglichen steinernen Gesetzestafeln mit den Zehn Geboten verloren haben, aber wir haben eine Kopie der Thora. Und die ist seither tausende und abertausende Male abgeschrieben worden, Wort für Wort, auf daß sie uns als Gesetzbuch diene und als Geschichtsbuch zugleich. Das Original der Bundeslade aber, so heißt es, werde doch eines Tages wieder auftauchen, dann nämlich, wenn Maschiach kommt. Hoffentlich werden wir dann noch Zeit genug haben, das Original mit dem Text unserer Thora zu vergleichen. Es würde mich nur mal interessieren.

Magen David

Menschen brauchen Symbole, für sich selbst, für den Eigenbedarf also, so sehr wie für ihre Umwelt. Wir brauchen mitunter Symbole, um Zugehörigkeiten, Überzeugungen oder auch unseren Glauben zu zeigen oder zu bekräftigen. Wenn wir nach einem Symbol suchen, das für den Islam steht, fällt uns als erstes der Halbmond ein. Denken wir an Christen, so verbinden wir dies sofort mit dem Kreuz. Das Judentum schließlich wird mit keinem anderen Symbol so nachhaltig in Verbindung gebracht wie mit dem Magen David, dem Davidstern, dem Sechszack, den in Deutschland noch immer viele Menschen, auch durchaus gutgesinnte, ohne nachzudenken als »Judenstern« bezeichnen, weil sie die Sprachregelung der Nazis so sehr verinnerlicht haben – und dies, ohne es zu merken und ohne sich der verbalen Hypothek überhaupt bewußt zu sein.

Den von ihnen sogenannten Judenstern zwangen die Nazibehörden allen Juden an die Mantel- oder Jackenbrust, in Deutschland so sehr wie in allen Ländern, in die ihre Wehrmacht eingefallen war. Es war das im Alltag und für jedermann weithin sichtbare Feuerzeichen der Aussonderung, der Diskriminierung, schließlich das Zeichen, das die Todgeweihten für den Rest der Gesellschaft markierte. Und alle Behörden aller okkupierten Länder beugten sich dem Diktat der Invasoren, machten mit bei der Brandmarkung ihrer Bürger jüdischen Glaubens, die Franzosen und die Holländer, die Polen und die Italiener.

Einzig ein besonderes Beispiel nennt uns die Geschichte für geballten Widerstand zum Schutz von Juden, nämlich das Beispiel Dänemarks. Das war an dem Tag, da die Anordnung der deutschen Besatzungsmacht hatte in Kraft treten sollen, wonach alle dänischen Juden den gelben Stern tragen sollten – bei Androhung gefährlicher Strafen für den Fall des Verstoßes gegen die Order. An diesem Tag ritt der dänische König wie allmorgendlich zu Pferde aus und trug an seiner Uniformjacke für jeden sichtbar das gelbe Stigma – als Zeichen der Solidarität mit seinen jüdischen Bürgern. Ein Vorbild der ganz besonderen Art, denn die Bevölkerung Kopenhagens folgte dem Beispiel des Monarchen unverzüglich, und plötzlich sahen sich die deutschen Besatzer tausenden und abertausenden von Menschen gegenüber, an deren Kleidung ein gelber Stern prangte. Wer hätte da noch sagen wollen, er habe es mit Juden zu tun oder nicht, mit jüdischen Dänen oder christlichen Dänen oder mit konfessionslosen Dänen. So, dies lehrt uns also die Geschichte, kann man selbst einen übermächtigen Gegner ins Leere laufen lassen. Das Beispiel ist leider einzigartig.

Die Geschichte des sechszackigen Sterns ist nun keineswegs so ausdrücklich mit jener des Judentums verbunden, wie uns dies heutzutage beinahe selbstverständlich erscheinen mag. Der amerikanische Rabbi Boris Kerzer sagt gar, daß der Stern keineswegs das Judentum durch alle Phasen seiner Entwicklung begleitet und sich eigentlich erst während der letzten Jahrhunderte zu einem Symbol eindeutig religiöser Bedeutung entwickelt habe. Zwar hätten bereits vor ca. 500 Jahren jüdische Mystiker eine tiefere Bedeutung im Magen David gesehen, doch erst in zahlreichen Stufen habe dies zu der heute völlig eindeutigen Symbolik in religiöser wie politischer Weise geführt. Als Beispiel nennt Rabbi Kerzer die Verwendung sechszackiger Sterne als eine von Architekten seit rund 300 Jahren immer häufiger benutzte Form der schmückenden Ornamente beim Bau von Synagogen. So sei es schließlich zu einer immer häufigeren Verwendung des Sterns gekommen. Und da der Magen David nun ein stets und für jedermann sichtbares Zeichen an nahezu jedem jüdischen G"tteshaus geworden sei, habe sich mehr und mehr die Ansicht durchgesetzt, es müsse sich bei dem sechseckigen Stern um ein altes jüdisches Symbol von besonderer Bedeutung handeln.

Ob diese Interpretation des Rabbi aus USA einer näheren historischen Überprüfung standzuhalten vermag, würde ich nicht beschwören. Sehr eindeutig, weil noch nicht so alt und deshalb historisch besser nachvollziehbar, ist die Entwicklung des Magen David als jüdisch-*politisches* Symbol. Es war nämlich die zionistische Bewegung, die im vorigen Jahrhundert bei der Suche nach einem einleuchtenden und stets eindeutig identifizierbaren Merkmal auf den Stern kam. Und so ziert er seither die weißen Fahnen mit den beiden kräftigen blauen Seitenstreifen, zunächst als Banner des politischen Sehnens nach dem eigenen Staat, schließlich als Signum auf den Fahnen des Staates Israel, auf den Schwanzflossen der El-Al-Flugzeuge oder als vielfältig vom Israel-Urlaub mitgebrachte Souvenierartikel. Und dies, obwohl das eigentliche offizielle Staatswappen genaugenommen gar nicht der Magen David ist, sondern die Menorah, der siebenarmige Leuchter, dessen Gestalt zurückreicht in die Zeit des Heiligen Tempels in Jerusalem.

Einerlei, wieviel hundert oder tausend Jahre sich unser Magen David zurückverfolgen läßt, und einerlei, ob er nun als Verzierung auf den Schilden des König David und seiner Soldaten entstanden ist, ob zufällig als geometrische Form oder als ein g"ttliches Zeichen: Heute ist der Magen David eindeutig unser religiöses Symbol. Und so, wie es katholische Geistliche gibt, die auf ihren traditionellen weißen Rundkragen verzichten und sich einzig durch ein kleines, etwa daumennagelgroßes Kreuz am Revers ausweisen, so gibt es – häufiger in den USA als hierzulande – auch Rabbiner, die dort am Jackett einen Magen David tragen, auch von ihnen gedacht als Erkennungsmerkmal für die Umwelt. Das mag freilich vor allem für Reformrabbiner nötig sein, denn ein orthodoxer Rabbi braucht üblicherweise keine Anstecknadel, um sein Judentum zu dokumentieren. Ihn erkennt man schon an seiner Kopfbedeckung, der Kippa.

Lächle keiner über derlei vermeintlich unbedeutende Äußerlichkeiten. Denn Symbole besitzen durchaus ihren Wert – für die Selbstidentifikation so sehr wie für das Zusammengehörigkeitsgefühl. Und nicht zu vergessen natürlich: für die Ausübung des religiösen Lebens, im Alltag ebenso wie in der Synagoge. Schließlich haben wir in unseren Synagogen – und dies gilt ausnahmslos für alle, wo auch immer auf der Welt – Gegenstände und Symbole, die so alt sind wie die jüdische Religion selbst. Da sie zudem eng mit dem G"ttesdienst verbunden sind, haben wir uns nicht bloß an ihr Vorhandensein gewöhnt, sondern sie sind absolut unverzichtbar für den Ritus, also für die Traditionen. Man denke nur an den Ahron haKodesch, den Schrein zur Aufbewahrung der Thorarollen, den geistigen Mittelpunkt der Synagoge.

Der Ahron haKodesch hat seinen festen Standort an der Ostwand der Synagoge, ausgerichtet also nach Jerusalem und mithin allen Betenden ständig vor Augen, denn dies ist die Himmelsrichtung, nach der wir unsere Gebete sprechen. Wie unterschiedlich gestal-

tet der Ahron haKodesch auch sein mag, wie verschiedenartig im Ausdruck der ihm von Künstlerhand verliehenen Ornamente – der Schrein einer Synagoge gleicht im wesentlichen immer dem in anderen Synagogen. Und dies, so heißt es, etwa seit dem Mittelalter, weil sich damals ein einheitliches Streben darin ausbreitete, mit der Gestaltung des Ahron haKodesch die Brücke zu den Wurzeln zu schlagen, ihn also aussehen zu lassen wie einst den Tabernakel, die heilige Bundeslade, die von den Israeliten nach der Befreiung aus Ägypten und auf dem Marsch durch die Wüste getragen wurde als Aufbewahrungsort der von Moses vom Berg Sinai mitgebrachten Gesetzestafeln und schließlich als Allerheiligstes im Tempel von Jerusalem.
Da fromme Juden es gewohnt sind, ja es als unabdingbar empfinden, sich die wesentlichen der für sie geltenden Gesetze im Alltag wie auch bei der Ausübung religiöser Vorgaben unmittelbar von der Thora vorschreiben zu lassen, war es nicht weiter schwierig, eine Vorstellung vom Aussehen und von der Gestaltung eines Ahron haKodesch zu entwickeln. Sie brauchten bloß das Buch Exodus der fünf Bücher Moses als Vorlage zu benutzen, als Blaupause gewissermaßen für einen Schrein, der mit all jenen Verzierungen oder Symbolen ausgestattet wurde, wie sie vom biblischen Original geschildert werden. So erhält ein jeder Ahron haKodesch auch heute noch einen Vorhang, der seine Türen nach außen abschirmt. So finden sich über dem Schrein sehr oft Nachbildungen von Hirschen oder Löwen als Bezug zur biblischen Vorlage, in der von zwei Cherubim die Rede ist, Engeln, deren Aussehen freilich nie näher beschrieben wurde und deren Gestalt und Gestaltung deshalb der Phantasie freien Lauf lassen. Nicht zu vergessen natürlich das Ner Tamid, das Ewige Licht, das zumeist hoch über dem Ahron haKodesch von der Decke leuchtet und dessen Licht für die Kontinuität jüdischer Traditionen und ewiger g"ttlicher Gegenwart steht. (Und wenn sich jemand beim Stichwort »Ewiges Licht« an die christlichen Kirchen erinnert fühlt, dann möge ihm dies nur ein kurzer Hinweis auf eine Reihe von Gemeinsamkeiten sein, die ihren Ursprung allesamt im Judentum haben.)
Eine in vielen Synagogen zu beobachtende Namenstafel schließlich erinnert an verstorbene Mitglieder der Gemeinde, deren Sterbedatum oft neben dem Namen vermerkt wird, so daß jeder Inter-

essierte aus der Gemeinde weiß, auf welches Datum die Jahrzeit fällt, also der jährlich wiederkehrende Todestag, an dem in der Synagoge in Erinnerung an den Verstorbenen oder die Verstorbene das Kaddisch-Gebet gesagt wird. Häufig finden wir neben den personenbezogenen Angaben auch den Hinweis auf die Millionen Opfer des Holocaust, die oftmals keinen Angehörigen mehr haben, der für sie das Kaddisch sprechen könnte. Es ist deshalb eine Ehrenpflicht für die gesamte Gemeinde, ihres Martyriums zu gedenken und für sie zu beten.

Und natürlich schweifen die Gedanken dann ab. Vielleicht hin zu jenem gelben Stern, der eine von niemandem zu übersehende Station auf dem schmerzvollen Weg des Leidens war, die Vorstufe der Hölle auf Erden. Und vielleicht enden die Gedanken dann bei der freiheitlichen Version des Sterns Davids, dem Symbol von rückeroberter Kraft, von neuem Selbstbewußtsein und dem Bewußtsein eines alle Leiden überdauernden Glaubens.

Rabbiner

Es geschieht recht häufig, daß ich bei Gesprächen über jüdische Riten und Traditionen nach der Bedeutung der Rabbiner gefragt werde, nach der Position, die sie innerhalb unserer Gemeinden einnehmen, nach ihren Aufgaben und nach ihrem Einfluß auf unser religiöses Leben. Und ich weiß dann schon im vorhinein, daß ich erstaunte, mitunter ungläubige Reaktionen mit der Bemerkung hervorrufe, daß wir im G"ttesdienst genaugenommen keines Rabbiners bedürfen, ja, im Prinzip durchaus auch ohne ihn auskommen.

Das klingt gewiß merkwürdig. Umso mehr, als der Rabbiner ganz eindeutig das religiöse Oberhaupt seiner Gemeinde ist und in Zweifelsfragen alle wesentlichen Entscheidungen in Glaubensangelegenheiten zu treffen hat: Der Rabbiner ist Richter, er ist Lehrer, er ist Autorität und Respektsperson – aber er ist nicht notwendigerweise das ausführende Organ des gemeinschaftlichen Gebets. Damit unterscheidet er sich wesentlich von den Funktionen eines Pfarrers in der christlichen Kirche, dem die Ausübung des G"ttesdienstes eindeutig obliegt. Bei uns hingegen kann diese Aufgabe jedem kenntnisreichen männlichen Gemeindemitglied von der Vollendung des 13. Lebensjahres an zufallen, nach der Bar Mizwa also. Dann nämlich, wenn er zum Scheliach Zibur, zum Abgesandten der Gemeinde, zum Vorbeter, bestimmt wird.

Diese Berufung kann – als sogenannter Chasan oder Kantor – von Dauer sein, sie kann aber auch auf einen einmaligen G"ttesdienst begrenzt bleiben. Ist der G"ttesdienst vorüber, so kehrt der Vorbeter auf seinen Platz unter den übrigen Gemeindemitgliedern zurück; seine Aufgabe ist erfüllt. Wer immer als Jude des Hebräischen mächtig ist und die Gebete mit vernehmlicher Stimme vorzutragen versteht, erfüllt mithin die wesentliche Voraussetzung, als Scheliach Zibur zu fungieren. Und daß dabei als Vorbeter vor allem ausgesucht wird, wer fromm und gesetzestreu im Sinne der Halacha, also des Religionsgesetzes, ist, das versteht sich von selbst.

Es ist ein Merkmal unserer Tradition, daß im G"ttesdienst ein jeder Jude die gleichen Gebete zu sprechen hat. Jeder tritt so in den

Dialog mit seinem Schöpfer, ohne daß es dazu der Vermittlung eines Fürsprechers bedürfte, der die Gebete vielleicht stellvertretend für die Gemeinde formuliert. Und eben deshalb ist die Aufgabe des Vorbeters auf das laute Rezitieren der Anfangs- und Schlußworte eines jeden Gebetes reduziert – um der Gemeinde die Stelle anzuzeigen, an der das gemeinsame Gebet gerade angelangt ist; nicht jedoch, um ihr das Gebet abzunehmen.
Was die Vorbeter freilich im besonderen auszeichnet und was insbesondere für die hohen Feiertage gilt, das ist die möglichst wohltönende Stimme, mit der die Psalmen, die Benediktionen und schließlich die Gebete beim Ausheben und Einheben der Thora vorgetragen werden sollen. Hier zeigen sich sehr wohl die Unterschiede zwischen den einzelnen Betenden und dem zum Scheliach Zibur oder zum Chasan auserkorenen Gemeindemitglied. Der Nigun, die durch die Tradition vorgegebene Melodie, ist es, die dem Vortrag ihren besonderen Ausdruck verleiht. Und den Nigun zu beherrschen, dazu bedarf es allerdings einiger Übung und Erfahrung.
Zurück aber zu der Frage der Bedeutung unserer Rabbiner: Ihr Titel ist abgeleitet aus der ursprünglichen Anrede des traditionskundigen Lehrers als Rabbi im Sinne von »mein Lehrer, mein Herr, mein Meister« und taucht erstmals in der Zeit um das Jahr 70 auf, in den Jahren der zweiten (und bis heute andauernden) Zerstörung des Heiligen Tempels in Jerusalem.
Damals waren die Rabbis jene Männer, die – reduziert auf nur wenige Möglichkeiten und unter dem Druck der römischen Besatzer – damit begannen, auf den Trümmern des zerschlagenen jüdischen Lebens eine neue Form der alten Lehre zu institutionalisieren. Sie waren es, die uns das Judentum formten, wie wir es noch heute kennen.
Obwohl es damals den Titel »Rabbi« eigentlich noch gar nicht gab, entstammten dieser Tradition alle späteren Rabbis, mögen sie zu den verschiedenen Zeiten auch ganz unterschiedliche Bezeichnungen getragen haben:
Die erste Gruppe war die der Tanaim, die etwa von der zweiten Zerstörung des Tempels bis ins Jahr 200 der bürgerlichen Zeitrechnung im Lande Israel lebten, dem die römischen Besatzer damals den Namen Palästina gaben. Die Tanaim waren es, die die

Mischna aufschrieben, die als Bestandteil des Talmud die wohl grundlegendste und weitreichendste Sammlung rabbinischer Lehre wurde. Und Tana heißt tatsächlich auch »Lehrer«.
Die zweite Gruppe, die Amoraim, lösten die Tanaim für die Dauer von rund drei Jahrhunderten ab, schrieben die Kommentare zur Mischna, schufen also jenes Kompendium, das wir heute als Talmud oder Gemara kennen. Gemeinsam mit der Hebräischen Bibel, dem Tenach, sind Mischna und Gemara die Grundlage aller jüdischen Lehrinhalte. Auch Amora bedeutet Lehrer, allerdings im Sinne eines mündlichen Instrukteurs.
Schließlich die dritte Gruppe, die Gaonim, die vom 7. bis 11. Jahrhundert in Babylonien lebten und deren bis heute wirkende Leistung es war, den Talmud zu kanonisieren. Sie schufen die sogenannte Responsa, Antworten auf all die unterschiedlichen Fragen, die in den mittlerweile entstandenen jüdischen Gemeinden Europas, Asiens und Afrikas aufgeworfen wurden und die der Leitlinien bedurften, um ihr religiöses Leben in einheitlicher Form zu stabilisieren. Gaon ist ein Ehrentitel, der etwa vergleichbar der Anrede ist, wie wir sie für Richter im englischsprachigen Raum kennen, also etwa »Euer Ehren«.
Daß ein Rabbiner zwar Lehrer, Richter und religiöse Autoritätsperson ist, nicht jedoch die einem Priester vergleichbaren g"ttesdienstlichen Aufgaben wahrnehmen muß, erklärt sich aus der bei uns üblichen Praxis, daß es, erstens, seit der Zerstörung des Tempels keinen eigentlichen Priesterdienst mehr gibt, und, zweitens, die letzten verbliebenen Rechte und Pflichten der Priester einzig jenen Juden vorbehalten sind, deren Stammbaum auf das Priestergeschlecht der Kohanim zurückgeht. Nur ein Kohen darf deshalb an bestimmten Feiertagen in der Synagoge duchenen, also den altehrwürdigen Priestersegen sprechen – und der amtierende Rabbiner (sofern er nicht zufällig selbst ein Kohen ist) wird mit der gleichen Demut und Dankbarkeit den Segen entgegennehmen wie jedes andere Mitglied der Gemeinde auch.
Es gibt jüdische Gemeinden, deren Praxis den amtierenden Rabbiner so stark einbindet, daß er nicht nur zur tragenden Säule als Folge seines respektierten Amtes als personifizierte Autorität wird, sondern ihm tatsächlich auch die Mehrzahl aller religiösen Handlungen obliegt. Natürlich ist eine Gemeinde gut beraten, das

Kapital in Person ihres Rabbiners so weitgehend wie immer möglich zu nutzen, um ein Höchstmaß an beispielgebender Lehre und Tradition zu erfahren und mithin mindestens in der Form des »Learning by doing« jene Rahmenbedingungen aufzunehmen, die heute deshalb nicht mehr so ganz selbstverständlich sind, weil es zu wenige Rabbiner und zu wenige kenntnisreiche Laien gibt, die als Vorbilder ihre Funktion erfüllen könnten. Es gibt aber auch solche Gemeinden – und es sind dies in gewisser Weise die glücklicheren –, die es sich eben leisten können, die Mitwirkung ihres Rabbiners nur auf bestimmte Teile innerhalb des vorgegebenen G"ttesdienstablaufs zu reduzieren und den allgemeinen Rahmen von kundigen Gemeindemitgliedern ausfüllen zu lassen.

Glücklicher scheinen mir diese Gemeinden nicht etwa deshalb, weil ich das Amtieren eines Rabbiners nicht hochschätzen würde, sondern weil diese hier geschilderte Variante Beweis für die Fähigkeit ist, aus eigener Kraft und aus eigenem Bestand die G"ttesdienste zu gestalten. Dem Rabbiner obliegt es dann, durch seine Drascha, seine den wöchentlichen Thora-Abschnitt auslegende Predigt, den Höhepunkt des Freitagabend-G"ttesdienstes zu gestalten, in manchen Gemeinden alternativ die Predigt am Shabbatvormittag zu halten, aber Vorbeter und vielleicht auch Baal Koreh, also Thora-Vorleser, rekrutieren sich aus dem Kreis fähiger und gelernter Laien. Für die Gemeinde – und eigentlich auch für den Rabbiner – sollte diese Form die sympathischere sein, zeigt sie doch, daß hier eine Gemeinde existiert, deren Kenntnisstand und inhaltliches Niveau über dem Durchschnitt liegt, so wie es früher selbstverständlich war, wie es aber heute – und dies gilt speziell für unsere Situation in Deutschland – eher die Ausnahme ist.

Rabbiner wird man nach jahrelangem Studium der Schriften durch eine der Ordination vergleichbare Handlung, die mit dem hebräischen Wort »Smicha« bezeichnet wird. Dies kann in orthodoxen Kreisen nach der Absolvierung des Lernens an einer Jeschiwa, einer Talmudhochschule, geschehen, aber auch durch jeden amtierenden Rabbiner, der das Recht hat, seinerseits Smicha, also Rabbinerwürde, zu verleihen. Die liberalen und reformistischen Rabbiner absolvieren ein Universitätsstudium etwa am Leo Baeck College in London oder am Rabbinerseminar in Cincinnati, wo sie

mit einem akademischen Grad abschließen. Die Liberalen und Reformer verwenden dafür gern den in der hebräischen Tradition nicht gebräuchlichen Begriff der Ordination. Andere lehnen dieses Wort auch deshalb ab, weil es nach ihrem Verständnis eine wahre Ordination allenfalls im Heiligen Land selbst geben kann.
Zusätzlich zu dem traditionellen religiösen Wissen, das nach dem Selbstverständnis orthodoxer Juden ein lebenslanges Lernen bedingt, reichern moderne Rabbinerstudenten ihr Studium mit allgemeinen Fächern an, seien es die Geisteswissenschaften oder Erziehungswissenschaften, womit sie, die sich von den althergebrachten Lernstandards bewußt abgrenzen wollen, unversehens doch an die alte Tradition anschließen, wonach ein Rabbiner unbedingt auch einen sogenannten Brotberuf zusätzlich erlernt haben sollte.

Kohanim und Leviim

Der zwölfjährige Junge, der kürzlich mit seiner Schulklasse an einer Synagogenführung teilnahm, war spürbar stolz, sich im Judentum auszukennen. »Ich weiß«, sagte er, als das Thema auf die Rabbiner kam, »ein Rabbiner ist ein jüdischer Pfarrer.« Und natürlich war er enttäuscht, als ihm erklärt wurde, daß diese Ansicht zwar weit verbreitet, gleichwohl aber ziemlich falsch sei.

Ein Pfarrer ist ein Priester, ein Rabbiner ein Lehrer. Zumindest ein Lehrer, manchmal auch ein Gelehrter. Zwar kann ein Rabbiner das geistliche Oberhaupt seiner Gemeinde sein, zwar nimmt er seelsorgerische Aufgaben wahr, schlichtet Streitereien, schließt Ehen oder predigt in der Synagoge, priesterliche Tätigkeiten aber, also Opferdienst, gehören nicht zu seinen Obliegenheiten. Erstens, weil dies nicht die Aufgabe eines Rabbiners ist, und zweitens, weil es den Opferdienst im Judentum seit der Zerstörung des Heiligen Tempels in Jerusalem gar nicht mehr gibt. Und wenn es ihn gäbe, würde er nicht von den Rabbinern ausgeführt, sondern von den Kohanim, denn sie allein sind vom Stamm der Priester, jenem Geschlecht, das von Aaron, dem Bruder Moses' und erstem Hohepriester, begründet wurde.

Das Geschlecht existiert seit den Tagen der Befreiung aus der ägyptischen Knechtschaft, der Wanderung durch die Wüste und der Übergabe der Zehn Gebote am Berg Sinai. Die priesterlichen Aufgaben allerdings sind uns abhanden gekommen, seitdem die Römer – vor rund zwei Jahrtausenden – den zweiten Tempel geschleift hatten, das Volk Israel in die Sklaverei entführten und damit die Zerstreuung unter die Völker begann. Nein, genauer gesagt: Die priesterlichen Aufgaben sind zwar weitgehend abhanden gekommen, vollständig verschwunden sind sie jedoch nicht. Denn so wie es die Kohanim durch all die Jahrhunderte hindurch stets gegeben hat, so ist ihnen auch ein Rest an religiösen Pflichten geblieben, die in der Gemeinde ihren festen Platz haben. Was übrigens auch für die Leviim gilt, die Abkömmlinge der Leviten, die im Tempel vor dem Opferdienst die rituellen Waschungen an den Priestern vornahmen und grundsätzlich für die Reinheit des Heiligtums verantwortlich waren.

Es mag sein, daß der eine oder andere nichtjüdische Besucher eines jüdischen Friedhofs sich schon einmal die Frage gestellt hat, was es wohl mit manchen Symbolen auf jüdischen Grabsteinen für eine Bewandtnis habe, seien es Grabmale, auf denen zwei Hände abgebildet sind, deren Daumen sich berühren und deren Mittel- und Ringfinger jeweils in V-Form voneinander abgespreizt sind, oder Grabsteine, auf denen eine kleine Kanne abgebildet ist. Nun, dies sind Gräber von Kohanim und Leviim. Die Hände sind das Kennzeichen für den Priestersegen und die kleine Kanne versinnbildlicht die Pflicht der Leviim zur Reinigung der Priester. Und beide Aufgaben sind schließlich bis in unsere heutige Zeit erhalten geblieben; sie sind mit ein Grund für die hervorgehobene Rolle, die den Angehörigen beider Geschlechter auch heute noch während des G"ttesdienstes in der Synagoge zukommt.
Am deutlichsten wird die Position von Kohanim und Leviim zu Beginn der Thora-Lesung sichtbar, wenn – je nach Anlaß – drei, fünf oder sieben Gemeindemitglieder aufgerufen werden, ihren Teil des jeweiligen Wochenabschnitts zu lesen, oder genauer: die Brachot, die Segenssprüche, vorzutragen, auf daß der Thora-Vorleser, der Baal Koreh, die Lesung vornimmt. Traditionell wird als erster stets ein Kohen, als zweiter ebenso regelmäßig ein Levi aufgerufen, bevor die übrigen Absätze der Paraschat haSchawua, des Wochenabschnitts, unter die anderen Betenden aufgeteilt werden. Ausnahmen werden nur dann gemacht, wenn womöglich kein Kohen oder Levi anwesend sein sollte und die ihnen vorbehaltene Ehrerweisung sich als nicht umsetzbar erweist. Nur in solchen Fällen dürfen die übrigen Anwesenden, die als »Israel« bezeichnet werden, die Funktion des ersten oder zweiten in der Reihe der zur Thoralesung Aufgerufenen ausüben.
Ersatz also ist möglich, wenn auch nur unter dem Druck der Situation. Dagegen gibt es eine weitere Ehrenpflicht für die Kohanim, die nur von ihnen selbst erfüllt werden kann und die, wenn ein Kohen nicht anwesend ist, ersatzlos entfällt. Dies ist das sogenannte Duchenen, der Birkat haKohanim, zu deutsch: der Priestersegen. Er ist noch am ehesten die nach wie vor erhalten gebliebene Brücke zu jener Zeit, da es noch den Tempel in Jerusalem und die besonderen Aufgaben der Priester im G"ttesdienst gab. »Geduchent« wird in unseren Synagogen an besonderen Feierta-

gen, stets im Morgeng"ttesdienst, wenn die Mussaf-Gebete zum Abschluß gekommen sind. Und duchenen darf zwar auch ein Rabbiner, aber eben nur dann, wenn er zufällig ein Kohen sein sollte. Der Kohen oder, falls mehrere anwesend sein sollten, die Kohanim treten dann, nachdem ihnen im Vorraum vor der Synagoge ein Levi die Hände gewaschen und dazu den vorgeschriebenen Segensspruch gebetet hat, vor die Gemeinde, bedecken ihren Kopf mit dem traditionellen, sonst um die Schultern gelegten Gebetsschal, den Tallit, breiten die Arme nach vorne aus, lassen dabei die Daumen beider Hände einander berühren und sprechen den Priestersegen. Alle anderen Anwesenden hören die Worte des Priestersegens mit inniger Aufmerksamkeit, sei es, daß sie ihre Augen geschlossen halten, sei es, daß sie mit sichtbar gesenktem Kopf den Segen in ihrem Siddur mitlesen.

Es zählt gewiß zu den festen Traditionen, den ungeschriebenen Gesetzen, daß die Gemeinde während des Birkat haKohanim in ihr Gebetbuch versunken verharrt und den Blick nicht erhebt. Daß dieses Verhalten so praktiziert wird, gehört vielleicht zu den ersten Übungen, die ein jüdisches Kind lernt, wenn es von seinen Eltern zum G"ttesdienst in die Synagoge mitgenommen wird. Warum dies so ist? Unsere Reformbegeisterten belächeln den angeblichen Aberglauben, der nicht mehr in unsere heutige Zeit passe. Die Orthodoxen hingegen, die sich selbst die Gesetzestreuen nennen, verweisen auf eine Passage im Babylonischen Talmud, in dem es heißt, die Augen eines Menschen, der in dem Moment auf den Kohen schaut, da dieser den Priestersegen spricht, würden getrübt.

Ich muß offen gestehen, daß ich die Probe aufs Exempel noch nie gemacht habe. Also kann ich aus eigener Kenntnis auch nicht bestätigen, daß die eine oder andere Position die wirklich wahre ist. Ich persönlich verhalte mich so, wie ich es von vielen anderen jüdischen Männern im G"ttesdienst kenne: Ich senke den Blick nach unten, schirme meine Augen ab und konzentriere mich auf die Worte im Siddur, die der Kohen laut vorträgt.

Aber es gibt, außer der in manchen Ohren wohl ein wenig kindlich klingenden Passage aus dem Babylonischen Talmud, auch noch eine vermutlich eingängigere Erklärung dafür, daß beim Birkat haKohanim der Blick abgewandt wird. Dies ist das Wort aus dem Jerusalemer Talmud, wo es heißt, die Augen sollten beim Priestersegen nach unten gerichtet sein, um sich ohne jede Ablenkung auf die Worte des »Duchenens« konzentrieren zu können, also jede Möglichkeit eines Abschweifens der Gedanken durch Blickkontakt und visuelle Eindrücke zu vermeiden. Dies, immerhin, könnten vermutlich auch all jene nachvollziehen, die sich mit einer angedrohten Strafe wie der Eintrübung der Augen als einziger Erklärung nicht so recht anfreunden können.

Die Auslegung des Talmud Jeruschalmi, des Jerusalemer Talmuds, für die Forderung nach dem Abwenden der Augen, nämlich die Hinwendung auf das gesprochene Wort des Priestersegens in aller persönlichen Konzentration, ist übrigens auch die Interpretation, die sowohl Maimonides wie auch der Schulchan Aruch anführen. Nach ihrer Kommentierung geht es nicht darum, im Moment des Segens nicht auf den Kohen zu blicken, sondern einzig darum, in diesem Augenblick auf nichts anderes als das geschriebene Wort im Gebetbuch zu schauen und alle Gedanken an Profanes möglichst auszuschalten.

Die Reformbewegung im Judentum lehnt – im Unterschied zu den Synagogen mit traditionellem Ritus – die hervorgehobene Position der Abkömmlinge aus dem Geschlecht der Priester gänzlich ab. In strikter Befolgung ihrer eigenen egalitären Grundhaltung gibt es für die Reformer nicht die Unterscheidung in Kohanim, Leviim und Israelim, sondern die Auffassung, daß alle Juden gleich seien, eben nur Juden, von denen ein jeder das Recht auf alle religiösen Handlungen habe, so wie die Reformer auch Frauen die Möglichkeit zum Vortrag aus der Thora geben.

Diese Einstellung zur Gleichheit, die von orthodoxen Kritikern natürlich als unerlaubter Einheitsbrei abgelehnt wird, findet eine Unterstützung darin, daß es in der Tat nicht immer ganz leicht ist, genau zu wissen, ob jemand tatsächlich ein Kohen oder ein Levi ist. Ein Jude, der den Namen Cohn, Kahn oder Katz trägt, mag mit einiger Berechtigung seine Abstammung reklamieren, ebenso einer, der Levy heißt, Levinson oder – wie der bekannte amerikanische Dirigent – Levine. Und wenn wir schon bei der angelsächsischen Aussprache sind, dann gehört natürlich der Erfinder des erfolgreichsten Kleidungsstücks aller Zeiten, der Blue Jeans, auch dazu, der legendäre Mr. Levi, der es mit seinem Partner Strauß zu mehr Weltruhm gebracht hat als jeder andere Levi in irgendeiner Synagoge irgendwo auf der Welt. Aber auch jüdische Männer, die ganz und gar andere Namen tragen, können durchaus dem Geschlecht der Kohanim oder der Leviim entstammen. Daß es unter Umständen so ist, wird sich nie zweifelsfrei beweisen lassen, es ist ausschließlich eine Information, die stets vom Vater an den Sohn weitergegeben wird – seit zig Generationen und seit vielen hunderten von Jahren.

Eine völlig neue, für uns in der praktischen Anwendung unserer religiösen Vorschriften gänzlich ungewohnte Situation würde allerdings entstehen, wenn das Vorhaben einiger eher träumerischer Zirkel plötzlich Realität würde – und es wieder einen Tempel in Jerusalem gäbe. Dann nämlich brauchten wir Juden zum erstenmal seit rund 2000 Jahren tatsächlich wieder Priester. Bei unserer schon sprichwörtlichen Neigung zu lustvollem Streit wäre es eine aparte Vorstellung, sich auszumalen, welche neuen Varianten an Debattierfreude dies befördern könnte. Aber bis dahin, denke ich, werden noch unvorstellbare Wassermassen den Main und den Jordan hinabströmen. Was irgendwie auch beruhigend klingt.

Das jüdische Haus

Viele kennen den verbreiteten Brauch, guten Freunden, zu deren Wohnungs- oder Haus-Einweihung man eingeladen ist, Brot und Salz mitzubringen. Wissen sie aber auch, wofür das Brot und das Salz stehen, was sie symbolisieren? Und wissen sie auch, daß der Brauch der freundlichen Gabe auf eine sehr alte Tradition aus biblischen Zeiten zurückgeht?

In früheren Zeiten war es üblich, zur Einweihung eines Hauses einen Korb mitzubringen, der außer einem Brot und einer Prise Salz auch Kerzen enthielt. Das Brot stand für die Hoffnung, daß in diesem Haus immer genügend zu essen vorhanden sein mochte, die Kerzen versinnbildlichten Licht und Freude, die stets das Haus erfüllen sollten, und das Salz war die Erinnerung an die Opfergaben im Heiligen Tempel in Jerusalem.

Wichtiger aber als alle schönen Mitbringsel und großzügigen Geschenke war und ist bei einer jüdischen Haus-Einweihung das Anbringen der Messusa, der tönernen, hölzernen oder metallenen Kapsel, die die ersten beiden Absätze des Schema Israel enthält, des jüdischen Glaubensbekenntnisses an den einen und einzigen G"tt, das wahrscheinlich wichtigste aller Gebete. Die Messusa wird bei einer feierlichen Einweihung am Türrahmen des Eingangs angebracht, aber eigentlich sollte der Pfosten einer jeden Tür im Haus oder in der Wohnung eine Messusa tragen, ausgenommen – aus Gründen der Reinheit – die Toilette.

Bei traditionellen Juden geschieht die Befolgung der religionsgesetzlichen Vorschrift über die Messusa ganz gewiß ihres Inhalts wegen, eben des Schema Israel, das die Frommen unter uns bis zu dreimal täglich beten. Wer nicht fromm ist, aber dennoch nicht auf eine Messusa verzichtet, der tut dies vermutlich aus Gründen der Identifikation, um seiner Umwelt ohne Furcht und ohne falsche Scham zu dokumentieren: Hier lebt eine jüdische Familie. Was natürlich nur funktioniert, wenn die Umwelt mit dem Symbol der Messusa überhaupt etwas anfangen kann. Was in Deutschland einigermaßen unwahrscheinlich ist, in Amerika dagegen gar nicht so selten.

Ein Midrasch, eine Legende, erzählt uns von Rabbi Jehuda haNassi, der von einem römischen Herrscher seiner Zeit ein großzügiges Geschenk gemacht bekam, ein Schmuckstück aus Gold, besetzt mit funkelnden Juwelen. Der Rabbi, um sich zu revanchieren, sandte dem Herrscher eine Messusa, was diesen ziemlich ungehalten reagieren ließ: »Ich ließ dir ein teures Geschenk von Gold und Edelsteinen überbringen. Und alles, was du mir im Gegenzug gabst, war ein kleines Kästchen mit einem Stückchen beschriebenen Pergaments.« Der Rabbi indessen erklärte die Bedeutung der beiden Gaben folgendermaßen: »Dein Geschenk werde ich wegen seines Wertes sehr sorgsam zu bewachen haben. Es wird meine ständige Aufmerksamkeit beanspruchen. Mein Geschenk für dich wird dagegen als ein g"ttlicher Segen dienen. Du mußt es nicht hüten, es wird dich behüten. Und das macht es eben noch wertvoller.«

Viele kennen das Wort Chanukka. Es ist unser Lichterfest zur Erinnerung an das Wunder im Heiligen Tempel von Jerusalem. Chanukka heißt nichts anderes als Weihe, weil vor mehr als 2000 Jahren und nach dem Sieg über die hellenistisch-syrischen Besatzer unter Antiochus Epiphanes der von den fremden Invasoren geschändete Tempel gereinigt und wieder geweiht wurde. Und Chanukkath haBajith heißt deshalb auch die Einweihung eines Hauses oder einer Wohnung.

Eine Haus-Weihe galt stets als eine Angelegenheit von größter Bedeutung. Schon die Bibel nennt in Deuteronomium 20, Vers 5 unter den Gründen für eine Ausnahme von der Wehrpflicht für Männer die Einweihung eines eigenen Hauses, gleichermaßen wichtig wie eine Eheschließung. Daß Jungvermählte nicht in die Schlacht zu ziehen brauchten, klingt uns noch einigermaßen nachvollziehbar. Ebenso die Festlegung, daß diese Ausnahme-Regelung ein ganzes Jahr anzudauern hatte. Aber ein Haus? Das Dach über dem Kopf war anscheinend von so außerordentlicher Bedeutung, daß es in der Bibel heißt: »Ist da jemand, der ein neues Haus gebaut, es aber noch nicht geweiht hat? Dann laßt ihn nach Hause zurückkehren, damit er nicht in der Schlacht sterbe und ein anderer die Weihe für ihn vornehmen muß.«

Wir sehen also, daß schon in alten Zeiten nicht allein die Freude am neuen Eigentum per Gesetz geregelt war, sondern daß es auch als Verpflichtung galt, die Zeremonie der Weihe vorzunehmen,

um die Segnung der neuen Errungenschaft ganz und gar genießen zu können. Dabei gibt es kein im Detail festgelegtes Ritual für die eigentliche Weihe. Es wird dem Eigentümer überlassen, ob er vor dem Anbringen der Messusa als dem äußeren Zeichen der Besitznahme einige Psalmen liest oder ob er in seinen eigenen Worten das ausdrückt, was dieser Moment für ihn und seine Familie bedeutet. Nur als selbstverständlich sollte es niemand nehmen, sich nun den Traum aller Häuslebauer erfüllt zu haben. Das also ist wie Chanukka ohne Kerzen, aber trotzdem ein Tag mit einer eigenen Heiligkeit, wert eines Gebets und der Danksagung.
Die Häuser von frommen Juden haben eine weitere Gemeinsamkeit, die bei einem Gast, der mit den Gebräuchen nicht vertraut ist, beim ersten Besuch vermutlich eine erkennbare Irritation hervorrufen dürfte. Solche Häuser nämlich sind nie ganz und gar fertig. Das hat freilich nichts mit Nachlässigkeit, persönlicher Neigung zum Chaos oder etwa nicht ausreichender Finanzierung zu tun, sondern ist Ausdruck eines sehr speziellen Brauchs:
Mit der Zerstörung des zweiten Heiligen Tempels im Jahre 70 der allgemeinen Zeitrechnung und der darauffolgenden Zerstreuung des Volkes Israel unter alle Völker nämlich wurden unterschiedliche Formen der Trauer um den erlittenen Verlust eingeführt. Zum Beispiel treten wir in einem Moment der größten Freude, nämlich bei einer Hochzeit, ein Weinglas in Scherben, um der Zerstörung des Heiligtums zu gedenken. So ist es auch bei der Freude um ein neues Heim. Wo immer wir auch sind, welches freudige Ereignis wir auch gerade feiern, sollen wir nie vergessen, daß der Tempel noch immer zerstört ist. Deshalb bleibt – wie gesagt, nur bei sehr traditionellen Juden – eine Ecke in einem Raum des neuen Heims unfertig, ohne Bilder oder sonstige ausschmückende Dekoration, mitunter sogar ohne den Anstrich der Tapete. Empfindsame Menschen werden an dieser Stelle eines Hauses sofort das Gefühl mangelnder Perfektion haben und den Drang nach Vollendung verspüren. Die spezielle Ecke soll ihnen aber nicht allein die Tatsache bewußt machen, daß es den Tempel nicht wieder gibt (oder: noch nicht wieder gibt), sondern soll sie auch daran denken lassen, daß unser Leben nun einmal nicht rundum perfekt ist und daß wir noch immer unerfüllte Träume haben.
Wann immer wir beten, tun wir dies in Richtung auf Jerusalem.

Dies gilt für unsere Synagogen, die hierzulande mit ihrem Allerheiligsten, dem Thora-Schrein, nach Osten ausgerichtet sind, und es gilt nicht minder für unser Zuhause. Wir demonstrieren also auch im Alltag, wie bedeutsam für uns die Heilige Stadt ist. In der Synagoge ist es einfach, die Himmelsrichtung zu erkennen, weil sich eben der Ahron haKodesch, der Heilige Schrein, stets an der Ostseite des G"tteshauses befindet. In den eigenen vier Wänden wird häufig eine spezielle Form gewählt, um die Ostseite zu markieren, nämlich ein Misrach, das hebräische Wort für Osten. Ein Misrach kann ein Pergamentblatt sein, eine Pappe, ein bemalter Stoff oder ein Metalltäfelchen, vielleicht aus geschlagenem Kupfer. Es kann ein Gebet enthalten, eine Zeichnung oder einfach nur das Wort »Misrach«, geschrieben in hebräischen Lettern.
Eine Messusa am Türpfosten, ein Misrach-Symbol an der Ostwand, dies sind die unverwechselbaren Zeichen für ein jüdisches Zuhause. Und oftmals auch ein gut sortiertes Bücherregal, freilich nicht bloß mit Romanen, Kochbüchern oder repräsentativen Lederrücken aus einem namhaften Lexikon-Verlag, sondern natürlich mit den Heiligen Schriften, den Büchern mit den drei großen T: Thora, Tenach und Talmud. Für Juden gelten Bücher als heilig. Deshalb lautet eine Vorschrift auch: »Wenn ein Tropfen Tinte zur selben Zeit auf ein Buch und auf deine Kleidung fällt, so reinige immer zuerst das Buch und erst danach den Stoff.« Und angeblich war es Mohammed, der Prophet des Islam, der für die Juden die Bezeichnung vom »Volk des Buches« gefunden haben soll. Und natürlich wird er dabei nicht an ein Volk von Krimi-Lesern gedacht haben, sondern an das Volk der Heiligen Bücher.
Ein Buch, schrieb im 11. Jahrhundert der spanisch-jüdische Dichter Moses ibn Esra, sei der köstlichste Begleiter: »Mag es auch leblos sein, so spricht es doch zu uns. Kein Freund ist treuer, ergebener und aufmerksamer, kein Lehrer bewanderter. Es begleitet dich in der Einsamkeit und im Exil, es dient dir als Licht in der Dunkelheit und es unterhält dich, wenn du allein bist. Es tut dir Gutes und verlangt keinen Gefallen zurück. Es gibt, aber es nimmt nicht.«

Jüdische Speisen

Es war während einer ziemlich langen Eisenbahnfahrt vom hohen Norden Deutschlands zurück nach Frankfurt. Wir saßen in einem vollbesetzten Abteil, sprachen über dies und das, packten schließlich die mitgebrachten Sandwiches aus, die unser Freund so lecker mit Hühnerbrust und Salat zu belegen verstand, und unterbrachen so mit dem Essen die bei längeren Fahrten immer irgendwann auftretende Eintönigkeit.

Unsere Mitreisenden, vertieft in die Lektüre von Buch oder Zeitung, hatten bis dahin für uns kaum mehr als einen Seitenblick übrig. Das sollte sich freilich alsbald ändern, denn noch in den Sandwich beißend, erinnerte sich unser Freund, der einem schmackhaften Essen stets stark zugetan ist, urplötzlich seiner frühen Kindheitsjahre. Und da er mit einer ebenso wohltönenden wie weithin vernehmlichen Stimme gesegnet ist, hatten also alle Mitreisenden Anteil an den Erzählungen über den Küchenzettel der seligen Mutter.

Sie lebte zwar in Wien, doch sie stammte aus Polen, aus einem kleinen Ort in der Nähe von Lodz, eine fromme Frau, die natürlich streng koscher hielt und so kochte, wie es in guten ostjüdischen Häusern üblich war, so würzig, fett und ungesund, aber ungemein wohlschmeckend.

Unser Freund, berüchtigt für die Bildhaftigkeit seiner Erzählungen, zumal über die Freuden des Speisens, begann seine Auflistung – kaum verwunderlich angesichts unseres Hühnersandwiches – mit der Darstellung über die Zubereitung einer klassischen Hühnersuppe, einer der absolut unverzichtbaren Standards der jüdischen, genauer: der jiddischen Küche, mittlerweile weltweit renommiert und selbst in die englische Sprache mit der Bezeichnung eingegangen: Jewish Penicillin.

Und doch ist heute die Hühnersuppe, geradezu säulenheilig fürs traditionelle jüdische Heim, nurmehr eine beinahe fade Kopie dessen, was sie einmal war. Nicht etwa deshalb, weil die Hühner sich verändert hätten, denn es sollten, sozusagen als Grundsubstanz, auch heute noch die freilaufenden und natürlich-gefütterten Hühner sein, nicht die tiefgefrorenen Schattenhühner aus dem Supermarkt, die niemals die Sonne gesehen haben. Nein, was das heutige Endprodukt von jenem von vor 30, 40 und mehr Jahren unterscheidet, sind unser allgemeines Gesundheitsbewußtsein, unsere Cholesterinfurcht und unsere womöglich gar allmorgendlichen Gewichtskontrollen.

Weil wir diese zivilisatorischen Vernunftserscheinungen nämlich verinnerlicht haben, lassen wir eine Suppe heute erst einmal erkalten, schöpfen die dicke Fettschicht ab und bringen dann erst die erneut erwärmte Diät-Version auf den Tisch. Gemessen an der traurigen Restaurant-Realität ist auch das zwar immer noch ein relatives Highlight, doch Meilen entfernt von dem einstigen Jewish Penicillin mit seinen goldgelben Fettaugen, die an den Lokschen, den mit viel zuviel Eiern selbstbereiteten Nudeln zu haften schienen, so schrecklich ungesund waren – und so einmalig lecker.

Bei uns zu Hause, schließlich stammte auch meine selige Mutter aus einem frommen traditionellen jüdischen Heim in Polen – gab es keinen Shabbat ohne Hühnersuppe mit Nudeln, ohne Lokschen mit Joach, wie es auf Jiddisch heißt. Und nicht minder »shabbesdig«, also eigentlich unverzichtbar zum Shabbat gehörend, waren der Kigel, eine auflaufartige Süßspeise aus breiten Nudeln mit Rosinen, manchmal auch mit Zimt, oder – von mir innig geliebt – der Tscholent, eine Art jiddischer Version von Irish Stew.

Tscholent war früher, als man die gesundheitlichen Konsequenzen eines besonders guten Essens noch hinzunehmen bereit war, das eindeutigste aller Shabbat-Gerichte. Und zwar deshalb, weil es, je nach Zubereitung, einen Tag oder eine Nacht lang oder Tag *und* Nacht im Ofen vor sich hinköchelte, also bereits am Freitag bereitet werden konnte und tags drauf, wenn alle Arbeit zu ruhen hat, nur noch fix und fertig aus der Röhre genommen zu werden brauchte.

Tscholent mag Bohnen und Graupen enthalten, auch Kartoffeln, Rindfleisch oder Hühnerfleisch, viel Hühnerfett für den besonderen Taam, den einzigartigen Geschmack. Dann natürlich Knoblauch, von dem Generationen in Deutschland, weil sie Wilhelm Busch verinnerlicht hatten, fest glaubten, er sei der Juden Speise. Heute sind viele klüger geworden und essen ihn selber gern. Und dann gehörte zum echten, schweren und den Magen heftig belastenden Tscholent noch die Kischke. Es ist dies ein Stück gefüllten Darms (keine Bange: er wird zuvor ganz, ganz sorgsam gesäubert), dessen Füllsel so sehr aller ernährungswissenschaftlichen Vernunft widerspricht, daß sich sein Verzehr quasi von selbst verböte – wäre eine gute Kischke nicht ein solch formidabler Genuß.

Wer nicht weniger schmackhaft genießen möchte, doch mit ungleich weniger schlechtem Gewissen, der wird sich am dritten Standard der jiddischen Küche erfreuen, dem vom Namen her vielleicht bekanntesten, dem »gefillte Fisch«. Das ist ein auf besondere Art zubereitetes Stück Karpfen, entweder zuckrig-pfeffrig oder pfeffrig-scharf gewürzt – bei den wohlhabenderen Juden früher aus Karpfen pur gekocht, bei den ärmeren mit einer aus Brot gewonnenen Masse vermischt, somit also gestreckt und auch dann noch etwas besonderes, wenn das Geld für einen ganzen Karpfen vielleicht nicht reichte.

Dies erinnert uns daran, daß ethnisch vielfältige Unterschiedlichkeiten auf dem Teller, häufig als Zeichen kultureller Vielfalt gepriesen, oftmals doch nichts anderes waren als die einfallsreichen Produkte einer aus der Not geborenen Kreativität. So entstand die italienische Pasta aus der Armut des Volkes, die weltweit beliebte Pizza war die Resteverwertung jener, die nichts anderes auf den Tisch zu stellen hatten. Irische, polnische oder russische Gerichte aus Kraut und Kartoffeln entstammten der Not der Ärmsten, die sich Fleisch nicht leisten konnten, und der gefillte Fisch war auch einmal ein Feiertagsprodukt, das sich eben auch arme Leute in den Stetls und Ghettos Osteuropas noch leisten und genießen konnten.

Wessen Einkommen es freilich zuließ, den Shabbat oder wenigstens den Jom tov, den Feiertag, mit Fleischigem anzureichern, der wußte sich am reinen Gänseschmalz mit noch warmen Grieben zu delektieren oder an einem Stück Hälsel, einem Gänsehals, gefüllt mit Fleisch, geschmort und kalt aufgeschnitten zu einer dick mit Schmalz bestrichenen Scheibe Brot. Ob Tscholent, gefillte Fisch oder Hälsel – ich bekäme Schwierigkeiten, wenn ich eine Prioritätenliste meiner Speiseleidenschaften aufzustellen hätte. Sicher ist nur das eine: Kreplach gehören ganz bestimmt und absolut unverzichtbar mit dazu.

Kreplach, unschwer als vom deutschen Wort »Kräppel« abgeleitet erkennbar, sind allerdings alles andere als ein Gebäck. Es sind dreieckige Teigtaschen, den italienischen Ravioli vergleichbar, jedoch werden sie nicht mit Tomatensoße oder Käsesoße gegessen, sondern in einer kräftigen Hühnerbrühe. Als Fleisch für die Kreplach nimmt man etwa Rinderbrust, die, zunächst gekocht, dann kleingehackt mit Zwiebeln angebraten und in mühevoller Kleinarbeit in die Teigtaschen gebracht wird. Das so entstandene Vorprodukt wird zunächst in Salzwasser gekocht und dann, wie gesagt, mit einer schmackhaften Hühnersuppe serviert.

Bei Kreplach habe ich noch immer – und seit meiner Kindheit – die fatale Neigung, das Ausdehnungsvermögen meines Magens bis an die Obergrenze seiner physischen Leistungsfähigkeit zu testen. Ich kann nicht anders, denn Kreplach sind einfach zu gut. Und außerdem muß man den Tag genießen, denn Kreplach, die richtig hausgemachten und also besonders wohlschmeckenden, gibt es schließlich nicht jede Woche. Wo nähme man auch die Zeit für die Vorbereitung her. Ich zum Beispiel darf sie, von meiner Frau grandios zubereitet, immer an meinem Geburtstag erwarten und am Nachmittag vor Kol Nidre, wenn zum letzten Mal kräftig gegessen wird, um das Fasten am Jom Kippur einigermaßen vorbereitet zu überstehen.

Ein Experte für Ernährungsfragen wird gleich einwenden, es sei absolut unklug, den Magen kräftig zu strapazieren, wenn man anschließend fasten will, weil die angestrebte Enthaltsamkeit dadurch um so schwieriger durchzustehen sei. Ich weiß das durchaus. Aber ich weiß auch, wie Kreplach schmecken. Und auf sie nicht verzichten zu müssen ist mir jede Begründung recht. Außerdem sind Kreplach am Vortag von Jom Kippur Tradition, bei manchen auch an Hoshana Raba, zum Schluß des Laubhüttenfests, oder an Purim – und wir Juden sind schließlich ein traditionsbewußtes Volk, auch was das Essen angeht. Manche von uns am liebsten nur beim Essen.

Hochzeit

Zu Rabbi Jossef Ben Halafta kam einst eine sehr wohlhabende römische Matrone mit der Frage, wie lange G"tt wohl gebraucht habe, die Welt zu erschaffen. Der Rabbi antwortete: sechs Tage. »Und danach, was hat er denn seither so gemacht?« wollte die Matrone wissen. »Der Herr der Welt, gelobt sei er, ist damit beschäftigt, Ehen zu stiften«, entgegnete der Rabbi. »Und das soll seine einzige Beschäftigung sein? Das kann ich ebenso. Ich habe viele männliche und weibliche Sklaven und in weniger als einer Stunde habe ich sie miteinander verheiratet.« »Es mag einfach erscheinen«, erwiderte Rabbi Jossef, »aber jede einzelne Heirat *richtig* zu treffen ist für G"tt eine so große Aufgabe wie die Teilung des Roten Meeres.«

Ehen, so sagt ja auch ein deutsches Sprichwort, würden im Himmel geschlossen. Im siebten Himmel, weshalb sie dann später im nüchternen irdischen Alltag vor den unerwartet auftauchenden Problemen gelegentlich kapitulieren. Zu keiner Zeit in der Geschichte der Menschheit dürfte die Zahl der Scheidungen größer gewesen sein als heute. Schon wird behauptet, die Institution der Ehe sei nicht mehr zeitgemäß, sie habe sich überlebt.

Soweit es die Unfähigkeit angeht, sich Problemen der Zweisamkeit zu stellen und nach Lösungen zu suchen, um den Bestand der Familie zu erhalten, sind auch wir Juden längst nicht mehr so verläßlich, wie es einmal war. In den jüdischen Gemeinden der USA, in Israel gar, haben die Scheidungsraten ungeahnte Höhen erreicht; die Unterschiede von früher scheinen zusammengeschmolzen. Das Ausschreiben eines Get, eines Scheidungsbriefes, gehört heute zu den schon fast alltäglichen, nein: Ich will nicht übertreiben, aber zu den ziemlich häufigen Aufgaben eines jeden Rabbiners.

Dabei hatte die Ehe seit je einen ganz besonders hervorgehobenen Stellenwert in der jüdischen Tradition. Denn es war stets die Verbindung zweier Menschen und die daraus erwachsende Familie, in der sich – trotz allen Drucks von außen – über Jahrhunderte hinweg die elementaren jüdischen Traditionen erhalten haben. Jüdisches Leben, ein Leben nach den Vorschriften der Thora, bedarf

nicht so sehr der Synagoge, dem Ort der Versammlung und des gemeinsamen Gebets, als eben gerade der Familie als der Keimzelle und kleinsten erforderlichen Einheit zur Weitergabe religiösen Wissens und traditioneller Praxis.
Deshalb hat sich im Judentum wohl mehr als in anderen Religionen und Kulturen das Prinzip des Schidduch erhalten, der Heiratsvermittlung durch Schadchen und Schadchente, die Heiratsvermittler. Allerdings gilt dies heutzutage allenfalls noch für die sehr frommen Kreise, denn wir weltlich eingestellten Juden haben längst Abschied vom Schidduch genommen, und unsere Kinder würden einigermaßen verständnislos darauf reagieren, wenn ihnen die persönliche Zukunft ihrer ehelichen Verbindung durch die Eltern vorgezeichnet würde. Es ist also auch bei uns inzwischen nicht anders als in den meisten Ländern heutzutage auch.
Doch die Heirats-Vermittlung ist *eine* Sache und eine Hochzeit nach den althergebrachten Traditionen eine *andere.* Ich kenne viele junge Leute, die sich von ihrer Religion und dem Gesetz der Halacha so weit entfernt haben, daß sie ihr Judentum eigentlich nur noch auf der Geburtsurkunde stehen haben. Aber wenn es zur Heirat kommt, dann soll es doch schon eine religiöse Trauung sein, dann soll sie von einem Rabbiner vollzogen werden und wenigstens das Minimum jenes Ablaufs haben, der nun einmal zu einer jüdischen Hochzeit gehört. Und sei es auch nur, um den Eltern das Gefühl zu vermitteln, daß immerhin ein Rest an Gemeinsamkeit geblieben ist.
Wichtigster Bestandteil ist dabei die Chuppa, der Traubaldachin, der der gesamten Zeremonie ihren Namen gegeben hat: Chuppa eben. Dies also ist der Name für das quadratische, an vier Stangen emporgehaltene Samttuch ebenso wie für den eigentlichen Akt der Trauung. Man lädt seine Gäste ein zu einer Chuppa – und man geht den Bund der Ehe ein unter der Chuppa.
Die Herkunft dieses seit vielen, vielen Generationen überlieferten und eingehaltenen Brauchs geht zurück auf die in Vorzeiten für eine Braut reservierte Kammer, in der die junge Frau die Stunden vor der Trauung zu verbringen pflegte. Im Mittelalter entstand daraus die Verwendung einer Chuppa, die wir übrigens auch benutzen, wenn in einer besonders feierlichen Handlung eine neue Thora-Rolle in eine Synagoge eingeführt wird, weil wir die ja auch, ei-

ner Braut gleich, zum Ort ihrer künftigen Bestimmung geleiten. Die ursprüngliche rabbinische Entscheidung, eine Chuppa für Trauungen zu verwenden, entstammt der seinerzeit gepflegten Übung, Ehepartner unter freiem Himmel zu verheiraten als Symbol dafür, daß die Ehe mit so vielen Kindern gesegnet sein möge, wie Sterne am Himmel stehen. Um aber die Zeremonie von der profanen Umgebung abzuheben, etwa vom umtriebigen Marktgeschehen in alter Zeit, entschieden die Rabbinen die Verwendung einer Chuppa, um damit eine besondere Atmosphäre für die Trauung wahren zu können.

Eine sehr gefühlvolle Variante ist es, einen Tallit, den traditionellen Gebetsmantel jüdischer Männer, mit vier Stäben in die Höhe zu halten und das Paar unter diesem eher improvisierten, aber sehr persönlichen Baldachin zu verheiraten. Manche Rabbiner bevorzugen diese Variante, die ich selbst als besonders sympathisch und bewegend empfinde. Denn der Tallit ist unser wichtigstes Kleidungsstück, jenes, das auch einem Verstorbenen als letzte Dreingabe mit in den Sarg gelegt wird. Es ist ein Symbol so persönlichen Besitzes, daß die Vereinigung von Braut und Bräutigam unter diesem Tallit ein besonders ausdrucksstarker Augenblick der gemeinsamen Unterwerfung unter die g"ttlichen Gebote ist. Und nicht minder gefühlvoll ist der Brauch, die vier Stangen der Chuppa nicht irgendwo zu befestigen, sondern sie von Freunden des Paares halten zu lassen. Was könnte ein intensiverer Ausdruck von freundschaftlicher Verbundenheit sein, als in dem vielleicht wichtigsten Moment gemeinschaftlichen Lebens wortwörtlich von guten Freunden umgeben zu sein und beschirmt zu werden.

Zu den essentiellen Elementen einer Trauung zählen natürlich die Trauzeugen. Das, was heute auch bei jeder standesamtlichen Prozedur integraler Bestandteil ist, gehört seit jeher zu einer jeden jüdischen Hochzeit, nicht allein als Brauch, sondern als eine Notwendigkeit, die auch in der Halacha, dem jüdischen Religionsgesetz, ihre Vorschrift findet. Aufgabe der Zeugen ist es, in Befolgung dieser Vorschrift das Heiratsdokument, die Ketuba, mit zu unterzeichnen, zuvor aber auch den Ring geprüft zu haben, den der Bräutigam seiner Braut wenig später an den Finger stecken wird.

Selbst für dieses äußere Zeichen gegenseitiger Bindung gibt es bei uns genaue Vorgaben. Der Ring wird als metallenes Band definiert, das keine Unterbrechungen, also auch keine Löcher aufweisen darf, ein rundum solides Stück also. In den frühen Schriften der Weisen wird diese Vorschrift damit erklärt, daß durch die glatte, möglichst unverzierte und auch nicht von Edelsteinen geschmückte Oberfläche jedes etwaige Mißverständnis über den Wert des Rings vermieden werden soll. Wäre der Ehering vielleicht mit einem Diamanten bestückt, so könnte es geschehen, daß die Braut den Wert des Rings überschätzt, was sie womöglich in ihrer Bereitschaft, den Ring als Symbol der Bindung zu akzeptieren, beeinflussen könnte. Denn sie nähme vielleicht den Ring als Schmuckstück und weniger als Zeichen des ehelichen Bundes.

Bevor es zum Anstecken des Rings und zum öffentlichen Verlesen der Ketuba, des offiziellen Ehedokuments, kommt, muß die Braut, die von zwei Begleiterinnen hereingeführt wird, zunächst ihren bereits unter der Chuppa stehenden Bräutigam feierlich umrunden. Es ist dabei je nach Minhag, also dem örtlichen Usus der jeweiligen Gemeinde, verschieden, wie viele Umrundungen dies sein sollten, zumeist aber sind es deren sieben. Die Herkunft dieser Sitte wird aus Jeremia abgeleitet (31,22), wo es heißt, eine Frau solle um ihren Mann herumgehen. Die Zahl sieben ist wohl die in der jüdischen Geschichte besonders häufig vorkommende Zahl, die aber im konkreten Fall zudem mit der Heiligen Schrift korrespondiert, wo es siebenmal wörtlich heißt: »... und wenn ein Mann eine Frau nimmt.« Als besonders liebenswürdig für die mystische Zahl sieben dürfte schließlich die Erklärung dienen, daß die Braut, indem sie ihren Bräutigam siebenmal umrundet, in die sieben Sphären der Seele ihres Liebsten eintritt.

Den Abschluß einer jeden Hochzeitszeremonie bildet das traditionelle Zerbrechen eines Glases. Zu diesem Zweck wird ein Trinkglas – am besten eingewickelt in ein Tuch, damit nichts Arges passiert – unter die Chuppa gelegt, wo es der Bräutigam mit einem festen Aufstampfen des Fußes zerbrechen muß. Im Moment, da das Glas splittert, werden von allen Seiten die begeisterten Glückwunschrufe laut: Chussen, Kalle, Masel Tow – alles Gute der Braut und dem Bräutigam.

Dieser Brauch wird mit der immerwährenden Aufforderung erklärt, selbst in den schönsten Momenten größter persönlicher Freude nicht jene tragischen Ereignisse zu vergessen, die für das Judentum von einschneidender Nachwirkung waren, nämlich die beiden Zerstörungen des Heiligen Tempels in Jerusalem. So soll sich Freude relativieren und es soll das Bewußtsein für die gemeinsame Geschichte des jüdischen Volkes lebendig gehalten werden. Eine ebenfalls sehr schöne Erklärung für das Zerbrechen des Glases ist der Hinweis darauf, daß ein einmal in Splitter getretenes Glas unwiederbringlich und für immer in diesem Zustand bleibt, so wie es die Ehe bis ans Ende der Tage des frischvermählten Ehepaares auch sein möge. Und um noch ein Mißverständnis auszuräumen: daß Scherben angeblich Glück bringen, hat mit diesem Ritual eher nichts zu tun.

In sehr gefühlvollen Worten hat der Begründer des Chassidismus, der Baal-Schem Tow, den feierlichen Moment der Eheschließung so beschrieben: »Von jedem menschlichen Wesen geht ein Licht aus, das bis zum Himmel strahlt. Und wenn zwei Seelen, die füreinander bestimmt sind und zueinandergefunden haben, ihre Lichtstrahlen vereinigen, dann wird ein einziges, doch ein sehr hell strahlendes Licht das Zeichen ihrer Vereinigung sein.«

Zwei solch ideal zueinander passende Lichtquellen sind nicht immer leicht zu finden. Deshalb stimmt es wohl, was Rabbi Jossef gesagt hat: »Eine gute Ehe zu vermitteln, sieht leicht aus. Doch G"tt empfindet es als eine so schwierige Aufgabe wie die Teilung des Roten Meeres.«

»Die Frauen kommen«

Frauen, das wissen wir spätestens seit einem einschlägigen Erfolgssong, Frauen kommen langsam, aber gewaltig. Welches Gesellschaftssystem auch immer damit gemeint sein könnte, er trifft damit den Kern der Wirklichkeit im Judentum. Denn zu keiner anderen Zeit sind Frauen so vehement – und besonders auch im religiösen Leben so anhaltend – in leitende Funktionen gedrängt. Was natürlich keineswegs auf das Judentum begrenzt ist, ja nicht einmal von einer besonders progressiven Tendenz im Judentum ausgegangen, sondern eine durchaus allgemeine Veränderung in allen einigermaßen modernen Gesellschaftssystemen ist.
Genaugenommen erfährt das Judentum, zumal in Deutschland, relativ spät seine Frauenbewegung, jedenfalls in ihrem derzeit zweiten Anlauf. Einen ersten hatte es bereits zu Beginn des vorigen Jahrhunderts gegeben, als sich, gerade in Deutschland, die jüdische Reformation besonders nachhaltig entfaltet hatte, die ersten Rabbinerinnen in der Geschichte der Juden in Deutschland ordiniert und im G"ttesdienst eingesetzt wurden. Dann aber, mit dem Beginn der Nazizeit und der Auflösung der jüdischen Gemeinden, kam das Experiment zu einem sehr schnellen Ende. Es wurde, nach dem Zweiten Weltkrieg, vor allem in den Vereinigten Staaten neu belebt, wenn es auch bis in die siebziger Jahre dauerte, ehe das reformierte Hebrew Union College die erste weibliche Rabbinerin ordinierte. In Deutschland dagegen waren Rabbinerinnen kein Thema mehr. Die jüdischen Gemeinden hierzulande hatten ganz andere Sorgen und waren weit davon entfernt, ein einigermaßen geregeltes und geordnetes religiöses Leben vorweisen zu können. Da herrschte an den sogenannten egalitären Strömungen kein sonderliches Interesse. Es gab wichtigeres zu tun.
Der Wandel kam mit dem ausgehenden 20. Jahrhundert, als erstmals in der Jüdischen Gemeinde Oldenburg eine Rabbinerin oder, wie sie selbst es zu bezeichnen vorzieht: ein weiblicher Rabbiner engagiert wurde. Ich bin allerdings keineswegs sicher, ob die Gemeinde im deutschen Norden sehr gezielt nach einer Frau gesucht hat oder ob es nicht vielleicht einfach nur die Umstände waren, die Notsituation, die Schwierigkeit, überhaupt einen Rabbiner zu

finden, die die Oldenburger zu der bis dahin undenkbaren Entscheidung kommen ließen. Und unumstritten ist der damals revolutionäre Schritt auch heute noch nicht. Bei Männern wie bei Frauen übrigens.

Grundsätzlich kann es überhaupt nur eine Gemeinde auf der liberalen Außenseite des religiösen Spektrums sein, in der die Verantwortung für die g"ttesdienstlichen Pflichten in die Hände einer Frau gelegt werden. Bei einer nach orthodoxem Ritus ausgerichteten Gemeinde wäre eine solche Entwicklung schlechterdings unvorstellbar. Deswegen klingt es in mancher Gemeindemitglieder Ohren zwar beruhigend, wenn die Oldenburger Rabbinerin von sich selbst sagt, sie sei orthodox. Aber einer sachlich gerechten Überprüfung kann diese Selbstdefinition kaum standhalten. Denn Rabbinerin und orthodox – das ist ein Widerspruch in sich selbst.

Wer sich nicht ausreichend auskennt, neigt gelegentlich dazu, das Judentum als eine frauenfeindliche Religion zu bezeichnen. Dies ist, mit Verlaub und in aller gebotenen Zurückhaltung gesagt, ein ausgemachter Unfug. Ich kenne keine andere Religion, in der Frauen eine so wichtige und entscheidende Rolle spielen wie bei uns. Daß Frauen in der Synagoge, und allein in der Synagoge, keine aktiv Handelnden sind, ist nämlich nur die eine Seite der Medaille. Im Judentum steht das private Heim der Synagoge in nichts nach, und in den eigenen vier Wänden führen die Frauen das Regiment. Die Synagoge ist das G"tteshaus, das Gebetszentrum für die Allgemeinheit. Das Judentum ist aber eine ausgesprochene Familienreligion, die hohen Wert auf die Wahrung der Traditionen im eigenen Heim legt, denken wir nur an die Feiertage Pessach, Sukkoth oder Chanukka. Und wie kann außerdem eine Religion frauenfeindlich sein, wenn sie die alles entscheidende Frage »Mi Jehudi«, wer Jude ist, allein – neben dem Ausnahmefall einer Konversion natürlich – durch die Abstammung von einer jüdischen Mutter definiert?

Dennoch ist es nicht zu leugnen, daß quer durch all die Jahrhunderte, begründet durch die talmudische Rechtsprechung, Frauen von allen wesentlichen Geboten ausgenommen waren, die ansonsten für Männer gelten. Frauen konnten nicht im Angesicht der Gemeinde vorbeten und schon gar nicht aus der Thora vortragen. Frauen tragen keinen Tallit, den Gebetsschal, und sprechen kein Kaddish, das den weisen Ratschluß des Schöpfers lobpreisende Gebet, das Trauernde nach dem Tod eines nahen Verwandten elf Monate lang beten.

Für einen Juden aus Deutschland, der eher mit dem traditionellen Ritus vertraut ist, muß es einigermaßen schockierend wirken, in einer liberalen jüdischen Gemeinde in den USA, und dies ist dort die Mehrheit unter den jüdischen Gemeinden der unterschiedlichen Ausrichtung, Frauen agieren zu sehen, die den Tallit um die Schultern gelegt haben, die Thora-Rolle im Arm tragen und alle feierlichen Gebete sprechen, die der Thora-Lesung vorausgehen oder folgen. Und erst recht natürlich gilt dies für die Lesung des Wochenabschnitts aus der Heiligen Schrift selbst.

Dagegen ist es in Deutschland längst Selbstverständlichkeit, daß Frauen entscheidende Positionen bei der politischen Führung einer Gemeinde innehaben. Kaum ein Gemeindevorstand, in dem heutzutage keine Frauen mitwirken. Und eine der namhaften traditionellen jüdischen Gemeinden, die in München, die sich selbst als betont religiös definiert, hat seit vielen Jahren eine Frau als Vorsitzende, die inzwischen auch Vizepräsidentin des Zentralrats der Juden in Deutschland ist. Daß sie seinerzeit übrigens nicht zur Präsidentin des höchsten jüdischen Gremiums in Deutschland gewählt wurde, hatte jedenfalls wirklich nichts damit zu tun, daß sie eine Frau ist. Mochten die Zeitungskommentatoren darüber auch orakeln, wie sie wollten. (Und ich darf Ihnen aus eigener Binnenkenntnis versichern: Sie wissen sehr häufig weniger, als sie zu wissen vorgeben.) Es hat sich mittlerweile also die feste Aufteilung eingespielt, daß unsere Rabbiner zwar für die Einhaltung der Feiertage und für das Leben in der Synagoge zuständig sind, die Geschicke der Gemeinde aber vom gewählten Vorstand bestimmt werden – und damit von immer mehr weiblichen Vorstandsmitgliedern.

All diese Zunahme an Einflußmöglichkeiten im gemeindepolitischen Leben kann allerdings sicherlich nicht darüber hinwegtäuschen, daß eine Reihe unserer Vorschriften und Rechtspositionen aus einer Zeit stammen, da Frauen ohne Frage benachteiligt waren. Wie in allen anderen Gesellschaftsformen, waren auch im Judentum das Recht und die Rechtsprechung eine Angelegenheit

von Männern für Männer. Was nirgendwo deutlicher wird als im Scheidungsrecht, das, aus Sicht vieler Frauen, eher ein Scheidungs-Unrecht ist. Und was objektiv wohl leider auch so ist. Wenn eine Frau die Scheidung will, so muß sie ihren Noch-Ehemann davon überzeugen, ihrem Ansinnen zu entsprechen. Lehnt er dies ab, ist es ein steiniger Weg für die Frau, nicht selten einer, der überhaupt nicht zum Erfolg führt. Sie muß nämlich das Rabbinatsgericht einschalten, in dem – vorerst noch – nur Männer sitzen und das, zumindest in Israel, in seiner alltäglichen Praxis sich bislang noch nicht durch auffälliges Verständnis für die Belange scheidungswilliger Frauen ausgezeichnet hat.
Ein anderes Beispiel für eine Praxis, die ganz gewiß nicht mehr in unsere Zeit paßt, ist das alte rabbinische Recht, mit dem Regeln für den Fall aufgestellt werden, daß ein Mann seine Ehefrau verläßt und spurlos verschwindet. Der Frau wird eine neue Heirat so lange verwehrt, als nicht durch Zeugen klar versichert wird, daß ihr Mann nicht mehr am Leben ist. Selbst orthodoxe Kreise scheinen inzwischen erkannt zu haben, wie grausam die Rechtsprechung hier mit Frauen umgeht. Nur hat bislang niemand die Kraft oder den Mut aufgebracht, einen konsequenten Bruch mit der überholten Vorschrift zu wagen. Allenfalls zu einer Mini-Konzession haben sich die Orthodoxen bereitgefunden, nämlich der Reduzierung bei den stets als unabdingbar geltenden zwei Zeugen auf nurmehr einen.
In den USA, wo deutlich mehr Juden leben als in Israel, hätte ein jüdische Frau in einem solchen Fall kein Problem: Sie brauchte sich bloß an einen Reformrabbiner zu wenden, denn die Reformbewegung hat das Zeugenrecht im Fall einer verlassenen Ehefrau schon vor rund hundert Jahren außer Kraft gesetzt. In Israel dagegen ist die Rechtsprechung in derlei Verfahren ein Thema von nach wie vor brennender Aktualität, denn dort bestimmen die orthodoxen Rabbiner das Zivilrecht – und machen durch ihre verkrustete Praxis einmal mehr deutlich, wie richtig die Trennung von Staat und Religion ist.
Es scheint nun einmal in das Umfeld von Modernisierungs-Erscheinungen zu gehören, daß zunächst überschießende Forderungen nach Veränderungen aufgestellt werden, mögen sie auch noch so übertrieben sein. Dazu zähle ich die von jüdischen Feministin-

nen (die sich darin von den christlichen Protagonistinnen in nichts unterscheiden) aufgestellten Forderungen, die männlichen Attribute, wie sie sich etwa in der Beschreibung G"ttes finden, zu streichen und »geschlechtsneutral« zu ersetzen. Als wenn damit auch nur einer einzigen Frau wirklich geholfen würde! Auch die historischen Fakten, daß Moses, Jesus und Mohammed nun einmal unbestritten männlichen Geschlechts waren, vorausgesetzt, daß uns die Geschichtsschreibung der Männer hier nichts vorgaukelt, lassen sich durch grammatikalische Winkelzüge kaum aus der Welt schaffen. Auch nicht der für uns Juden sehr bedeutsame Akt, daß Abraham eben nicht seine Tochter zu opfern bereit war, sondern nun einmal seinen Sohn Jizchak, was, wie uns die Bibel lehrt, zum Bund mit G"tt und der als eindeutiges Symbol seither praktizierten Beschneidung männlicher jüdischer Babies geführt hat. Da die Welt für Verrücktheiten nicht zu klein ist, fordern jüdische Feministinnen in den USA nun die Einführung einer der Beschneidung vergleichbaren religiösen Handlung für kleine Mädchen.

Was mich bei derlei abwegigen Kindereien aber immerhin beruhigt, ist zweierlei: Erstens, die Übertreibungen werden im Laufe der Zeit einem vernünftigen Umgang mit den aufgezeigten Problemen weichen, und, zweitens, wir Juden, nein, genauer: wir jüdischen Männer sind nicht die einzigen, die sich dieser Diskussion zu stellen haben. Dem Papst jedenfalls geht es – im Prinzip – nicht besser.

Vorschriften im Wandel

Wir Juden lieben es mitunter selbstironisch. Deshalb sind wir auch geübt darin, jenen Seufzer in Jiddisch auszubringen, der da lautet: Schwer, zi sein a Jid; schwer, ein Jude zu sein. Was allerdings meistens eher augenzwinkernd gemeint ist und nur bedingt ernsthaft. Aber trotzdem: Ganz so falsch ist diese Feststellung auch wieder nicht, vor allem dann, wenn wir uns vor Augen halten, welche Vielzahl an Vorschriften es einzuhalten gilt, falls jemand die ernsthafte und überzeugte Absicht hat, ein Leben nach eben diesen Regeln der religiösen Gesetze und Traditionen zu führen.

Religiöses Reglement bestimmt unser Leben in jeder nur denkbaren Situation. Dies gilt nicht nur für die auch nach allgemeinem Informationsstand unserer nichtjüdischen Umwelt mindestens dem Namen nach bekannten Speisegesetze, deren bekanntestes das Verbot des Genusses von Schweinefleisch ist, oder die Einschränkungen, wonach wir an den Shabbatot kein Feuer entzünden und nicht Auto fahren sollen. Die Vorschriften sind denkbar vielfältig, betreffen beispielsweise Art und Zeitpunkt des Rasierens ebenso wie die Materialzusammensetzung von Textilien, die wir tragen sollen oder eben nicht.

Ein deutscher Bilderbuchbeamter in der Version, wie wir sie aus den einschlägigen Witzen kennen, hätte ein weites Feld höchst abwechslungsreicher Betätigung, wollte er die Einhaltung all der unterschiedlichen Vorschriften kontrollieren. Der Phantasie sind jedenfalls kaum Grenzen gesetzt. Nur geht es, genaugenommen, uns Juden mit unseren Vorschriften meist so wie den Franzosen mit den seit einigen Jahren existierenden Gesetzen zur Ordnung des Rauchens in den Öffentlichkeit. Mit anderen Worten: Einige halten sich daran, die große Mehrheit jedoch nimmt die Anordnungen gelassen zur Kenntnis – und verhält sich nach eigenem Gusto. Was mir, wenn ich in Frankreich bin, immer eine klammheimlich-anarchische Freude bereitet. Was mich aber, ehrlich eingestanden, kaum amüsiert, wenn ich jemanden an Jom Kippur in seinem Auto bei der Synagoge vorfahren sehe. Und dabei gehöre ich nun wahrhaft nicht zu den uneingeschränkten Bewahrern der religiösen Strenge.

Wir sehen also, es verhält sich auch hier wie im richtigen Leben, wo etwa ein Hunde-Herrchen, das seinen Vierbeiner hemmungslos einen Haufen mitten in die Grünanlage placieren läßt, sich gleichzeitig maßlos über die angeblich so unerzogene Jugend erregen kann, weil einer achtlos sein Kaugummipapier fallen läßt oder seine Kippe aufs Trottoir schnickt. Es war halt schon immer etwas anstrengender, die Vorschriften zu beachten, ohne sich seine speziellen Ausnahmeregelungen zu zimmern, seien es die von Menschen erlassenen Vorschriften oder jene, die uns die Thora aufgibt.

So vielfältig sind unsere jüdischen Gesetze, daß bei weitem nicht bloß ein einziges Buch sie alle enthält. Am ehesten kommt vielleicht noch der Schulchan Aruch der Vorstellung eines Kompendiums nahe, das alle Regeln für alle denkbaren Gelegenheiten auflistet und in Zweifelsfällen sich als Wegweiser empfiehlt. Der Schulchan Aruch (zu deutsch: Der gedeckte Tisch, obwohl sein Inhalt bei weitem nicht nur mit den Speisevorschriften zu tun hat) ist im 16. Jahrhundert entstanden, geschrieben von Joseph Caro, der ein bekannter Rechtsgelehrter seiner Zeit und ein namhafter Mystiker zugleich war. Es ist jenes Buch, das die grundlegenden Gesetze enthält, nach denen sich auch heute noch alle orthodoxen Juden richten, das ihnen aber keineswegs die einzige Richtschnur für die halachischen, die religionsgesetzlichen Vorgaben ist. Der ganze Reichtum jüdisch-religiöser Gesetze füllt vielmehr Bände und Bände einschlägiger Schriften, Kommentare und Kommentare zu Kommentaren oder Responsa, die Antworten von Rabbinern auf Fragen zu Problemen, wie sie aus aktuellen Situationen erwachsen sind.

Das Judentum ist eine lebendige Religion, die keineswegs regungslos auf einmal begründeten Regeln verharrt, sondern sehr wohl auf die Erfordernisse veränderter Zeit-Bedingungen reagiert. Was nicht heißt, das gleich jede Mode mitgemacht werden muß, um nur bloß nicht als altmodisch und fundamentalistisch abgestempelt zu werden. Aber so manche biblischen Gesetze haben sich seit der Zeit der Peruschim, der schriftgelehrten Pharisäer, sehr wohl verändert.

Ich will dies hier an einem Beispiel erläutern: In biblischen Zeiten war eine kinderlos gebliebene Witwe verpflichtet, nach dem Tod ihres Mannes dessen Bruder zu heiraten. Man nannte dies eine Levirats-Ehe. Eine Entbindung von dieser Verpflichtung war allenfalls durch eine spezielle Zeremonie möglich, die einer Scheidung ähnlich war. Dieses alte biblische Gesetz wurde freilich vor Jahrhunderten schon dadurch modifiziert, daß die Rabbiner eine Art Bann auf die Verpflichtung zur Levirats-Ehe legten, mithin die verwitweten Frauen von der Last befreiten, die ihnen die Bibel auferlegt hatte. Dennoch praktizieren einige der sogenannten ultra-orthodoxen Juden nach wie vor ihre unbedingte Bibel-Nähe etwa dadurch, daß sie ungeachtet aller Veränderungen auf einer Zeremonie der Entbindung von der alten Heirats-Pflicht bestehen. Genaugenommen aber verstößt ein Jude, der dem alten Gesetz zur Levirats-Ehe auch heute noch folgt, gegen die rabbinische Rechtsprechung, die eben diese alte Praxis abgeschafft hat. Wer also verhält sich nun wirklich gesetzeskonform?

Die Frage rührt an den grundlegenden Konflikt, wie und nach welchen Kriterien wir Juden denn nun entscheiden, welche Regeln einzuhalten und welche als nicht mehr zeitgemäß, als überholt, als veraltet zu betrachten sind, zumal sich neben den eigentlichen halachischen Gesetzen eine Vielzahl von Gebräuchen eingebürgert hat, die infolge der Tradition so sehr zur Selbstverständlichkeit geworden sind, daß sie – ohne direkt Gesetzescharakter zu haben – in unserem alltäglichen Verständnis doch schon den Charakter von Normen besitzen.

Für einige von uns relativiert sich die Frage dadurch, daß sie infolge von Erziehung oder durch eigene Entscheidung als Erwachsene beschließen, ein Leben als orthodoxe Juden zu leben. Diese grundlegende Entscheidung macht weitere Debatten in bestimmten Einzelfragen überflüssig, denn als Orthodoxe, also als gesetzestreue Juden, sind sie der Wahl enthoben, welche Vorschriften sie einhalten sollten und welche entbehrlich wären. Für sie gelten alle aufgeschriebenen Regeln, über deren Auslegung und Umsetzung es eine reichhaltige Sammlung rabbinischer Literatur gibt – und in Zweifelsfragen ist da ja immerhin noch der Rabbi, dessen Einzelfall-Entscheidung einzuholen eine gute und alte jüdische Tradition ist.

Am anderen Ende unseres Spektrums, bei den Liberalen und Reformern, ist die Welt so einfach nicht. Zwar machen sie es sich

ungleich leichter mit der Einhaltung bzw. Nicht-Einhaltung zahlreicher Shabbat- oder Speisevorschriften, doch ihre grundlegende Entscheidung – nämlich nicht alle geschriebenen Religionsgesetze als in der heutigen Zeit noch gültig anzuerkennen – sorgt für ständiges Kopfzerbrechen: Was gilt noch als zeitgemäß, was widerspricht der modernen Auffassung von Gleichheit vor dem Gesetz, nämlich beispielsweise die Geschlechtertrennung in der nach orthodoxem oder traditionellem Ritus geführten Synagoge.
In den jüdischen Gemeinden in den USA, immerhin die größte nationale jüdische Gemeinschaft in der Welt, bereiten bei den sogenannten Conservatives (die freilich alles andere als konservativ sind) und bei den sogenannten Reconstructionists, einer ebenfalls zur liberalen Richtung zählenden Gruppierung, bestimmte, von der Mitgliederversammlung gewählte Ausschüsse etwaige Regeländerungen vor, die dann von der Gemeindeversammlung abschließend zu befinden sind und als für die Gemeinde allgemeingültig beschlossen werden. Die Reformgemeinden gehen noch weiter: Sie überlassen es jedem einzelnen, für sich selbst zu entscheiden, was er als bindend betrachtet und was nicht.
Es sind tatsächlich nicht wenige, die sich durch so viel individuelle Freiheit angesprochen fühlen und das bißchen, das ihnen als Rest an Tradition noch geblieben ist, dafür um so bewußter und mit größerer Bereitschaft praktizieren. Ich aber sähe nun wirklich keinen Vorteil in dieser Praxis. Denn was wäre der Preis, den wir zu zahlen hätten, wenn wir uns mit der Schmalspur-Version eines abgespeckten Judentums zufriedengäben? Wir würden Gefahr laufen, eine der ersten und bedeutungsvollsten Pflichten an den Nagel zu hängen, die uns aufgegeben ist, nämlich die seit Jahrtausenden stets ernstgenommene Übung, das Judentum mit seinen wesentlichen Inhalten von Generation zu Generation weiterzugeben und es dadurch am Leben zu erhalten, allen modernen Strömungen zum Trotz.
Schließlich sollten wir doch die Sätze unseres bedeutsamsten Gebets, des Schma Israel, unseres Glaubensbekenntnisses an den einen und einzigen G"tt, diesem Grundgesetz des Monotheismus, nicht einfach nur so dahersagen, sondern sie gelegentlich auch einmal beherzigen, diese Sätze, die da lauten: »Und du sollst dir meine Worte zu Herzen nehmen und sie deinen Kindern beibrin-

gen, und du sollst davon sprechen, wenn du in deinem Haus sitzt und wenn du unterwegs bist, wenn du dich niederlegst und wenn du aufstehst.«

Andererseits gehört es ebenso zu den jüdischen Traditionen, das Streben nach dem »Chidush« ernst zu nehmen. Ein »Chidush« ist eine neue Interpretation, sagen wir, ein weiterer Kommentar zur Reihe bereits erarbeiteter Kommentare über ein Gesetz. In unserer Tradition heißt es, jeder Jude werde geboren, um wenigstens einen »Chidush« beizutragen, eine neue Erkenntnis, wie die Thora zu verstehen, zu interpretieren ist. Sehen wir es also positiv: Selbst der erschreckendste Reform-Vorstoß braucht unter diesem Aspekt also nichts anderes zu sein als ein Gedankenspiel zur Erfüllung unserer Aufgabe, neue Interpretationen zu dem einen und einzigen Text zu liefern. Und Gedanken haben schließlich auch das Recht, nicht überdauern zu müssen oder sich, irgendwann, als falsch zu erweisen.

Sozialethische Fragen

Wo der Himmel die Erde berührt

Städte haben ihre sehr eigene und gelegentlich ganz besondere Faszination, die sie auf uns Menschen ausüben. Sie sind Orte von Geschichte und Geschichten, sie bündeln Leben und Kultur. Städtenamen wie London, Paris und New York stehen für Attraktionen, Lifestyle, Abwechslung. Für uns Juden aber hat keine andere Stadt auf der Welt die Bedeutung, wie Jerusalem sie hat. Jeruschalajim, die Stadt, für die Rabbi Morris Kertzer die schönste Beschreibung gefunden hat, die ich mir für eine Stadt auf diesem Globus vorstellen kann: Wenn es einen Ort gebe, an dem der Himmel die Erde berühre, dann sei es Jerusalem.

Seit gut 3000 Jahren leben Juden in Jerusalem, der Stadt Davids und Salomons, die ihnen, solange ein unabhängiger jüdischer Staat bestanden hat, nicht nur nationale Hauptstadt war, sondern mindestens so sehr geistiges Zentrum ihres Glaubens. Und nicht wenige sind es, die Jerusalem gar als Mittelpunkt des Universums selbst ansehen, als den Ort, an dem dereinst sich alles zusammenfinden wird, wenn der Maschiach kommt.

Dreimal pro Tag, 365 Tage des Jahres, haben Juden gut 2000 Jahre lang für das Wohl der heiligen Stadt gebetet. Bei jeder Chuppa, jeder jüdischen Trauung, tauschen Braut und Bräutigam ihr Treuegelübde mit dem Segensspruch aus, daß die Freude nach Jerusalem zurückkehren möge. Bei jeder Bestattung wird den Trauernden am Grab ihrer teuren Verstorbenen Beistand mit dem Gebet gegeben, daß sie mit jenen getröstet werden, die um Jerusalem trauern. Seit undenklichen Zeiten sehnen sich die Frommen danach, in den Mauern der heiligen Stadt beigesetzt zu werden. Und an Pessach beenden wir unseren Sederabend stets mit dem Satz: »Nächstes Jahr in Jerusalem.«

Wie sehr Jerusalem zu allen Zeiten im Mittelpunkt der geheiligten Landkarte von uns Juden stand, wird vielleicht deutlich durch die Art und Weise, in der früher jüdische Menschen ihre Briefe zu beenden pflegten: Nicht »Hochachtungsvoll« und nicht »Freundliche Grüße« schrieben sie dort als Schlußformel, sondern die Worte »Beten Sie für das Wohl Jerusalems«.

Zu allen Zeiten haben Juden in Jerusalem gelebt, mal waren es mehr, mal weniger. Die Zeiten, da die jüdische Einwohnerschaft einen nur geringen Prozentsatz aufwies, waren jedoch stets durch Invasoren erzwungene Situationen, etwa nach dem Einfall der Babylonier oder nach dem Fall der Stadt nach langer römischer Belagerung. Nie geschah es freiwillig, daß die jüdischen Einwohner ihre Stadt verließen. Und wenn sie so gezwungenermaßen »außerhalb des Landes« waren, wie das auch heute noch sehr gebräuchliche hebräische Idiom »Chuz laArez« auf deutsch lautet, dann sprachen sie stets davon, in der Galut zu sein, in der Diaspora, im Exil. Und stets waren sie von dem tiefverwurzelten Wunsch beseelt, so bald wie irgend möglich nach Hause zurückzukehren. Jerusalem war immer in ihren Herzen und ihren Köpfen.

Jenseits aller historischen und religiösen Gründe für die tiefe Beziehung zu Jerusalem gibt es für Juden seit jeher eine Reihe rechtlicher und politischer Begründungen für den Anspruch auf die Heilige Stadt. Dazu zählt, was *so* vermutlich gar nicht weithin bekannt ist, der Umfang der jüdischen Einwohnerschaft in der Stadt, die spätestens seit 1844 die eindeutige Mehrheit darstellt. In den zwanziger Jahren des vorigen Jahrhunderts lag das Verhältnis der jüdischen zur muslimischen Bevölkerung bei drei zu eins, und 1948, dem Jahr der Wiedergeburt Israels als neuzeitlicher nationaler Staat, standen immerhin 100.000 jüdische Einwohner den 40.000 muslimischen gegenüber. Und natürlich wurde Jerusalem nach seiner Befreiung im Unabhängigkeitskrieg wieder zur Hauptstadt des jüdischen Staates, während die im Land ansässigen Araber, die damals noch nicht unter dem politischen Begriff »Palästinenser« benannt wurden, die Stadt Ramle zur Zentrale ihrer Selbstverwaltung erkoren.

Der Preis, den die Israelis für den Waffenstillstand mit den sie umgebenden feindlichen arabischen Staaten zu zahlen hatten, war freilich die Teilung der Heiligen Stadt in einen israelischen und einen jordanischen Teil. So wurde Jerusalem zum nahöstlichen Spiegelbild der deutschen Hauptstadt Berlin als Symbol einer geteilten Stadt. Und wie in Berlin, wo sich gelegentlich und je nach amerikanisch-sowjetischer Großwetterlage am Grenzübergang »Checkpoint Charly« die Panzer mit emporgereckten Kanonenrohren drohend gegenüberstanden, gehörten auch in Jerusalem

Scharfschützen, Gewehre und Sandsäcke zum prägenden und bestimmenden Bild an der innerstädtischen Grenze.
Ich erinnere mich noch genau, als Jugendlicher Anfang der sechziger Jahre auf einem für Touristen eingerichteten Aussichtsgerüst gestanden und in die Altstadt geblickt zu haben, dort wo sich die schmalen Gassen des arabischen Basars zu einem großen Platz öffneten, auf dem sich nach einigen Metern der Kottel erhob, die legendäre Klagemauer, der letzte erhalten gebliebene Rest des von den Römern vor 2000 Jahren zerstörten Tempels; die Klagemauer, der geheiligte Ort, an dem zu beten eines jeden Juden Traum war und ist; der Ort, der beinahe in Nähe eines Steinwurfes lag – und doch so unerreichbar fern war, denn die Jordanier verwehrten allen Juden den Zugang zu dieser geheiligten Stätte. Nicht nur den israelischen Juden. Sondern allen, einerlei welchen Paß sie vorweisen konnten und welche Staatsangehörigkeit sie besaßen.
Es erzürnt mich immer wieder, die ungleiche Bewertung erleben zu müssen, die Politiker oder politische Kommentatoren von Medien an den Tag legen, wenn sie über diesen Aspekt der Geschichte Jerusalems reden. Zu keiner Zeit war den Empfindungen anderer Religionen so viel Respekt entgegengebracht worden wie seit der Befreiung und Vereinigung Jerusalems im sogenannten Sechs-Tage-Krieg des Jahres 1967. Seither stehen alle religiösen Stätten Jerusalems, welchem Glauben auch immer sie heilig sind, jedermann offen, ja werden sogar von der israelischen Administration mit besonderer Sorgfalt zugänglich gemacht. Jeder christliche Pilger hat jede Möglichkeit, zu jedem nur denkbaren Ort historischer oder religiöser Bedeutung zu gelangen. Jeder arabische Besucher hat – wenn nicht gerade wieder ein Bombenattentat palästinensischer Terroristen die israelische Polizei zu besonderen Sicherheitsmaßnahmen zwingt – jeden freien Zugang zur Omar- und El-Aksa-Moschee, die sich auf dem Hügel hinter der Klagemauer erheben. Dies hatte auch unter jordanischer Besatzung gegolten. Nur den Juden war jeder Weg versperrt gewesen – und es hatte weder die Politiker noch die Kommentatoren der Welt sonderlich gestört.
Ich habe es ebenfalls selbst erlebt, mit welch sorgsamer und einfühlsamer Vorsicht israelische Grenzsoldaten darauf bedacht waren, die Gefühle arabischer Besucher der heiligen Stätten nur ja

nicht zu beeinträchtigen. Es war am Ende des Ramadan, des moslemischen Fastenmonats, als ich anläßlich eines Aufenthalts in Jerusalem die Gelegenheit zum Besuch der Klagemauer nutzen wollte. Wiederholt wurde ich von Soldaten gehindert, aus dem Basar auf den Platz vor dem Kottel zu gelangen, während Araber, die sich als solche auswiesen, ungehindert weitergehen konnten. Auf die Frage nach dem Grund wurde mir bedeutet, es sei ein moslemischer Feiertag und die Betenden dürften nicht gestört werden. So viel Einfühlungsvermögen hätte ich mir auch dreieinhalb Jahrzehnte zuvor gewünscht, als wir sehnsuchtsvoll in den jordanisch besetzten Teil blickten und nur davon träumen konnten, die Klagemauer mit unseren eigenen Händen zu berühren. Es lebe der Unterschied, man muß nur von ihm wissen.

Heute herrschen, G"tt sei Dank, veränderte Verhältnisse. Und der Frieden mit dem Nachbarland Jordanien scheint immerhin einer der stabileren mit einem Partner aus dem arabischen Lager zu sein. Für den Friedensschluß haben beide Seiten Kompromisse eingehen müssen.

Die politischen Probleme um Jerusalem resultieren nun einmal aus der Tatsache, daß diese Stadt Juden, Christen und Moslems heilig ist. Für uns ist sie die Stadt Davids und Salomons, die Stadt des Heiligen Tempels, der Mittelpunkt unseres religiösen Lebens. Für Christen ist sie die Stadt, in der Jesus lebte und predigte, der Ort seines Leidens und Sterbens. Und für die Moslems ist sie, nach Mekka und Medina in Saudi-Arabien, der Ort des dritten Heiligtums, des Felsendoms nämlich als jener Stelle, wo Mohammed nach seinem Ritt durch die Lüfte gelandet und anschließend auf einer Leiter in den Himmel aufgestiegen sein soll. Der christliche Besitzanspruch hat sich seit den blutrünstigen Zeiten der Kreuzfahrer immerhin etwas abgeschliffen; geblieben aber ist Jerusalem als Zankapfel zwischen Moslems und Juden, ein Streit, der immer mal wieder aufflackert, auch wenn es zwischendurch Phasen eines funktionierenden Miteinanders und daraus resultierender Hoffnungen gibt.

Wie auch immer die Zukunft Jerusalems aussehen mag, zu welchen weisen Ratschlüssen die Politik auch immer kommen mag, für uns Juden ist die Heilige Stadt stets gegenwärtig, wo auch immer auf der Welt wir uns aufhalten oder leben mögen. Und wenn

das Ende irdischer Existenz sich ankündigen sollte, dann treffen manche Juden, wo auch immer auf der Welt sie leben mögen, eine Vorsorge der besonderen Art, nämlich das Bestreben, ihre Beisetzung in der Heiligen Stadt zu ermöglichen. Ein nicht ganz einfach zu bewerkstelligender und auch nicht ganz preiswerter letzter Wille, aber einer, der seine Gründe tief in der Tradition hat.
Jerusalem ist der immerwährende Gegenstand unserer Gebete, und dies nicht allein am Sederabend zu Pessach, wenn wir den festlich-feierlichen Tag ausklingen lassen, indem wir ein letztes Mal den Kidduschbecher erheben, um für diesen Abend die letzte Bracha, den letzten Segensspruch, auszubringen, der mit den Worten endet: »Schana habaa be Jeruschalajim«, »Nächstes Jahr in Jerusalem.« In diesen Momenten wird Jerusalem zum Symbol der Hoffnung auf eine bessere Zeit. »Nächstes Jahr in Jerusalem« – das ist Ausdruck der Sehnsucht, daß die Menschheit eines fernen Tages erleben möge, daß die ganze Welt Jerusalem ist: Jerusalem, die friedvolle, Jerusalem, die goldene, Jerusalem, die Stadt, in der die Sonne brennt, doch die Luft angenehm kühl ist, Jerusalem, die Stadt, die manchmal dem Himmel ein kleines Stückchen näher scheint. Die Stadt, da der Himmel die Erde berührt.

Wenn der Maschiach kommt ...

Einer der besonders bedeutsamen Grundpfeiler traditionellen Judentums ist die feste Überzeugung, daß eines zukünftigen Tages der Maschiach kommen und damit das messianische Zeitalter beginnen werde. So steht es in unserem Gebet des Ani maamim, den 13 Glaubensstufen des Moses Maimonides, und so sagen es alle, die das Schmone-Essre-Gebet, das Achtzehnbittengebet, in seiner hergebrachten Form beten, sei es nun dreimal am Tag, sei es nur während des werktäglichen Schacharit, dem Morgengebet, oder im Shabbat-G"ttesdienst.

Einige rabbinische Lehrer unseres Zeitalters gehen davon aus, daß die Erwartung in das Kommen des Maschiach gar nicht von Anbeginn an Bestandteil jüdischen Glaubens gewesen, sondern erst in späterer Zeit jüdischer Geschichte eingeführt worden sei, namentlich während der Ära der Propheten. Dies ergebe sich aus dem Umstand, daß das Erscheinen des Maschiach an keiner Stelle der Thora, also der Fünf Bücher Moses, erwähnt sei.

Traditionelle Rabbiner halten dagegen, daß die Vorstellung und Überzeugung, der Maschiach sei zu erwarten, immer und zu allen Zeiten wesentlicher Teil des Judentums gewesen sei. Als Begründung dafür, daß er in der Thora nicht explizit genannt werde, führen sie das Bestreben an, die Thora in einer allgemein und für alle verständlichen Sprache zu formulieren. Das eher abstrakte Denken, das mit einer ferneren, spirituellen Erwartung verknüpft sei, hätte manche Menschen der früheren Jahre überfordert. Dennoch enthalte die Thora sehr wohl unterschiedliche Verweise auf das Ende aller Tage, nichts anderes also als die Zeit des Maschiach. So gesehen finde sich dessen in irgendeiner Zukunft erwartete Ankunft sehr wohl auch in der Thora.

Wichtiger als die Debatte, an welcher Stelle der Heiligen Schriften der Maschiach erstmals namentlich oder indirekt erwähnt worden sein könnte, ist die Bedeutung des Wortes. Denn »Maschiach« bedeutet in seiner Übersetzung »der Gesalbte« und nimmt mithin Bezug auf die in der Frühzeit praktizierte Übung, Könige mit Öl zu salben, wenn sie den Thron bestiegen. Der Maschiach also ist derjenige, der am Ende aller Tage als König gesalbt werden wird.

Anders als die weitverbreitete christliche Interpretation bedeutet »Maschiach« für uns Juden hingegen nicht »Erlöser«. Die Einordnung eines g"ttlichen oder halbg"ttlichen Wesens, das sich selbst opfert, um alle Menschen von den Folgen ihrer Sünden zu erretten, ist eine rein christliche Vorstellung, die im jüdischen Denken und Glauben keinerlei Entsprechung hat. Da aber diese Vorstellung weltweit verbreitet ist und sich mit dem Begriff des »Messias« verbindet, ist es schon aus Gründen der Unterscheidung angezeigt, statt des aus dem Hebräischen übernommenen Wort »Messias« dessen Ursprung zu gebrauchen, nämlich »Maschiach«.
Beim Propheten Jeremiah (23,5) lesen wir, daß der Maschiach ein bedeutender politischer Führer sein werde, der seinen Stammbaum in direkter Linie bis zu König David zurückverfolgen kann. Deshalb wird er bei uns Juden häufig auch »Maschiach ben David«, also Maschiach, Sohn Davids, genannt. Er werde, so lernen wir es von Generation zu Generation, ein kenntnisreicher Experte jüdischen Rechts sein, tiefgläubig und von der charismatischen Fähigkeit ausgezeichnet, andere seinem Beispiel folgen zu lassen. Er soll überdies ein erfolgreicher Feldherr sein, der Schlachten für Israel gewinnen werde, ein außergewöhnlicher Richter mit ausgeprägtem Empfinden für tiefe Gerechtigkeit, aber – und dies ist die seit allen Generationen unverrückbare Überzeugung im Judentum – ein menschliches, nicht aber ein g"ttliches oder sonstwie mit überirdischen Fähigkeiten ausgestattetes Wesen.
Interessant ist der Verweis auf die Qualifikation als Feldherr, der Kämpfe für Israel erfolgreich bestehen werde. Interessant deshalb, weil diese Überzeugung zu keiner Zeit in jenen nahezu 2000 Jahren angezweifelt wurde, da die Juden weltweit in der Gola, in der Diaspora, lebten und die Möglichkeit, wieder einen eigenen Staat auf dem Fundament des von den Römern so nachhaltig zerstörten Gemeinwesens errichten zu können, keineswegs in erkennbarer Nähe gelegen haben kann. So gesehen, läßt sich die Erwartung in den Feldherrn, der siegreich Kämpfe für Israel bestehen werde, wohl eher im übertragenen Sinn verstehen, nämlich als geistiger Kämpfer für den Bestand des Judentums. Auch deshalb, weil Israel nicht nur der Name des im vorigen Jahrhundert neugegründeten Staatswesens ist, sondern ein Synonym für das Volk der Juden im allgemeinen.

Andererseits war die Erwartung an die Wiederbelebung des jüdischen Staates Israel stets gegenwärtig und zu allen Zeiten eine tiefverwurzelte Hoffnung, die in vielen Gebeten ihren Ausdruck gefunden hat. Eben auch, wie bereits erwähnt, in der Schemone Esre, dem Gebet der 18 Benediktionen, und seiner Überzeugung über das Erstehen eines neuen Tempels, in dem dann auch wieder Dankesopfer dargebracht werden können. In jeder Generation, so heißt es, werde ein Mensch geboren, der das Potential in sich trage, Maschiach zu werden. Wenn, zu seinen Lebenszeiten, das sogenannte messianische Zeitalter anbrechen sollte, dann wird er es sein, der seine Aufgabe zu erfüllen hat. Nur: Wann das sein wird, das ist die seit vielen Jahrhunderten immer wieder gestellte Frage, auf die es zwar vielfältige Antworten gibt, die sich jedoch allesamt im Bereich der Mutmaßung, der Erwartung und der Hoffnung bewegen. Was ja schließlich nicht wundern muß, denn genau können wir es ja nun wirklich erst dann wissen, wenn der Maschiach tatsächlich gekommen sein wird – aber dann spielt die Frage nach den Voraussetzungen für sein Erscheinen eigentlich auch keine Rolle mehr. Denn dann ist die von vielen sehnsüchtig erwartete Zeit ja endlich angebrochen.
Einige der größten Denker im Judentum haben sich immer wieder kritisch und ablehnend gegenüber den Versuchen geäußert, die Grundlagen zu diskutieren, die zum Eintreffen des Maschiach führen könnten. Denn, so gaben sie zu bedenken, ein Irrtum in der Voraussage könnte unabsehbare Folgen haben, weil Menschen durch die Fehldeutung und die daraus entstehende Enttäuschung nicht nur den Glauben an die Ankunft des Maschiach verlieren, sondern auch in ihrer gesamten religiösen Überzeugung negativ beeinflußt werden könnten.
Was ja, wie wir wissen, im 17. Jahrhundert tatsächlich geschah, als der falsche Maschiach Shabbtai Zwi tausende von Anhängern um sich scharte – doch dann, unter Todesdrohung der moslemischen Herrscher, zum Islam konvertierte, um sein Leben zu retten, und viele seiner Gefolgsleute es ihm gleichtaten.
Es gibt zwar rabbinische Stimmen, denen zufolge G"tt allein das Datum für die Ankunft des Maschiach bereits festgelegt habe, doch die überwiegend vertretene Auffassung geht dahin, daß menschliches Verhalten selbst die Voraussetzung für dieses Er-

scheinen schaffe. Denn grundsätzlich werde der Maschiach dann kommen, wenn er am meisten gebraucht werde, weil die Welt so sehr der Sünde verfallen sei, oder in einer Zeit, da die Menschen sich die Ankunft am meisten verdient hätten, weil die Welt so gut geworden sei.

Nehmen wir als Beispiel die Annahme, der Maschiach werde dann kommen, wenn ganz Israel – gemeint ist auch hier das gesamte jüdische Volk – so weit sei, daß es in seiner Gesamtheit auch nur einen einzigen Tag lang Reue zeige. Oder: Wenn alle Juden auf der Welt auch nur einen einzigen Shabbat einhalten und alle Shabbat-Gebote sorgsam erfüllen. Oder: In einer Generation, die gänzlich unschuldig sei oder, im Gegenteil, mehr Schuld als je zuvor auf sich geladen habe. Oder schließlich in einer Generation, die jede Hoffnung verloren habe.

Was dann geschehen könnte, das wird in unterschiedlichen Quellen beschrieben. Die Propheten Jesaja und Jeremia sprechen davon, daß der Maschiach politische und geistige Erlösung bringen werde, indem er die Juden aus allen Winkeln der Gola nach Israel holen und Jerusalem wiederherstellen werde. Er werde dort eine Regierung schaffen, die für Juden wie Nichtjuden als Zentrum der Welt gelten werde, er werde den Tempel wiedererrichten und den großen religiösen Gerichtshof wiedereinsetzen.

An vielen Stellen des jüdischen Schrifttums wird die Zeit nach der Ankunft des Maschiach als Olam Haba bezeichnet, als die kommende Welt. Was allerdings zu Irritationen führen kann, denn Olam Haba ist unser gängiger Begriff zur Kennzeichnung des Lebens nach dem Tod, der Umgebung also, in die unsere Seelen Eingang finden, nachdem sie die Hülle ihrer irdischen Existenz verlassen haben. Deswegen und um Mißverständnisse nicht entstehen zu lassen, wird heutzutage im Zusammenhang mit der Ankunft des Maschiach nicht mehr so häufig von Olam Haba, sondern generell vom messianischen Zeitalter gesprochen.

Wie auch immer diese Zeit genannt werden mag, es wird die Zeit sein, da alle Völker in friedlicher Koexistenz miteinander leben, da Haß, Intoleranz und Kriege aufgehört haben zu bestehen, da Mord, Raub und Neid vergessen sein und, wie einige religiöse Autoritäten vermuten, auch die Naturgesetze sich ändern werden, weil dann nämlich wilde Raubtiere nicht länger auf die Jagd nach

Beute gehen werden und die Landwirtschaft den Menschen außerordentlichen Überfluß bringen werde. Andere interpretieren diese Ankündigung nicht im Wortsinne, sondern halten sie für eine Allegorie, die grundsätzlich für Frieden und Wohlstand stehe.
In der christlichen Religion, ich habe das bereits erwähnt, wird der jüdische Mann Jeschu, im Lateinischen Jesus genannt, als Messias verstanden. Selbst wenn wir annehmen, daß die schriftlich vorliegenden Beschreibungen seiner Person in den Evangelien ihn korrekt dargestellt haben, hätte er nach den jüdischen Erwartungen die Mission nicht erfüllt, die wir von Maschiach erwarten und die ich in einigen Einzelheiten hier genannt habe. Deshalb kann er nach unserem Verständnis auch nicht der Maschiach gewesen sein.
Ein anderer jüdischer Mann, der rund ein Jahrhundert nach Jesus geboren wurde, würde – nach unseren Kriterien – schon eher dem Ideal entsprechen, wie es in den jüdischen Schriften als Qualifikation des Maschiach genannt wird, nämlich Schimon ben Kosiba, genannt Bar Kochba, ein charismatischer, brillanter, allerdings wohl auch ziemlich brutaler Feldherr. Rabbi Akiba, ein außergewöhnlicher Kenner der jüdischen Geschichte und des religiösen Lebens, war der festen Überzeugung, Bar Kochba sei der verheißene Maschiach, nachdem er den Kampf gegen das römische Imperium aufgenommen, die Zehnte Legion durch einen Überraschungsangriff geschlagen und das besetzte Jerusalem befreit hatte. Weil er außerdem eine neue Regierung eingesetzt und konkrete Pläne zur Wiederherstellung des Tempels ausgearbeitet hatte, wuchsen damals die Erwartung und die Hoffnung der jüdischen Bevölkerung, den sehnsuchtsvoll erwarteten Maschiach unter sich zu wissen. Daß die Erwartungen sich nicht erfüllen würden, war spätestens dann klar, als die Römer zum Gegenschlag ausholten, Bar Kochba gefangennahmen und ihn schließlich töteten.
Für uns Juden bleibt also die Erkenntnis, daß der wahre und wirkliche Maschiach erst noch kommen wird. Wenn Sie daran Zweifel haben, schauen Sie doch bloß unsere Welt an ...

Kabbala

Wußten Sie schon, daß Sie durch die Lektüre unserer Fernsehzeitschriften mehr über den Zustand der Nation erfahren können als durch so manche Debatte im Bundestag? Ein Blick ins allwöchentliche Fernsehprogramm, zumal das der privaten Sender, beweist uns, was die Nation der Konsumenten wirklich sucht: Es ist das Geheimnisvolle, das Mystische, gewürzt mit einem Schuß Esoterik und einer Prise Aberglauben. Fernsehserien sind »in«, wenn sie auf fremden Planeten spielen, in phantastischen Welten einer anderen Dimension oder wenn sie das Unerklärliche schlechthin zum Gegenstand haben.
Und was es da für den fassungslosen Zuschauer nicht alles zu sehen gibt, wenn er nicht rechtzeitig zur Fernbedienung greift, um sich schließlich doch noch zum Herrn über seine eigenen Entscheidungen zu machen. Vor einiger Zeit habe ich mir den ziemlich verqueren Versuch angesehen, aus einer alten jüdischen Sage, nämlich der vom Prager Golem, und einer amerikanischen Fiction-Serie, nämlich der Akte X, eine Mixtur zu machen, die eine spannende Story ergeben sollte. Wenn Sie meiner Empfehlung folgen, dann lesen Sie besser nach, was immer Sie über den Golem in den Büchern finden. Das ist garantiert interessanter.
Wenn ich es recht bedenke, paßt der Golem natürlich gut in diese Zeit des Phantastischen, des Mystischen und Unwirklichen. Und eigentlich wundert es mich ein wenig, daß in dieser Ära der Suche nach dem Geheimnisvollen und Unerklärlichen, in dieser Hochsaison für Esoteriker, noch niemand auf die Idee gekommen ist, auch die Kabbala für diese Zwecke auszuplündern, das Buch Sohar und die ganze sogenannte jüdische Geheimlehre.
Wie das schon klingt: Geheimlehre! Wer dächte da nicht gleich an Beschwörungsformeln? Und von denen ist es dann kein weiter Weg mehr zu angeblichen Hostienschändungen oder gar Ritualmorden. Wenn das so weitergeht, dann hat das Mittelalter uns bald wieder. Und das war für uns Juden bestimmt nicht eine der besten Zeiten.
In der Tat ist es wohl nur ein kleiner Schritt von der Faszination für Übersinnliches zum Aberglauben. Und hier tut sich ein weites

Feld für Scharlatane auf, die in unserer Zeit aufgeklärten Wissens um die Mächte der Natur sehr wohl ihre Nische zu finden scheinen.

All dies hat mit Kabbala genaugenommen überhaupt nichts zu tun, denn sie ist alles andere als die ihr von Unwissenden oder Halbgebildeten zugeschriebene sogenannte Geheimlehre. Geheim ist sie schon deshalb nicht, weil sie für jedermann zugänglich ist, der sich mit den Inhalten der Kabbala zu beschäftigen sucht. Voller Unerklärlichkeiten aber steckt sie sehr wohl. Und was wir uns nicht erklären können, das bereitet uns ja nicht selten eine unheimliche Furcht.

Nähern wir uns der Kabbala zunächst einmal historisch. Bei ihrem Hauptwerk, dem Buch »Sohar«, zu deutsch: Licht, handelt es sich um eine Schrift, deren eigentlicher Ursprung im Gegensatz zu ihrem Namen »Sohar« ziemlich im Dunkeln geblieben ist. Wir wissen lediglich, daß gegen Ende des 13. Jahrhunderts in Spanien ein Buch aufgetaucht ist, dessen Urheberschaft auch heute noch unklar ist. Einige Schulen vertreten die Auffassung, es stamme aus der Feder des Lehrers und Kabbalisten Rabbi Shimon ben Jochai, der im zweiten Jahrhundert der allgemeinen Zeitrechnung gelebt hatte, sich für die Dauer von 13 Jahren als Einsiedler in eine Höhle zurückgezogen und dort angeblich das Buch »Sohar« geschrieben hatte. Aus Furcht vor Mißbrauch, so heißt es weiter, habe er sein Werk vor der Allgemeinheit versteckt, so gut, daß es jahrhundertelang verschwunden gewesen sei, ehe es dann durch den spanischen Kabbalisten Moses de Leon wiederentdeckt worden sei. Andere Schulen halten dagegen, de Leon sei in Wahrheit der Autor des Buches »Sohar«, dem nur deswegen die mysteriöse Geschichte seiner Entstehung angedichtet worden sei, um es für das Publikum interessanter zu machen.

Interessant und geheimnisumwittert muß es aber durch all die Jahrhunderte für so manchen gewesen sein, der hoffte, durch das angebliche geheime Zauberbuch Macht über andere zu erhalten oder, was im Mittelalter zum sehnsuchtsvollen Alltagsgeschäft gehörte, in ihm die Antwort auf die Frage zu finden, wie man Gold herstellen könne. Und nicht nur suchte die katholische Kirche durch das Studium der Kabbala den erhofften Zugang zu den vermuteten Geheimnissen der Juden zu finden. Selbst von der russischen Herrscherin Katharina der Großen wird erzählt, sie habe Hebräisch lernen wollen, nicht um die Sprache der Bibel zu beherrschen, sondern um das Buch »Sohar« lesen zu können.

Was hätte sie dort wohl vorgefunden? Die Kabbala sagt uns, daß jedes Wort der Thora, ja sogar jeder einzelne Buchstabe, nicht allein seine offenkundig lesbare Botschaft habe, sondern zudem sehr wohl eine geistige Bedeutung. Wer sehr genau zu lesen verstehe, nicht allein zwischen den Zeilen, sondern mit perfekter Fähigkeit zur Interpretation aller Zeichen, für den offenbarten sich am Ende sogar die Geheimnisse der Schöpfung. Weshalb die Kabbalisten seit Jahrhunderten mit ausgesprochener Sorgsamkeit jedes Detail des Thora-Schrifttums wieder und wieder abgewogen haben, um dem Geheimnis der verdeckten Bedeutung auf die Spur zu kommen.

Zwar finde auch ich Geheimnisse spannend und denke nicht selten an den Satz aus dem »Faust«, daß es zwischen Himmel und Erde mehr Dinge gebe, als sich unsere Schulweisheit träumen lasse, doch wenn so viele Kabbalisten so viele Jahrhunderte hindurch studiert und geforscht haben, aber dem Resultat trotz aller Mühen noch immer nicht auf die Spur gekommen sind, dann muß das entweder an der begrenzten geistigen Kapazität von Menschen liegen – oder daran, daß die Geheimnisse nicht zu entschlüsseln sind, ob mit dem Buch »Sohar« oder ohne.

Andererseits: Was die Kabbala als eine ihrer wesentlichen Aussagen vertritt, muß ja nun – im übertragenen Sinn – keineswegs falsch und schlecht sein. Denn die Kabbalisten sind der Auffassung, daß sich in G"ttes Schöpfungsakt ein Fehler eingeschlichen habe, wodurch uneingeplant das Böse entstanden sei. Aufgabe und Ziel menschlicher Existenz sei es deshalb, diesen Defekt zu reparieren. Und so ist aus Sicht der Kabbalisten eben diese Reparatur des Universums das höchste ethische Ziel des Judentums. Anders formuliert, heißt dies: Mit jedem Moment, da ein Jude eine Mizwa erfüllt, eine religiöse Pflicht oder eine gute Tat vollbringt, mit jedem Moment, da ein heiliger Akt vollzogen wird, bewegt sich die Welt ein Stückchen weiter auf das eine große Ziel zu, auf den Zustand, in dem das Böse verschwunden sein wird und Kriege und Leid unbekannt sein werden. Paradiesische Verhältnisse beinahe. Das Ausbessern der durch eine Art g"ttlicher Montagspro-

duktion entstandenen Defekte bezeichnen wir im Hebräischen mit dem Begriff »tikun olam«. Und mit dieser Aufgabe erklären zum Beispiel viele chassidische Juden den Sinn ihrer irdischen Existenz, daß sie nämlich auf die Erde geschickt worden seien, um ihre sehr persönliche Rolle beim »tikun olam« zu spielen. Mit anderen Worten: G"tt habe den Prozeß der Schöpfung zwar vor Äonen begonnen, doch an uns, seinen Partnern im Schöpfungsprozeß, sei es nun, ihn erfolgreich abzuschließen.
Es wird kaum verwundern, daß derlei etwas märchenhafte Weltbilder von den jüdischen Rationalisten nun wirklich nicht geteilt werden. Schon im 19. Jahrhundert war es deshalb zu heftigen Meinungsverschiedenheiten zwischen den Chassidim auf der einen und den Mitnagdim auf der anderen Seite gekommen. Die ersten hatten ihre Zentren in Polen, die anderen in Litauen, und ihnen schien die Kabbala mit all ihrem Mystizismus nicht wirklich wert, in ernsthaften Studien ergründet zu werden.
Eine Position, die sich im Laufe der Jahre durchaus verändert hat. Denn heute sind es auch durchaus rational denkende Menschen, die sich mit der Kabbala beschäftigen, vielleicht auch in der Folge einiger populärer Bücher zum Thema, die das Interesse junger Leute geweckt und so selbst den Zugang zu den Universitäten gefunden haben. Mag sein, daß sie Geschmack an der Erklärung gefunden haben, die von Rabbi Schneer Zalman, dem Gründer der Lubawitsch-Bewegung, überliefert ist: »Salz würzt eine Speise, obwohl es selbst keine Speise ist. Das gleiche gilt für die Kabbala. Für sich selbst genommen, ist sie schwer verständlich und ohne den rechten Geschmack. Aber sie würzt doch die Thora.« In jüngster Zeit ist eine spezielle Innenansicht der jüdischen Mystik, die bis dahin nur einem kleinen Kreis Auserwählter zugänglich war, weltweit bekannt geworden, nämlich das Buch der sogenannten Bibel-Codes. Sie sind Grundlage für das Studium der Thora unter besonderer Berücksichtigung jedes einzelnen Buchstabens, mit deren Hilfe Mystiker glauben, sogar Vorhersagen zu bestimmten Ereignissen treffen zu können.
Wir, die wir uns die Aufgeklärten nennen, haben für derlei angebliche Fähigkeiten meist nur ein müdes Lächeln übrig. Wir reihen sie ein in die Behauptungen über Prophezeiungen, wie es sie zu allen Zeiten, unter allen Völkern und in allen Religionen gegeben

hat. So wie wir das Buch des bekannten Katastrophenmalers Nostradamus in jeder Bahnhofsbuchhandlung finden, ohne daß die Masse seiner Veröffentlichungen bislang irgendeinen nachweisbaren Effekt gehabt oder gar irgendeine Katastrophe verhindert hätte.

Aber auch allen Aufgeklärten sei hier zum Schluß noch etwas mit auf den Weg gegeben, was nicht ohne weiteres erklärbar ist und vielleicht ein bißchen darüber nachdenken läßt, daß unser Wissen einfach zu begrenzt ist, um uns zu der überheblichen Ansicht verleiten zu sollen, es könne nicht sein, was nicht sein darf: Der neuzeitliche Staat Israel ist, wie wir wissen, im Jahre 1948 entstanden, nach dem jüdischen Kalender das Jahr 5708. Der 5708. Absatz der Thora ist Deuteronomium 30,5. Und dort heißt es: »Und der Herr, unser G"tt, wird uns in das Land bringen, das unsere Väter besaßen, und ihr sollt es in Besitz nehmen.«

Was meinen Sie: Zufall? Jedenfalls, derlei Zahlen-Erkenntnisse zu ergründen, das ist Kabbalistik. Und der Satz aus dem »Faust«, daß es mehr Dinge zwischen Himmel und Erde gebe, als sich unsere Schulweisheit träumen lasse, paßt eigentlich auch hier ganz gut.

Die Zehn Gebote

Die Bibel, sagen manche, sei Geschichtsbuch und Gesetzbuch zugleich. Andere halten dagegen, sie sei eher ein Buch der Legenden und ein Krimi, prall gefüllt mit üblen Verbrechen, die Menschen anderen Menschen zugefügt haben. Zugegeben, die Liste der Grausamkeiten ist lang, und die Schilderung der Blutrünstigkeiten würde gut und gern ausreichen für so manches Gewalt-Video.
Die Bibel beschönigt also nicht, sondern schildert die Menschen, wie sie waren und sind. Nur ist diese Schilderung nicht Selbstzweck, um dem Leser einen Schauer des Entsetzens über den Rücken laufen zu lassen, sondern Warnung und Mahnung. Indem sie die Verstöße gegen die g"ttlichen Gesetze auflistet, nimmt sie das vorweg, was jeder Richter in jedem Urteil praktiziert: einen Fall darzustellen, um ihn dann an den geltenden Richtlinien zu messen, ihn also angemessen beurteilen zu können.
Die kürzeste Summe der moralischen Ideale, wie die Bibel sie uns übermittelt, sind aber gewiß die Zehn Gebote. Sie sind gleichsam die »top ten« dessen, was G"tt den Juden als seinen Gesetzeskodex verkünden ließ, also die Meßlatte all dessen, was er künftighin an Einhaltung erwartete. Zehn Gesetze nur? Nicht sonderlich viel. Das ließe sich in der Tat gerade noch befolgen, ohne allzusehr die Freiheiten einzuschränken, die manche Menschen sich im Verhalten anderen gegenüber gern herausnehmen würden.
Wirklich nicht viel? Wenn wir genauer hinschauen, ersetzen die Zehn Gebote leicht ein ganzes Strafgesetzbuch, und um das zu füllen, brauchen wir nicht einmal alle zehn, sondern eigentlich nur die zweiten fünf der Gebote. In der Tat sollen ja die Zehn Gebote nicht auf einer großen Steinplatte geschrieben gewesen sein, sondern auf zwei Tafeln. Warum eigentlich? Weil sie nicht auf eine Tafel paßten? Oder weil Moses es mit der Symmetrie der Gewichtsaufteilung leichter hatte, den mühsamen Abstieg vom Berg Sinai zu bewältigen? Kaum. Dann hätte G"tt leicht ein anderes Material wählen können, um seinen Willen zu den Menschen zu bringen.
Nein, zwei Tafeln deshalb, weil die Zehn Gebote sich eindeutig in zwei Kategorien teilen, in solche, die mit den Verpflichtungen der

Menschen gegenüber ihrem Schöpfer zu tun haben, und in solche, die das Verhalten von Menschen untereinander regeln. Weil aber das eine für die Existenz eines funktionierenden und in ethisch-moralischen Maßstäben handelnden Gemeinwesens so unerläßlich ist wie das andere, gibt es nicht der Zehn Gebote ersten und zweiten Teil, keine graduelle Unterscheidung der Bedeutung also, sondern eine Gleichwertigkeit all dessen, was nun eben unabdingbar ist.

Schauen wir sie uns doch einmal an, die Zehn Gebote. »Ich bin der Herr, Dein G"tt, der Dich aus Ägypten, dem Sklavenhaus, herausgeführt hat«, lautet die erste Feststellung, der Kernsatz des Monotheismus schlechthin, des Glaubens an den einen und einzigen G"tt. Dann folgen die Forderungen, keinen anderen G"tt neben dem einen zu haben, den Namen nicht ohne triftigen Grund zu nennen, den von G"tt gegebenen Shabbat zu heiligen und Vater und Mutter zu ehren.

Die Mensch-zu-Mensch-Kategorie listet auf der zweiten Tafel die Grundsätze des Zusammenlebens untereinander auf, wobei das Gebot, nicht zu töten, natürlich an erster Stelle rangiert, dann das Gebot, keinen Ehebruch zu begehen, niemandem also den Ehepartner abspenstig zu machen oder gar zu rauben, erst dann das Gebot, nicht zu stehlen, nicht falsch Zeugnis gegen einen anderen abzulegen und schließlich das Gebot, nicht das Haus des Nachbarn, seine Frau, seine Mitarbeiter, seine Tiere oder irgend etwas zu begehren, was dem Nachbarn, dem anderen also, gehört.

Es gehört nur ein kleines bißchen Aufmerksamkeit dazu zu erkennen, daß das nach jüdischer Zählung fünfte Gebot, nämlich Vater und Mutter zu ehren, doch sehr viel eher in die Abteilung der zwischenmenschlichen Gebote zählt als in jene der Vorschriften für das Verhalten der Menschen gegenüber dem Schöpfer, wo doch Vater und Mutter schließlich auch menschliche Wesen sind. Genau das ist vor vielen hunderten von Jahren schon einmal einem der Studierenden an einer der alten Talmud-Akademien aufgefallen. Und seither findet sich seine Frage auch im Talmud wieder. Natürlich mit der rabbinischen Antwort darauf. Und die lautet folgendermaßen: Die Gebote auf der ersten Tafel sind nicht allein dem g"ttlichen Schöpfer im Himmel gewidmet, sondern auch unseren Schöpfern auf der Erde. Und das sind nun einmal unsere Eltern, die uns in die Welt gesetzt haben und die schon deshalb eines Respekts würdig sind, wie wir ihn ansonsten nur dem Ewigen bekunden.

Die Zehn Gebote, um es in anderen Worten kurz zu sagen, sind also nicht darauf begrenzt, Menschen eine Gebrauchsanweisung im Umgang mit G"tt zu geben, denn auch Religion definiert sich nicht bloß in dem Verhalten der Menschen gegenüber dem Schöpfer. Religion regelt ebenso auch unser zwischenmenschliches Verhältnis zueinander. Wer von sich sagt, er sei religiös, der muß sich deshalb an ethischen Maßstäben so sehr messen lassen wie an jenen des Glaubens.

Übrigens: Es gibt in den christlichen Religionen eine abweichende Art der Aufzählung der ansonsten identischen Zehn Gebote. So gilt das erste Gebot, »Ich bin der Herr, Dein G"tt«, Katholiken und Protestanten als eine den übrigen Geboten vorgelagerte Feststellung, als ein Präludium sozusagen. Weil damit aber den folgenden neun Punkten ein Gebot fehlen würde, unterteilen die Protestanten das zweite Gebot in zwei Teile, die Katholiken das zehnte Gebot, eines das Haus des Nachbarn, das weitere die Frau des Nachbarn betreffend.

Es gibt im Talmud zahlreiche Midraschim, Erzählungen, deren Thema die Frage der Abwägung ist, was denn nun bedeutsamer sei: die strikte Einhaltung der Gebote gegenüber G"tt oder die Befolgung der Pflicht, sich anderen Menschen gegenüber gesetzeskonform, also den Geboten folgend, zu verhalten. Zunächst sei an die bekannte Geschichte des nichtjüdischen Mannes erinnert, der vor rund 2000 Jahren zu dem berühmten Lehrer Shammai kam und von ihm verlangte, er solle ihn die Thora lehren, während er auf einem Fuß stehe. Shammai, dem die Forderung frech und provokant erschien und der offenbar von »Crash-Kursen« in Judentumskunde nicht viel hielt, warf den Mann aus seinem Haus.

Der Mann wandte sich deshalb an Hillel, einen gleichermaßen hochgeschätzten Rabbi, der für seine Geduld und seine Freundlichkeit bekannt war. Es hätte vielleicht nahegelegen, für einen schlagwortartigen Extrakt des jüdischen Verständnisses der eigenen Religion das Schema Israel zu zitieren, das Glaubensbekenntnis an den einen G"tt, das wir im Deuteronomium 6,5 finden: »Und Du sollst lieben deinen G"tt mit deinem ganzen Herzen und deiner Seele und mit all deiner Kraft.« Aber Hillel entschied sich für eine kurze Formel aus Leviticus 19,18: »Du sollst deinen Nachbarn lieben wie dich selbst.« Andere Übersetzungen benutzen hierfür das als ein bekanntes Sprichwort verbreitete »Was du nicht willst, daß man dir tu', das füg' auch keinem andern zu«. Dies, sagte Hillel, sei das jüdischen Denken in Kürze. Und wenn er mehr darüber wissen wolle, dann solle er gehen und lernen. Was, wie der Midrasch behauptet, der Mann dann auch getan habe.

Wir wissen also, daß das Judentum auf den beiden Gebots-Säulen des Verhaltens gegenüber G"tt und jenes gegenüber den Mitmenschen ruht, ebenso, wie der Dekalog auf zwei Gesetzestafeln geschrieben wurde. Trotzdem fragen wir uns immer wieder, ob es nicht eine Rangfolge zu geben hätte, die bei zwei gleichermaßen bedeutenden Festlegungen eine von beiden doch ein kleines bißchen, eine Nasenlänge vielleicht, vor der anderen sieht. Und wenn wir uns dies schon fragen, dann liefern wir die gefühlsmäßige Antwort sogleich mit, indem wir nämlich den Geboten gegenüber G"tt den Vorzug zu geben bereit sind. Shammai hatte offenbar keine Lust, sich bei der Bewertung der einen Gebots-Tafel gegenüber der anderen festzulegen. Hillel dagegen, wenn er schon gezwungen war, eine Wahl zu treffen, ging von der Annahme aus, daß G"tt mehr interessiert an Menschen ist, die ihresgleichen Gutes tun denn an solchen, die sich einzig und allein auf den G"ttesdienst und die Verehrung des Schöpfers konzentrieren.

Auch hierfür bietet der Talmud einen kleinen Midrasch an, der eine griffige Erklärung parat hat. Er fragt, was es denn wohl für ein Mensch sein müßte, den wir einen gläubigen Narren zu heißen hätten. Und er gibt die Antwort: Da ist ein Mann, der die Gebote der Heiligung des g"ttlichen Namens so ernst nimmt, daß er täglich am Strand steht, eingehüllt in seinen Tallit, um ergeben seine Gebete zu sprechen. Plötzlich hört er im Wasser einen anderen um Hilfe rufen. Doch da er seine Gebete noch nicht zu Ende gesprochen hat, käme es ihm wie ein Frevel vor, wenn er diesem vor der Zeit zu Hilfe eilen wollte. Also eilt er sich, sein Gebet zu beenden, anstatt sich zu eilen, um dem anderen zu helfen. Dies, sagen die Rabbinen, ist ein gläubiger Narr – was wahrscheinlich eine noch vergleichsweise vornehme Formulierung ist.

Jede Mizwa, die wir ausüben, jedes religiöse Gebot, ist von einem Segensspruch begleitet, den wir zuerst aussprechen, bevor wir zu der eigentlichen Mizwa kommen. Warum, fragen unsere Weisen, gibt es dann keinen Segensspruch, den wir vor eine Wohltat zu setzen hätten? Weil, so sagen sie, die Hilfe für die Bedürftigen dann hinter den Worten zurückzustehen hätte, die an G"tt gerichtet würden. In diesem Fall aber könne G"tt warten; ein Mensch in Not dagegen nicht.

Noch nicht!

Der jüdische Humor ist oft gut, weil er so selbstironisch ist. Das kommt freilich nicht von ungefähr. Denn unsere Vorfahren hatten häufig genug allen Grund, die eigene vertrackte Lage zu beklagen, und die Diffamierungen und Verfolgungen, denen sie durch eine weitgehend feindlich gesinnte Umwelt ausgesetzt waren. In derlei beinahe ausweglos scheinenden Situationen greift man ganz gern zu dem oftmals einzig probaten Mittel der gewaltlosen Selbstverteidigung, nämlich dem Humor, am wirkungsvollsten noch dem selbstironischen Humor: Bevor die anderen mit ihren bösen Witzen sich über mich lustig machen, nehme ich mich lieber selbst auf die Schippe – dann habe wenigstens ich etwas zu lachen und die anderen sind um ihr Opfer gebracht und gucken in die Röhre.

Zu den besonders beliebten Themen, die sich für eine selbstironische Darstellung eignen, zählen häufig die nur sehr unzureichend eingehaltenen religiösen Vorschriften, überhaupt das religiöse Leben, von dem man doch weiß, das es die Juden über Jahrtausende zusammengehalten hat. Und natürlich gehört dazu auch unser Verhältnis zu den Rabbinern, unseren Lehrern, die uns die Gesetze und die Traditionen nahebringen – und es dabei alles andere als leicht haben. Wie Lehrer eben.

Denken Sie nur an jenen Rabbiner, der gerade in seine neue Gemeinde gekommen war und vor Beginn des Shabbat-G"ttesdienstes vom Vorsitzenden auf die Seite genommen wurde: »Hören Sie, Rabbi, Sie werden nachher Ihre erste Predigt in unserer Gemeinde halten. Wenn ich Ihnen einen Rat geben darf, dann würde ich bestimmte Themen ausklammern. Zum Beispiel die Teilnahme am Religionsunterricht, weil ja die Kinder oftmals zum Reiten oder ins Ballett müssen und deswegen nun einmal nicht zum Unterricht kommen können; die Shabbat-Ruhe, weil doch viele von uns arbeiten und ihren Lebensunterhalt verdienen müssen; die Kaschrut-Vorschriften, weil die nun einmal aus der Vergangenheit stammen und eigentlich nicht mehr richtig in unsere heutige Zeit passen, ganz abgesehen davon, daß die Hausfrauen ziemliche Probleme damit hätten, immer unterschiedliches Eßgeschirr bereithalten zu müssen.« Als der Rabbiner, sichtlich verunsichert und irritiert, fragte, wenn er nicht über den Religionsunterricht, über den Shabbat und über die Kaschrut reden könne, worüber er denn dann überhaupt sprechen solle, lächelte ihn der Vorsitzende der Gemeinde an und sagte aufmunternd: »Das ist doch überhaupt kein Problem. Sprechen Sie doch einfach über jüdisches Leben.«

Ein gemeiner Witz, nicht wahr? Aber er ist, G"tt sei's geklagt, ziemlich nahe dran an der Realität. Machen wir uns da nichts vor. Doch geteiltes Leid ist, wie wir wissen, halbes Leid. Es geht in anderen Religionen nicht unbedingt besser zu. Zum Weihnachtsfest gab es im Fernsehen kürzlich eine Umfrage, warum Weihnachten gefeiert werde. Die Antworten waren ganz einfach haarsträubend. Etwa auf die Frage, wann Jesus geboren sei. Antwort: »So etwa 400 Jahre vor Christus.« Oder auf die Frage nach den Namen der Heiligen Drei Könige. Antwort: »Vater, Sohn und Heiliger Geist.« Na, wenn das so ist, dann brauchen wir uns über die Ergebnisse der Pisa-Studie ja nicht länger Gedanken zu machen.

Lassen wir aber das Unwissen über das bekannteste aller christlichen Feste und unterhalten wir uns über Jüdischkeit. Bei diesem Thema erinnern wir uns sehr schnell an Franz Rosenzweig, einen der führenden jüdischen Denker des 20. Jahrhunderts, von dem bekannt ist, daß er sehr weltlich aufwuchs und erst nach einem lange geführten inneren Widerstreit seinen Weg zur Religion und zu ihren Traditionen fand – dann allerdings mit großer Überzeugung. Rosenzweig wurde einmal gefragt, ob er Tefillin lege, also die Gebetsriemen, die zum Morgengebet auf Stirn und Oberarm gebunden werden. Rosenzweig, der sich an diesem Punkt seines Lebens offenbar nicht ausreichend vorbereitet fühlte, auch diese religiöse Vorschrift einzuhalten, antwortete: »Noch nicht.« Wir müssen uns diese Antwort zweimal anhören. Er sagte nicht »Nein«, sondern er sagte »Noch nicht«, das heißt, daß er selbst nicht damit rechnete, seine Distanz gegenüber der Religion werde ein Dauerzustand sein. So sehr er sich zu diesem Zeitpunkt auch als noch nicht ausreichend vorbereitet sah, muß er aber doch den Tag erahnt haben, an dem er die Tefillin als natürlichen Ausdruck seiner jüdischen Fortentwicklung anlegen würde.

Ein jüdischer Mensch, der die Absicht hat, die Aufgaben eines stärkeren Bezugs zur Religion seiner Vorfahren ernst zu nehmen

und also die Traditionen zu wahren, wird vielleicht ebenfalls mit Rosenzweigs »Noch nicht« antworten, wenn er sich selbst über seinen persönlichen Standort befragt, also eine selbstkritische Analyse unternimmt.
»Befolgen Sie eigentlich die jüdische Vorschrift, zehn Prozent Ihres Einkommens für Zedaka, für Wohlfahrt, zu geben?« »Noch nicht. Aber ich habe damit begonnen, jährlich einen größeren Teil meines Einkommens für wohltätige Zwecke zu spenden.« »Halten Sie eigentlich den Shabbat zu Hause so ein, wie es das jüdische Gesetz verlangt, um den Tag zu heiligen?« »Noch nicht ganz, aber wir haben damit begonnen, den Kiddusch zu praktizieren, also den Segen über Brot und Wein zu sagen, und auch das Birkat Hamasson, das Dank-Gebet nach der Mahlzeit. Außerdem haben wir uns entschlossen, unseren Fernseher am Shabbat nicht mehr anzuschalten.« »Und halten Sie denn die Gesetze der Kaschrut?« »Noch nicht vollständig, aber wir essen kein Schweinefleisch mehr.«
Die Wichtigkeit, die besondere Bedeutung der »Noch nicht«-Antwort hat damit zu tun, daß sie sowohl auf einen jüdischen Menschen anwendbar ist, der seit vielen Jahren bemüht ist, die religiösen Bestimmungen zu wahren, wie auf einen anderen jüdischen Menschen, der gerade jetzt erst begonnen hat, sein religiöses Judentum zu einem entscheidenden Bestandteil seines alltäglichen Lebens zu machen. »Befolgen Sie die Vorschrift der Zedaka?« »Noch nicht ganz. Ich gebe zwar zehn Prozent meines Einkommens für wohltätige Zwecke, aber ich wende noch nicht genügend Zeit auf, um *selbst* etwas für gute Zwecke zu tun.« »Halten Sie sich an die Gesetze der Kaschrut?« »Wir bemühen uns, die Kaschrut einzuhalten, aber wir sind gewiß noch nicht perfekt in all den unterschiedlichen Verzweigungen. Wir sollten vielleicht auch öfters junge Studenten oder alleinstehende ältere Leute zum Essen einladen, um ihnen die Möglichkeit einer koscheren Mahlzeit zu bieten.«
Es ist wohl wahr: Wenn wir alle, ob Individuum oder in der Gemeinschaft, uns angewöhnt haben werden, mit Rosenzweigs »Noch nicht« zu antworten, dann wäre uns dies bestimmt ein dauerhaftes und hilfreiches Merkzeichen zur Mahnung an selbstgesteckte Ziele. Auch zur Mahnung an die Erfüllung im Glauben.

Denn wenn jeder erkennt, daß wir alle »noch nicht« so weit sind, erkennen wir vielleicht auch, daß es mit gemeinschaftlicher Hilfe füreinander doch leichter funktioniert und daß ein jeder die Hilfe eines anderen gut gebrauchen kann.
Jakob Petuchowski, ein Professor für jüdische Theologie am Hebrew Union College in den Vereinigten Staaten, hat festgestellt, daß aus einer solchen Annäherung an das Judentum, wie sie sich in der Ankündigung des »Noch nicht« zu erkennen gibt, eine Gemeinsamkeit zwischen allen Juden erzeugt werde, deren Verständnis von der Wahrung religiöser Vorschriften ihrem Wunsch entspricht, g"ttliche Gebote anzunehmen und einzuhalten. Es ist dabei eben die Annäherung an Rosenzweigs »Noch nicht«, das vielleicht einen ersten entscheidenden Schritt bedeutet. »Wenn jemand«, sagt Petuchowski, »in einem nicht-koscheren Restaurant statt eines Schweine-Schnitzels ein Rinder-Steak bestellt und dabei meint, die Vorschriften koscheren Speisens einzuhalten, ist dies keineswegs zum Lachen. Auch wenn er von der Wahrung der eigentlichen Vorschrift noch einigermaßen entfernt ist, zeigt er doch, daß seine Wahl – wenn auch auf einer niedrigeren Ebene – dem ernsthaften Willen entspringt, nicht das Fleisch nicht-koscherer Tiere zu essen. Und wenn jemand, der sein bisheriges Leben lang vielleicht ein überzeugter Fleisch-Esser war, nun immer häufiger Fisch bestellt, ist dies doch nur der Ausweis seines ernsthaften Bemühens, dem niedergeschriebenen Willen des Schöpfers zu folgen.«
Wenn ich Ihnen diese Beispiele nenne, dann bedeutet dies gewiß nicht, daß hier imperative Grenzsteine gesetzt werden, innerhalb derer wir uns fortan ohne Flexibilität zu bewegen haben, und es bedeutet ebensowenig, daß ich selbst es in all den von mir angeführten Beispielen zur Perfektion gebracht hätte, daß ich also Vorbild wäre. Auch ich hätte, wenn ich gefragt würde, ob ich mit der Wahrung religiöser Vorschriften weit vorangeschritten sei, zu antworten: »Noch nicht.« Wie weit auch immer unsere individuelle Entwicklung fortgeschritten sein mag, ist es doch zumeist erst der Beginn bei der Antwort auf die Frage: »Auf welche Art mache ich aus meinem Judentum einen bestimmenden Bestandteil meines täglichen Lebens?«
Gerade wir Juden sollten es uns angewöhnt haben, aus der Vergan-

genheit zu lernen. Auch in der Frage unserer eigenen Beziehung zur Religion, die erst dann Tragweite zu erlangen beginnt, wenn sie – über eine bloße theoretische Kenntnis hinaus – im praktischen Leben ihren Niederschlag findet. Viele Juden sind stolz auf die Geschichte ihres Volkes, obwohl sie doch eigentlich nur eine oftmals oberflächliche Kenntnis davon haben. Und dies gilt – seien wir ehrlich – besonders für das in seinem Einfluß vielleicht weitreichendste Buch der Geschichte und die Quelle des Judentums schlechthin, nämlich die Bibel. Mit ihren drei Sektionen – Torah (Lehre), Neviim (Propheten) und Ketuwim (Schriften) – ist sie, wie man sagen könnte, die Verfassung des jüdischen Volkes. Und obwohl die Torah das ganze Jahr hindurch in wöchentlichen Abschnitten in der Synagoge gelesen wird und also jeder regelmäßige Synagogen-Besucher die Gelegenheit hätte, sich wieder und wieder mit der biblischen Geschichte zu beschäftigen, macht es das Torah-Lernen doch erforderlich, die Schrift viel systematischer zu studieren, wenn ihr wahrer Gehalt nicht allein auf die Schilderung historischer Abläufe begrenzt bleiben soll.
Das aber setzt zweierlei voraus: Kenntnis der Inhalte und die Bereitschaft, sie zu vertiefen, sei es nun durch Selbststudium oder durch gemeinschaftliches Lernen. Autodidaktische Annäherung ist, zugegeben, trotz der mittlerweile vorhandenen und durchaus hilfreichen Sekundärliteratur schwierig und erfordert vor allem ein beträchtliches Maß an Selbstdisziplin. Gemeinsames Lernen aber ist, auch und gerade in Deutschland, mangels geeigneter Gelegenheiten kaum möglich. Halt. Es *war* bislang mangels geeigneter Gelegenheiten kaum möglich. Das aber ist jetzt anders, zumindest in ein paar Großstädten, unter anderem in Frankfurt am Main, in Berlin und München, also den für unsere Verhältnisse »Groß-Gemeinden«. In Frankfurt zum Beispiel gibt es seit ein paar Monaten eine Jeschiwa, eine Talmudschule, eingerichtet von der Chabad-Bewegung, den Lubawitschern, und betrieben mit durchaus erstaunlichen Resultaten.
Da kann also, wer es möchte, je nach persönlichem Bildungsgrad Klassen besuchen und an Unterrichtseinheiten teilnehmen, die von erster Beschäftigung mit dem Siddur, unserem Gebetbuch, bis zum Studium der Gemarra, der Auslegung des Talmud, reichen. Bemerkenswert daran ist nicht so sehr die Flexibilität bei den an-

gebotenen Unterrichtszeiten auch am Nachmittag und am Abend und nicht die Großzügigkeit bei den Zugangsvoraussetzungen – es ist vielmehr die Tatsache, daß solche Möglichkeiten zum Lernen *überhaupt* vorhanden sind, und zwar in *Deutschland* vorhanden sind.
Ich will jetzt keinen überzogenen Optimismus im Blick auf kommende Zeiten verbreiten, nur weil in Ansätzen wieder etwas vorhanden ist, was früher nahezu selbstverständlich war. Aber sicher ist auch, daß es noch vor zehn Jahren gewiß nicht vorstellbar war, daß in Deutschland – jenseits irgendwelcher Uni-Seminare – wieder Talmud-Wissen vermittelt werden könnte. Ein kleines Wunder also? Vielleicht auch das. Aber wir Juden sind es ja gewohnt, mit Wundern zu leben. Denn wir wissen nur zu gut: Wer nicht an Wunder glaubt, ist kein Realist.

Zedaka

»Er hat heute mal wieder die Spendierhosen an« – so sagen wir gelegentlich von jemandem, der seinen großzügigen Tag hat und deshalb nicht aufs Geld schaut. Wie viele solch großzügiger Tage hat ein Mensch wohl pro Jahr? Welche Gelegenheiten sind es, bei denen er seine Spendierhosen trägt? Und was ist mit all den anderen Tagen?

Spendierfreudigkeit – nicht allein zur eigenen Freude, weil vielleicht eine Beförderung ansteht, ein Geburtstag oder ein anderes freudiges Jubiläum – Spendierfreudigkeit als Form der Wohltätigkeit gegenüber anderen, Bedürftigen, Armen, in Not Geratenen, ist gewiß auch Ausdruck einer bestimmten Erziehung. Sei es eine politisch motivierte Bereitschaft, zu geben, eine moralisch begründete, sei es eine religiöse. Wer als Kind erlebt, daß seine Eltern den Bedürfnissen von Mitmenschen gegenüber sich durch Wohltätigkeit aufgeschlossen zeigen, der wird auch seinen eigenen Kindern das Beispiel der gebenden Hände vorleben. Und wer gewohnt ist, vor allem den eigenen Reichtum zu mehren, dem wird mitmenschliche Verantwortung nicht so leicht klarzumachen sein.

Argumente finden sich immer, für die eine oder die andere Variante. »Mir hat auch keiner etwas geschenkt.« Dies ist ein Satz, der in vielen Ohren sattsam bekannt klingt. Oder die etwas freundlicher klingende, im Resultat aber nicht andere Version »Jeder ist seines eigenen Glückes Schmied.«

In der jüdischen Tradition freilich ist das Geben fest verankert. Die Zedaka, die Wohltätigkeit, ist bei uns zu einer moralischen Selbstverständlichkeit besonderer Güte erhoben. Das Geben gilt als Mizwa – als gute Tat ebenso wie als religiöse Pflicht.

Natürlich haben nicht allein Juden zu geben gelernt. Deutschland ist eines jener Länder, die es auf mehr als respektable Resultate bringen, wenn Not am Mann ist. Flutkatastrophen oder Hungersnöte, in welchem Winkel der Erde, lösen hierzulande zumeist eine Welle der Hilfsbereitschaft aus. Und die kirchlichen Sammelaktionen, Misereor oder Brot für die Welt, sind bereits so stabilisiert, daß nur noch die Höhe ihrer Erträge hervorgehobene Erwähnung findet, nicht aber die Tatsache des Spendens an sich.

Und doch ist dies nur *eine* Form dessen, was wir Zedaka nennen. Zedaka ist nicht allein die von bestimmten äußeren Anlässen oder zu bestimmten feierlichen Gelegenheiten ausgelöste Wohltätigkeit, sondern es ist die Erkenntnis, das, was man hat, mit jenen zu teilen, die weniger besitzen. Den Bedürftigen zu geben ist einer der wichtigsten jüdischen Werte. Aus jeder Synagoge kennen wir die »Puschkes«, jene Sammelbüchsen, die eine modifizierte jüdische Form der Kollekte darstellen. Es ist bei uns nicht üblich, im Anschluß an den G"ttesdienst die Kollekte herumgehen zu lassen, weil wir ja am Shabbat und an den Hohen Feiertagen, also den Haupt-G"ttesdiensttagen, ohnehin kein Geld anfassen dürfen. Niemand wird folglich aufgefordert, im Angesicht der anderen zu geben, somit eventuell einem schlechten Gewissen zu folgen, sondern es ist ihm überlassen, in aller Stille und ohne daß ihm jemand über die Schulter schaut, seinen Beitrag in die Puschke zu werfen. Dies getreu unserer Überzeugung, daß es die höchste Stufe des Gebens ist, wenn man es in der Anonymität tut, ohne sich seiner Wohltätigkeit zu rühmen.
Früher war es üblich, daß Frauen am Freitagabend Zedaka gaben, bevor sie die Schabbes-Kerzen entzündeten, vor Beginn des Shabbat also. Eine ebenso traditionelle Übung ist es, bei Hochzeiten für Bedürftige zu spenden, denn wie könnte man ein freudiges Ereignis besser feiern und seine Freude schöner mit anderen teilen, als wenn man auch jenen eine Freude macht, die weniger besitzen. Und schließlich gibt es da noch die Praxis, nach einer Beerdigung und beim Verlassen des Friedhofs einen Schein oder ein paar Münzen für die Bedürftigen bereitzuhalten. Übrigens habe ich die Erfahrung gemacht, daß gerade diese letztere Form von Zedaka hierzulande mehr und mehr in den Hintergrund tritt, weil die erwartungsvoll ausgestreckten Hände am Friedhofstor als oftmals zu aufdringlich verstanden werden. Dabei macht sich kaum ein jüdischer Mensch, der in den Traditionen aufgewachsen ist, Gedanken über die Wirkung eines derartigen Verhaltens: Er tut einfach etwas Gutes und gibt schweigend.
Zedaka allein mit Wohltätigkeit zu übersetzen, wird der Bedeutung des Wortes nicht gerecht. »Wohltätigkeit«, das klingt so, als ob man jemandem einen Gefallen tue, indem man sich selbst einschränke, um den anderen am eigenen Wohlstand teilhaben zu

lassen. Wer diese Einstellung zur Grundlage seines wohltätigen Helfens macht, läuft Gefahr, seine eigene Wichtigkeit zu überschätzen und vom Empfänger der Wohltat Dankbarkeit zu erwarten. Das aber ist nicht das jüdische Verständnis hinter der Zedaka. In den Interpretationen unserer Rabbinen klingt dies so: Der Arme, der annimmt, nachdem er vielleicht seinen Stolz bezwingen mußte, tut mehr *für den Spender* als jener für den Armen. Deutlicher wird dies durch eine Übersetzung des Wortes Zedaka, die da lautet: Zedaka heißt »tun, was recht ist«, nicht also eigenen Besitz mit anderen zu teilen, sondern den anderen zu geben, was ihm rechtens zukommt.

Denken wir an die alte jüdische Tradition, ein Zehntel dessen, was wir erarbeiten oder verdienen, als uns eigentlich überhaupt nicht gehörend anzusehen. Es wird uns nur deshalb in die Hand gegeben, damit wir nach unserer Entscheidung es anderen zukommen lassen. Wer diesen Zehnten statt dessen für sich selbst behält, der entzieht einem anderen den ihm gebührenden Teil.

Es gibt ganz unterschiedliche Arten, Zedaka zu praktizieren, manche davon besser als andere. Jemandem, der uns erwartungsvoll anschaut, eine Münze in die Hand zu drücken, ist gewiß auch Zedaka, aber eine um den Preis der möglichen Verlegenheit bei jenem, der uns um die milde Gabe bittet. Deshalb haben unsere Weisen zu allen Zeiten die Auffassung vertreten, daß es in jedem Fall vorzuziehen sei, so zu geben, daß der Arme nicht wisse, von welchem Spender er bedacht worden sei – und der Geber nicht weiß, welcher Arme seiner Zedaka teilhaftig wird.

Ein noch besserer Weg, so lehren die Rabbinen, sei es, Bedürftigen dadurch zu helfen, daß man ihnen ein zeitlich unbegrenztes Darlehen gewährt. Wobei das Darlehen, genaugenommen, keine zur Rückzahlung bestimmte Gabe sein soll, weil der Darlehens-Geber eine Rückerstattung gar nicht erwartet – und der Empfänger im tiefsten Herzen auch weiß, daß er in Wahrheit ein Geschenk erhalten hat. Aber immerhin ist dies ein Weg, den Armen nicht zu beschämen, weil dieser sich vor sich selbst immer damit zu beruhigen vermag, daß er das ihm »auf Zeit« gewährte Geld ja schließlich irgendwann zurückzahlen werde. Irgendwann, dann, wenn es ihm möglich sein sollte.

Freilich, der Nachteil all dieser freundlichen, hilfreichen und wohltätigen Gaben ist es letztlich doch, daß der Arme vermutlich sein Leben lang arm bleiben und immer wieder auf Zedaka angewiesen sein wird. Deswegen gilt es als durchaus höhere Form der menschlichen Mithilfe, einen Bedürftigen zum Partner zu machen, ihn also seinen Lebensunterhalt selbst verdienen zu lassen und ihm mithin die Verlegenheit zu ersparen, Geld zum Überleben annehmen zu müssen, weil ihm keine andere Möglichkeit des Auskommens gegeben ist.

Es ist doch interessant, daß sich all diese Variationen zu tätiger Hilfe für andere in den Debatten und Auslegungen unserer Weisen durch die Jahrhunderte hindurch finden, also viele Generationen vor jenen Diskussionen, wie sie von Sozialpolitikern im Deutschen Bundestag oder in den Länderparlamenten immer mal wieder geführt werden. Da haben wir verschiedentlich und mehrfach die Idee gehört, Sozialhilfeempfängern nicht nur das zukommen zu lassen, was ihnen von Gesetzes wegen ohnehin zusteht, sondern sie mit Arbeitsaufträgen zu versehen, um ihnen das Gefühl zu vermitteln, keine milde Gabe zu erhalten, sondern einen angemessenen Ausgleich für eine von ihnen selbst erbrachte Leistung. Nun muß ich allerdings zugeben, daß dieser wohlmeinende Vorschlag einfacher klingt, als er sich oftmals in die Realität umsetzen ließe. Menschen sind nun einmal höchst unterschiedlich: Die einen lassen sich vom Sozialamt nur sehr ungern unterstützen, reagieren mit Verlegenheit und haben doch keine andere Wahl. Dann gibt es solche, die sich quälen und sich so sehr bescheiden, daß ihnen der mitunter als entwürdigend empfundene Gang zum Sozialamt erspart bleibt – obwohl ihnen die Unterstützung von Rechts wegen sehr wohl zustünde. Und es gibt wieder andere, die mit dem Ausdruck überzeugter Forderung alles in Anspruch nehmen, was ihnen gewährt wird. Aber schließlich dürfen wir auch nicht vergessen, daß so mancher, der nur zu gerne arbeiten ginge, um seinen Lebensunterhalt selbst bestreiten zu können, einfach keine Arbeit findet und deshalb auf eine Form der Überlebenshilfe angewiesen ist, auf die er vielleicht nur allzugern verzichten würde.

Ich denke hier an viele unserer jüdischen Zuwanderer aus der ehemaligen Sowjetunion, die vielleicht in der festen Erwartung nach Deutschland gekommen sind, in diesem Land von Luxus und

Wohlstand ihren wenn auch bescheidenen *eigenen* Weg machen zu können – und die, mitunter verzweifelt, erkennen müssen, daß ihre Arbeitskraft nicht gebraucht wird oder für ihre Kenntnisse und Fähigkeiten kein Bedarf besteht. Da sind sie in völliger Verkennung der Grundlagen eines kapitalistischen Systems hierhergekommen, in der Hoffnung auf ein besseres Leben, und sind urplötzlich gezwungen, ihr Leben als Sozialhilfeempfänger zu verbringen.

Der Wahrheit die Ehre: Vielen von ihnen geht es trotz einer nicht gerade überbordenden staatlichen Unterstützung noch immer deutlich besser als in der Mangelwirtschaft ihrer Herkunftsländer, sie haben vergleichsweise anständige Wohnquartiere, erhalten Kleidergeld, eine umfassende medizinische Versorgung und müssen nicht Hunger leiden. Doch ihr Selbstwertgefühl ist reduziert. Und viele verstehen es nicht, daß sie, die in ihrer alten Heimat Ärzte, Musiker, Wissenschaftler oder Ingenieure waren, nun keine Arbeit finden, sondern auf Wohltaten des Staates angewiesen sein sollen. Und was schlimmer ist: angewiesen *bleiben* sollen.

Sie werden es lernen müssen, sich mit dieser *so* nicht erwarteten Situation abzufinden, so wie sie lernen müssen, daß Jude zu sein nicht allein die Zugehörigkeit zu einer Minderheit bedeutet, die mit Nachteilen zu leben hat (was aus Rußland oder der Ukraine ja nun wirklich zur Genüge bekannt ist), sondern daß die Freiheit der unbehelligten Religionsausübung ganz neue Facetten für die persönliche Lebensführung eröffnet. Und sie werden die Inhalte jener Religion lernen, in die sie hineingeboren wurden und die ihnen durch eine mitunter feindlich gesinnte, mindestens aber häufig ablehnende Umwelt manches Problem in ihrem beruflichen, schulischen oder nachbarschaftlichen Umfeld gebracht hat.

Dann werden sie auch lernen, daß Zedaka, das wohltätige Geben, nicht nur etwas für solche Menschen ist, die über genügend eigenen Besitz verfügen, sondern daß es zum eigentlichen Wesen von Zedaka gehört, daß jeder, der selbst Empfänger von Spenden ist, anderen ebenfalls geben möge – und sei es noch so wenig. Wichtig nämlich ist nicht der Betrag, sondern die Tat an sich.

Glauben Sie nun bloß nicht, ich hielte Ihnen hier einen theoretischen Vortrag voller hehrer Ermahnungen, die im grauen Alltagsgeschäft ohnehin vergessen würden. Denken wir doch an jene spezielle Form von Zedaka, die uns zu einer ganz und gar selbstverständlichen Tradition geworden ist, nämlich das Spenden für Zwecke in Israel. Wie groß ist die Zahl israelischer Organisationen, denen wir zu den unterschiedlichsten Anlässen unseren Obolus zukommen lassen, sei es anläßlich einer Hochzeit, der Geburt eines Kindes oder eines ehrenvollen Thora-Aufrufs in der Synagoge! Wir spenden dem KKL, dem jüdischen Nationalfonds, für die Aufforstung des Landes, wir spenden ORT, dem weltweit größten nichtstaatlichen Erziehungswerk, für den Ausbau des Schulsystems und die praktische Ausbildung Jugendlicher, wir spenden dem Magen David Adom, der israelischen Rotkreuz-Variante, der Wizo, der Kinder- und Jugendalliah, der israelischen Krebshilfe oder, als einer zentralen Organisation zum Aufbau des Landes, dem Keren Hayessod.

Noch mehr als auf Zedaka aber haben wir Juden immer besonderen Wert auf »Gemilut chassadim«, Taten der Güte, gelegt. Zedaka bedeutet, einem anderen aus dem Besitz zu helfen, über den man selbst verfügt, und je wohlhabender man ist, um so mehr kann man schließlich geben. Gemilut chassadim indessen heißt, anderen durch Zeit oder Mühe zu helfen, die man für ihn aufzuwenden bereit ist. Und dazu kann ein jeder beitragen, einerlei wie reich oder wie arm er selbst ist. Sei es, daß wir Krankenbesuche machen, daß wir älteren Menschen beim Einkauf behilflich sind, sie vielleicht einmal zu einer Spazierfahrt einladen, oder sei es, jemandem bei seinen Problemen ein offenes Ohr zu gewähren, ihm einfach zuzuhören, wenn er sprechen möchte.

Gemilleth chesset, wie wir in jiddisch sagen, ist also nicht allein Wohltätigkeit mit Geld, nicht das Abgeben materieller Güter, sondern meint auch all jene Verpflichtungen, die zu den Aufgaben beispielsweise unserer Chewra Kadischa gehören, unserer Heiligen Gesellschaft. Deren Tätigkeit allein mit dem Begriff der »Heiligen *Beerdigungs*bruderschaft« zu übersetzen, wäre bei weitem unzureichend, weil er nur die eine, wenn auch sehr besondere Mizwa der rituellen Totenwaschung und der anschließenden Beisetzung berücksichtigt. Tatsächlich jedoch ist Gemilleth chesset eindeutig mehr, nämlich die Sorge, Pflege und Betreuung von Mitmenschen in schwerer Zeit – bis eben hin zur letzten Ehre.

Die Welt, so heißt es in den Pirke Awot, den weisen Sprüchen unserer Väter, die Welt steht auf drei Säulen: dem Studium der Thora, dem Gebet und Gemilut chassadim. Wer also von sich sagt, er sei ein gläubiger Jude und ein religiöser Mensch, der muß wissen, daß Beten und Lernen nur *ein* Teil seiner Pflichten, seiner Mizwot, ist. Und daß die tätige Mithilfe für den Nächsten im Mittelpunkt seines jüdischen Lebens steht. Möge ein jeder den Grad seiner Religiosität nach diesem Grundsatz für sich selbst erkennen.

Tierschutz

Ein jüdischer Witz behauptet, wenn ein Jude einen Hund hat, dann ist entweder der Hund kein Hund oder der Jude ist kein Jude.
Nun, soweit ich es beurteilen und mich an mein Elternhaus erinnern kann, bin ich durchaus Jude. Und der Hund – den wir haben, ziemlich groß, tiefschwarz und gefährlicher anzusehen, als er in Wirklichkeit ist – ist durchaus ein Hund. Was also stimmt nicht mit dem Witz – oder mit mir?
Es ist schon etwas dran an der erwähnten ironischen Behauptung, die eine Situation beschreibt, wie sie in der Tat über viele Generationen gegolten haben mag – auch wenn heutzutage vieles anders ist. Tatsächlich fand man früher in jüdischen Haushalten weit weniger Hunde oder Katzen als in den Häusern nichtjüdischer Nachbarn. Und für die überzogene Vermenschlichung, mit der manche Tierhalter ihren Vierbeiner hätschelten, hatten viele Juden nur ein verständnisloses Kopfschütteln. Den sogenannten Ostjuden etwa galten die Deutschen als Paradebeispiel für Tierliebe – und gleichzeitige Menschenverachtung. Eine Einschätzung, die sich während der Kriegsjahre in einer schrecklichen Deutlichkeit bestätigte. Denn das Deutschen-Bild war für aber- und abertausende von gepeinigten Juden bestimmt durch uniformierte Herrenmenschen mit ihrem liebsten Kameraden, dem deutschen Schäferhund. Der durfte stets mit einem Stück Fleischwurst rechnen, mochten um ihn herum auch alle Häftlinge an Hunger und Entkräftung sterben.
Solche Bilder hatten sehr wohl ihren Grund, denn sie sind keineswegs aus dem Nichts entstanden. Aber mich interessiert hier eigentlich weniger die Herrenmensch-Schäferhund-Beziehung. Mich interessiert die Frage nach der Beziehung von uns Juden zu den Tieren.
Ich denke, daß es für die Distanz, die jüdische Menschen lange Zeit etwa Hunden gegenüber hatten, viel eher gesellschaftspolitische als religionsgesetzliche Gründe gibt. Allenfalls die Tatsache, daß in unserer Religion die Hygiene und die rituelle Reinlichkeit außerordentlich großgeschrieben werden, mag ein Anlaß gewesen sein, Le-

bensumstände von Mensch und Tier stärker voneinander zu trennen. Die Religionsgesetze dagegen sind eindeutig: Sie verpflichten uns sehr weitgehend zu einer humanitären Einstellung allen Geschöpfen gegenüber und erlegen uns dabei Vorgaben auf, bei deren Kenntnis jeder durchschnittliche deutsche Tierschützer – und die sind ja nicht selten ziemlich fundamentalistisch und mitunter sogar auch militant – blaß vor Neid werden könnte.
In der Tat gibt es im Judentum eine lange Tradition des Mitfühlens und der Sorge um das Wohlergehen von Tieren, als feste Institution in dem Begriff »Zaar baalee chaim« zusammengefaßt, also Schutz vor unnötigem Leiden eines Lebewesens. Die Verpflichtung zu Mitgefühl zieht sich wie ein roter Faden durch die Thora und die Midraschim, durch die Bibel also und die Volkssagen und Erzählungen, nicht minder auch durch die rabbinischen Kommentare zu den Vorschriften, die Responsa, und nicht zuletzt durch die Werke vieler großer jüdischer Schriftsteller. So ist etwa das Töten eines Tieres, wenn diese Handlung nicht mit legitimen, menschlichen Bedürfnissen begründet ist, strikt verboten. Das Quälen eines Tieres gar wird klar und eindeutig als krimineller Akt verurteilt. Dagegen ist es jedermanns Pflicht, sich einer jeden leidenden Kreatur anzunehmen, wovon zahlreiche Geschichten bedeutender Weiser erzählen. Eine der vielleicht entscheidenden Bibelstellen, die das gute Beispiel erwähnen, damit ihm gefolgt werde, ist eine Begebenheit im Buch Exodus: Einst, als Moses die Herde seines Schwiegervaters Jitro hütete, fand er ein entlaufenes Schaf an einer Wasserstelle. Als er erkannte, daß das Tier zu erschöpft war, um wieder zurücklaufen zu können, hob er es auf seine Schultern und trug es den ganzen Weg zur Herde zurück. G"tt, als er dies sah, soll zu Moses gesagt haben: »Du, der du so viel Mitleid mit einem einzelnen Schaf gezeigt hast, du sollst der Schäfer meines Volkes Israel sein.«
Dennoch wird bei uns in Bezug auf Tiere in aller Regel nicht übertrieben. Das Judentum macht sehr wohl Unterschiede und versteht Tiere als keinesfalls dem Menschen ebenbürtig oder gleich. Aber es verwirft auch eindeutig die Ansicht, Tiere seien wertlos und dürften deshalb womöglich entsprechend behandelt werden. Im Gegenteil: Das Tier wird als Geschöpf verstanden, das auf menschliche Hilfe angewiesen ist, und der Mensch ist deshalb

verpflichtet, seinem Schöpfer darin nachzueifern, daß seine Gnade in all seinem Schaffen ist, wie es der Psalm 145 formuliert. Oder in den Worten des großen Rambam, des Lehrers Maimonides', der in seinem berühmten »Führer der Verirrten« schrieb: »Wir müssen uns von Grausamkeiten fernhalten und niemals einem Tier sinnlosen Schmerz zufügen, sondern sollten lernen, stets Mitleid und Gnade walten zu lassen.«

Nun mag die Frage erlaubt sein, warum es dann – wenn das Judentum in seinen Gesetzen und Auslegungen so sehr das Mitleid mit Tieren bekräftigt – überhaupt erlaubt ist, Tiere zu töten, um ihr Fleisch zu essen. In der Tat verweist die Thora darauf, daß bei Erschaffung der Welt Menschen wie Tiere sich ausschließlich von Pflanzen ernährt hätten. Erst nach der großen Sintflut sei es Menschen erlaubt worden, Fleisch zu essen. Diesem Umstand aber suchten unsere frühen Lehrer offenbar dadurch Rechnung zu tragen, daß das Essen von Fleisch erheblich eingeschränkt wurde. Einmal durch die dezidierten Vorschriften für das rituelle Schlachten, das Schächten also. Zum anderen dadurch, daß sehr restriktive Einschränkungen gemacht wurden, welches Fleisch überhaupt verzehrt werden darf. Rabbi Abraham Kook etwa, der Oberrabbiner Jerusalems vor der modernen Staatsgründung und selbst überzeugter Vegetarier, bezeichnete den Einschnitt nach der großen Flut als Beweis für den menschlichen Niedergang, der zu einer Entfremdung von der Welt aller Geschöpfe geführt habe und der allerdings in der messianischen Zeit wieder umgekehrt werde. Und eine ähnliche Veränderung haben ja auch die Propheten schon für die Zeit nach der Ankunft des Maschiach verheißen: Der Wolf wird neben dem Lamm wohnen, der Leopard neben dem Kind liegen und Löwe wie Ochse werden Stroh essen (Jesaia 16,6–7).

Wir kennen eine Vielzahl sehr einschlägiger Verhaltensgebote aus den Büchern Moses, die in unterschiedlichen Beispielen immer wieder neu das Verhältnis von Mensch und Tier beschreiben, stets mit der Zielsetzung, durch das gute Vorbild Regeln für ein angemessenes Verhalten zu vermitteln. Nehmen wir etwa die Jagd. Sie galt lange Zeit als beliebter Zeitvertreib sogenannter besserer Gesellschaftskreise in England wie in Deutschland, in den USA wie in der einstigen Sowjetunion. Was einst dem Adel vorbehalten war, hieß später »Diplomatenjagd« und erfreut sich mancherorts noch heute großer Beliebtheit. Nun mögen Juden vor Konflikten mit ihrem Glauben dadurch verschont geblieben sein, daß sie dem Adel nicht angehörten und zum diplomatischen Korps in nur seltenen Fällen Zugang erhielten. Aber wenn sie ihre religiösen Gebote ernst nehmen, dann ist ihnen die Jagd ohnehin nicht erlaubt. Jedenfalls nicht als Sport und zu keinem anderen Zweck als dem, das erlegte Tier als Nahrung zu nutzen.

Verboten ist im Judentum auch jede Art von Sport auf Kosten von Tieren. Nicht nur der Stierkampf, von dem es im Talmud schon heißt, wer ihm auch nur als Zuschauer beiwohne, der mache sich des Blutvergießens mitschuldig. Auch Rodeos, bei denen Tiere gequält werden, Hahnenkämpfe oder Hundekämpfe fallen unter die Kategorie der unerlaubten Handlungen.

Ein besonderes und gewiß umstrittenes Kapitel hingegen ist das der medizinischen Experimente an Tieren. Jahr für Jahr werden weltweit Millionen von Hunden und Katzen, Affen und Ratten für unzählige Experimente benutzt, medizinische, psychologische, kosmetische Tests oder als Lernmaterial im Namen von Wissenschaft und Forschung. Nun gilt im Judentum die lebensrettende Hilfe für Menschen als höchstes Gut, das ohne Frage sogar die gestrengen Shabbat-Gesetze außer Vollzug setzt. Nur: Wo verlaufen die Grenzen medizinischer Sinnhaftigkeit?

Zwar wird schon im Schulchan Aruch Rabbi Moshe Isserles mit seiner Auslegung zitiert, daß die Gesetze des »Zaar Baale-Chaim«, also Schutz vor Leiden, in den Fällen ausgesetzt werden dürfen, da dies für einen höheren Zweck angemessen erscheine, und auch andere Exegeten der Halacha sind sich einig, daß Tierexperimente dann erlaubt sind, wenn eine direkte Beziehung zwischen Ursache und Wirkung eine medizinische Indikation zugunsten leidender Menschen erfolgversprechend sein läßt. Aber es wird einschränkend darauf verwiesen, daß in jedem Fall alles zu tun ist, um unnötigen und vermeidbaren Schmerz vom Tier fernzuhalten.

Das eigentliche Problem entsteht somit im Fall grundlegender Forschung und der Frage, ob der zu erwartende Nutzen für den Menschen bei einem Tier große Schmerzen auslöst oder nicht. Werden also Tiere gequält und geopfert in der Hoffnung auf die Entdeckung medizinischer Fortschritte, so ist dies eine Grauzone, die von den jüdischen Religionsgesetzen nicht ganz eindeutig und für alle Eventualitäten bindend geklärt ist. Zumal auch die Frage allgemein umstritten ist, was von medizinischem Wert ist und was allein dem unspezifischen Wissensdurst suchender Forscher zugeordnet werden muß.

Der Schlüssel für eine Annäherung an das Problem aus halachischer Sicht mag in Rabbi Isserles Betonung des anderen bzw. höheren Zwecks liegen. Welche »anderen Zwecke« könnten es wohl sein, die alle Gesetze zur Vermeidung von Qualen an Tieren außer Kraft setzen? Der Begriff »Medizin« steht hier fraglos als enggesetzter Rahmen, demzufolge nur als vertretbar anerkannt wird, was ebenso bedeutend ist wie ein bereits verfügbares Heilmittel. Woraus folgt, daß etwa Kosmetiktests so wenig akzeptiert werden wie die Wiederholung solcher Experimente, über die es bereits hinreichende Beschreibungen in der medizinischen Literatur gibt.

Wäre schließlich noch die Frage anzuschneiden, die hierzulande, wo das Denken in Schwarz-Weiß-Kategorien mit gelegentlich besonderer Leidenschaft gepflegt wird, gern debattiert wird, jene Frage, die manche Tierschützer gar in einen neuen Kreuzzug ziehen läßt, die Frage nach dem Schächten nämlich. Ich will jetzt nicht vorwegnehmen, was in dem speziellen Beitrag dazu zu lesen ist. Nur soviel: Es gibt ernst zu nehmende Veterinäre und Physiologen, die davon ausgehen, daß das Schächten eine besonders schmerzlose Methode des Tötens ist. Doch welche medizinischen Thesen auch immer angeführt werden mögen, einen tierschützerischen Fundamentalisten werden sie schwerlich überzeugen. Und mir wird dies mit bloßen Worten schon gar nicht gelingen.

Sollen sie also ihren Glaubenskrieg weiterführen. Wir trösten uns unterdessen mit der Einhaltung unserer halachischen Gebote. Und das ist mehr Tierschutz als in vielen Ländern dieser Erde selbstverständlich.

Schächten

Eine aufmerksam-bemühte katholische Gastgeberin, in der besten Absicht, ihren jüdischen Besucher nicht in Konflikte zu stürzen, versicherte, während sie das Abendessen auftrug: »Sie können ruhig zugreifen, es ist kein Schweinefleisch dabei.«

Diese Einschränkung des jüdischen Speisezettels ist so etwas wie ein auf der ganzen Welt bekannter Mindeststandard, mit dem sogleich unser sehr umfassendes Gebot zu koscherer Lebensweise gleichgesetzt wird. Wer dann dennoch dankend, aber bestimmt mit dem Hinweis ablehnt, er esse nur koscher, der wird zumeist auf Verwunderung stoßen: »Ja, aber es ist doch wirklich nicht vom Schwein.«

Die Tatsache, daß viele, die das Wort »koscher« schon einmal gehört haben, die Kaschrut, das jüdische Reinheitsgebot, auf den Verzicht nur ganz spezieller Tierarten reduzieren, ändert noch nichts an der allerdings bestehenden großen Vielfalt unserer Speisevorschriften.

Es ist bei weitem nicht allein das Schweinefleisch, auf dessen Verzehr wir verzichten – oder verzichten sollten –, es gilt dies ebenso für Raubtiere, Nagetiere und Reptilien, für Pferde, Kamele oder Eisbären, was eigentlich die häufig geäußerte Vermutung ad absurdum führen sollte, das Schweinefleischverbot entstamme den Hygieneerkenntnissen eines heißen Landes, in dem die Juden damals lebten. Mit dem Klima jedenfalls hat die Bestimmung verbotener Tiere nichts zu tun.

Fleisch ausgewählter Tierarten, sei es Geflügel, sei es Rind oder Lamm, ist aber andererseits auch nicht a priori erlaubt, sondern wird erst dadurch koscher, daß es im Einklang mit den rituell religiösen Vorschriften geschlachtet und zubereitet wird. Koscheres Schlachten wird als »Schächten« bezeichnet und ist immer wieder Anlaß zu gewollten oder zufälligen Mißverständnissen, Mißdeutungen, zu Vorurteilen, die aus Unkenntnis erwachsen, oder zu bewußt antisemitischen Verleumdungen.

Vielfach sind es die Tierschützer, die – oft wohl in guter Absicht, wie ich unterstelle – in mitunter heiligem Zorn zum Feldzug gegen das Schächten blasen. Gelegentlich mischt sich in die Phalanx

der Schächt-Gegner aber auch ein schein-heiliger Zorn, aber auf diese Streiter, die nur eher zufällig ein beliebtes Argument aufgreifen, um gegen alles »Jüdische« zu Felde zu ziehen, brauche ich nicht tiefer einzugehen.
Ich will mich statt dessen mit den sachlichen Bedenken und den *nicht* bösartigen Unterstellungen beschäftigen. Hier gilt es zunächst darauf zu verweisen, daß Tierschutz nicht nur in vielen biblischen Vorschriften gefordert wird, sondern die Vermeidung von Grausamkeiten gegenüber Tieren zu den wichtigsten noachitischen Gesetzen zählt, somit also zu den ältesten und bedeutendsten Fundamenten der jüdischen Religion.
Wer das Gesetz der Thora ernst nimmt, der kennt eine Reihe von Einschränkungen in der Behandlung von Tieren, beispielsweise das Verbot der Kastration (von der ich nicht glaube, daß sich Tierschützer in Deutschland sonderlich über derlei Eingriffe empören, zumal wenn es um ihren Kater oder ihren Hund geht); beispielsweise die Auflage, daß am Ruhetag des Menschen auch den Tieren Ruhe zu gewähren ist; beispielsweise das Gebot, erst dann zu essen, wenn man seine eigenen Tiere mit Futter versorgt hat; oder beispielsweise das Verbot, Tiere zu jagen.
Kritiker wenden nun ein, das betäubungslose Schlachten, also das Schächten, gehöre eindeutig ebenfalls in die Kategorie der aufgelisteten Einschränkungen im Sinne des Tierschutzes. Ich habe jedoch keinen Grund, etwa jenen Tierphysiologen zu mißtrauen, die uns erklären, daß der in Einklang mit den Schächt-Vorschriften herbeigeführte Tod mindestens so gnädig sei wie der andere Tod, der Tieren von Menschen zugefügt wird. Der Glaube an diese Annahme wird mir durch die Erkenntnis erleichtert, daß es nur eine einzige streng vorgeschriebene Methode gibt, mit der nach dem jüdischen Gesetz getötet werden darf, nämlich mit einem einzigen scharfen Schnitt, der sofort die Halsschlagader durchtrennen muß. Im Nu ist die Blutzufuhr ins Gehirn unterbrochen, das Tier wird also in Sekundenschnelle bewußtlos, und die jetzt noch feststellbaren Reflexbewegungen der Muskeln sind keinerlei durch irgendwelche Gefühle ausgelösten Reaktionen.
Natürlich ist diese hier wiedergegebene Expertenmeinung eine Position, der von anderen Fachleuten eine abweichende Annahme entgegengehalten wird. Ich möchte jetzt nicht Vermutungen darü-

ber anstellen, ob einem Tier die Bolzenschußmethode womöglich sympathischer sein könnte als die Tötung mittels eines rasiermesserscharfen Schächtmessers. Da ich aber um die strenge Einhaltung unserer Vorschriften durch die Schoichets, die Schächter, weiß, darf ich auch annehmen, wie ernst das Gebot des schmerzlosen Todes beim Schächten genommen wird.

Es ist in diesem Zusammenhang gewiß nicht ohne Bedeutung, daß einem Schoichet eine ausgezeichnete Fachausbildung abverlangt wird, die ihn in die Lage versetzt, ein Tier mit einem einzigen glatten Streich zu töten. Ein kurzes Stocken, ein zweiter Schnitt gar, würde das Fleisch im religiösen Sinne »treife«, also unrein machen, es also nicht zum Verzehr freigeben. Die Geschicklichkeit und das technische Wissen eines Schoichet müssen zudem dem genauen und prüfenden Blick eines Maschgiach, eines Aufsehers, standhalten, der das Fleisch nach dem Ausbluten sorgsam auf Krankheitsspuren untersucht. Gewiß ist diese seit Jahrtausenden geübte Praxis ein Beweis für die außerordentlichen Hygienemaßnahmen, mit denen unsere Vorväter ihrer Zeit um Jahrhunderte voraus waren.

Unter den Gegnern des Schächtens haben sich in letzter Zeit einige vorgebliche Tierschützer dadurch besonders hervorgetan, daß sie in einem unablässigen Feldzug und unter Einschaltung von Staatsanwaltschaft, Ministerien und Landtagen versucht haben, das Schächten nach dem jüdischen Ritus zu diskreditieren. Die dabei von ihnen verwendete Sprache in zahlreichen Kettenbriefen, mit denen jüdische Institutionen behelligt wurden, ist so verräterisch, daß eine sachliche Auseinandersetzung sich im Angesicht dieser Ballung von antisemitischen Worthülsen von selbst verbietet.

Erstaunlicherweise aber ist der immer einmal wieder in unterschiedlicher Intensität auflebende Streit um das Schächten selbst von der geringen Zahl der wöchentlich in Deutschland geschächteten Tiere völlig unabhängig. Und auch das Jagen von Tieren mit all den durch Fehlschüsse hervorgerufenen Qualen war nach meiner Erinnerung zu keiner Zeit auch nur annähernd einer ähnlich vehementen Kritik von Tierschützern ausgesetzt wie das wegen seiner fachlichen Qualität schon gar nicht vergleichbare Schächten.

Ich fürchte, der im Jahre 1967 verstorbene Landesrabbiner von Hessen, Dr. Lichtigfeld s.A., hatte nur zu recht, als er vor beinahe vier Jahrzehnten in einem Memorandum feststellte: »Es braucht kein Wort darüber verloren zu werden, daß bei den Hausschlachtungen, die in großer Anzahl vorkommen, keineswegs tierschützerische Methoden zur Anwendung kommen. Seit alter Zeit ist es unsere Erfahrung, daß die großen Wortführer im Streit bekannte Antisemiten sind. Es liegt diesen Menschen weniger daran, das Tier zu schützen, als dem Juden und dem Judentum eins auszuwischen.«
Ich habe den Eindruck, als ob sich daran auch heute noch nicht allzuviel geändert hat.

Euthanasie und Todesstrafe

»Grau, teurer Freund«, läßt Johann Wolfgang von Goethe seinen Mephistopheles im »Faust« sagen, »grau ist alle Theorie.« Woraus wir also lernen, daß Theorie *eine* Sache ist und die Praxis eine *andere.*

Im Judentum, und speziell im Umgang mit den Vorschriften aus der Vorzeit, wissen wir um die Bandbreite von Theorie und Praxis schon lange. Denn wie anders als durch wenigstens eine gewisse Flexibilität ließe sich in der heutigen Zeit mit Gesetzen leben, die 2000 und mehr Jahre alt sind und die – von so grundsätzlichen und unverrückbaren Feststellungen wie »Du sollst nicht töten« einmal abgesehen – der Zeit angepaßt werden müssen, wenn sie nicht an Bedeutung einbüßen und also beachtet werden sollen.

Aber das Judentum, wird man jetzt vielleicht einwenden, hat ja doch gerade dadurch allen Stürmen getrotzt, daß es sich eben *nicht* angepaßt hat, daß Menschen *nicht* bereit waren, auf die Religionsgesetze zu verzichten, und sie eben *nicht* den Strömungen der Moderne untergeordnet haben. Das ist zweifellos richtig. Aber ebenso ist es auch zutreffend, daß unsere Weisen, gerade während der Jahrhunderte, in denen der Talmud verfaßt und immer wieder ergänzt wurde, Auslegungen gefunden haben, die es möglich machten, mit Gesetzen zu leben, die unter gänzlich anderen Bedingungen entstanden sind und die gleichwohl nicht allzu überkommen wirken. Man denke nur an die heftigen Debatten zwischen den Schulen der fundamentalistischen Sadduzäer und der liberaleren Pharisäer.

Ein recht anschauliches Beispiel für den sich ändernden Verhältnissen angepaßten Umgang mit Gesetzen bietet die Einstellung der jüdischen Rechtsprechung bei Kapitalverbrechen, insbesondere die praktische Anwendung der Todesstrafe. Gerade hier erkennen wir sehr deutlich das funktionierende Wechselspiel zwischen Theorie und Praxis, denn wenn wir es mit der Bibel und ihren Vorgaben genau nehmen, wäre ein sehr eindeutiges Strafmaß vorgeschrieben: »Wer eines anderen Leben genommen hat«, heißt es, »der soll getötet werden.« Schon sehr früh in der jüdischen Geschichte aber setzte, ausgehend von den Debatten skeptischer und einfühlsamer Führungspersönlichkeiten des religiösen und sozialen Lebens, ein Wandel ein, der bei allem Respekt vor der Bibel und ihren Inhalten zu einer flexibleren Anwendung der Gesetzesvorschrift fand. Die Exegeten der Bibel fügten nämlich der ursprünglich buchstabengetreuen Auslegung im Laufe der Jahre immer mehr Hindernisse hinzu, die vor allem den Sinn hatten, einen Angeklagten vor juristischen Fehlurteilen zu schützen. So sehr wurden diese Hindernisse vervollständigt, daß trotz der unverändert gebliebenen biblischen Feststellung über die Art der Sühne die Anwendung der Todesstrafe damit praktisch außer Vollzug gesetzt war.

Dem Talmud zufolge mußte beispielsweise ein Gerichtshof von 23 Richtern sich mit Mordfällen befassen und im Falle eines Schuldspruchs das Todesurteil fällen. Bevor es aber dazu kommen konnte, hatte der Ankläger nachzuweisen, daß die Tat vorsätzlich und geplant verübt worden war, und hatte dazu zwei Zeugen zu präsentieren, denen sich der Angeklagte anvertraut und die beabsichtigte Tat angekündigt hatte. Die Zeugen ihrerseits hatten nachzuweisen, daß sie den potentiellen Mörder von seiner Tat abzubringen versucht hatten, indem sie ihn auf die folgenschweren Konsequenzen hingewiesen hatten. Angesichts dieser strafprozessualen Einengung wundert es nicht, daß in praxi keine Todesurteile mehr gesprochen wurden.

Aber selbst wenn es einem Ankläger möglich gewesen wäre, all diese Steine aus dem Weg zu räumen, und wenn alle 23 Richter einhellig zu der Auffassung gelangt wären, die gravierendste aller denkbaren Strafen sei anzuwenden, eröffnet der Talmud dem Angeklagten noch immer die Chance auf einen Freispruch. Die Rabbinen nämlich, mit aller Skepsis, die zumal in Urteilssprüchen von solcher Tragweite angemessen sein dürfte, woben in die Rechtsprechung einen Merkpunkt des Zweifels ein, der in abgewandelter Form auch in der deutschen Strafprozeßordnung enthalten ist: Wenn nicht ein einziger von 23 Richtern in der Lage gewesen sei, mildernde Umstände für den Angeklagten zu finden, dann müsse die Atmosphäre innerhalb des Gerichts so eindeutig vorbestimmt gewesen sein, daß von einer unparteiischen Abwägung des zu verhandelnden Falles gewiß nicht die Rede sein könne. Ähnlich ist es bei Strafprozessen in Deutschland, wenn ein

Richter wegen Bedenkens gegen seine Unvoreingenommenheit als befangen abgelehnt werden kann.
Das klingt alles ziemlich spitzfindig, was unsere Altvorderen da aufgeschrieben und zur festen Vorgabe gemacht haben. Doch all diese subtilen Einschränkungen hatten letztlich nur ein Ziel: den Buchstaben des biblischen Gesetzes zwar unangetastet zu lassen, gleichwohl aber eine Modifizierung zu finden, die eher dem Geist der Zeit entsprach. Ein Todesurteil, wenn es erst einmal vollstreckt ist, ist immerhin unumkehrbar. Und die Möglichkeit eines menschlichen Fehlers ist nie auszuschließen. Die heutige amerikanische Wirklichkeit lehrt uns dies immer einmal wieder.
In Israel, wiewohl ein Staat mit biblischen Wurzeln, ist die Todesstrafe seit den frühen fünfziger Jahren verboten – außer in Fällen nationalsozialistischer Massenmorde und in Fällen von Kriegsgräueln. Vollstreckt aber wurde sie bislang nur einmal, nämlich in den sechziger Jahren an Adolf Eichmann, dem Organisator des Mordes an Millionen von Juden.
Wie sorgsam die israelische Justiz mit dem folgenschweren Instrument der Todesstrafe umzugehen bereit ist, zeigte sich vor einigen Jahren im Prozeß gegen den mutmaßlichen ukrainischen Massenmörder Demjaniuk, der sich mit einer gefälschten Identität nach Kanada geflüchtet hatte und von dort nach Israel ausgeliefert worden war. In einem aufwendigen Verfahren und unter den Augen zahlreicher internationaler Beobachter fand ein Prozeß statt, in dem der ganze Schrecken der nationalsozialistischen Vernichtungslager noch einmal mitfühlbar wurde – nur um schließlich mit einem Freispruch zu enden. Nicht deshalb, weil Demjaniuks Unschuld sich herausgestellt hätte, sondern weil nicht alle verbliebenen Zweifel auszuräumen waren und in einem demokratischen Rechtsstaat das Prinzip »in dubio pro reo« zu gelten hat, im Zweifel für den Angeklagten. Die zahlreichen einstigen KZ-Gefangenen im Zeugenstand müssen das Urteil des obersten israelischen Gerichts als persönliche Niederlage empfunden haben. Der Rechtsstaat aber hatte ohne Frage gesiegt.
Wenn also der Talmud in der geschilderten Weise mit der Todesstrafe umgeht, wie denkt er dann über die Euthanasie, den sogenannten Gnadentod? Euthanasie hat ja in unseren Ohren deshalb einen so schrecklichen Klang, weil die Nazis auch diese Todes-

form in ein Mordinstrument pervertiert hatten, mit dem sie das von ihnen so bezeichnete »lebensunwerte Leben« ausgelöscht haben, etwa in der Todesanstalt Hadamar, wo Ärzte tagtäglich gegen ihren Human-Eid verstießen und behinderte Menschen in Massen ums Leben brachten. Doch gerade in jüngster Zeit ist die Frage der Euthanasie wieder akut geworden, ausgelöst durch eine veränderte Gesetzgebung in den Niederlanden, die für eine besondere Liberalität in gesellschaftlichen Streitfragen bekannt sind.

Durch alle jüdischen Traditionen zieht sich wie ein roter Faden die Überzeugung, daß unser Leben uns nur geliehen, es also nicht an uns selbst ist, über das Ende unserer irdischen Existenz zu bestimmen. Es sind zahlreiche Fälle aus den Zeiten der gewalttätigen Verfolgungen bekannt, sei es aus der Römerzeit oder den Jahren der mörderischen Kreuzzüge, da jüdische Märtyrer einen qualvollen Tod auf sich nahmen, um für ihre Überzeugung zu stehen, auch für die Überzeugung, sich nicht selbst von den Qualen befreien zu dürfen. Sie gingen stets von dem Grundsatz aus, daß nicht sie es seien, die über Geben oder Nehmen zu entscheiden hätten, sondern G"tt allein. Es gibt heutzutage Rabbiner, die sogar das Rauchen deshalb für gesetzeswidrig halten, weil es nachweislich die Gesundheit schädige und damit Raucher gegen das Gebot verstießen, sich nicht selbst Schaden zufügen zu dürfen.

Auch die gesetzeskonforme Euthanasie, das Töten auf Verlangen im Fall unheilbarer und zutiefst schmerzhafter Erkrankung, ist gegen die jüdische Tradition. Wie so oft gibt es aber nicht nur ein Ja oder ein Nein, nicht nur ein Denken in den Kategorien von Schwarz und Weiß, sondern ein ausbalanciertes Denken, wie wir es auch in anderen Fällen bereits kennengelernt haben. Grundsätzlich widerspricht es zwar dem jüdischen Recht, lebensverlängernde Apparate abzuschalten, um den Tod schneller herbeizuführen. Aber es gibt nirgendwo eine Vorschrift, eben jene Geräte überhaupt anzuwenden. Mag auch dies wieder spitzfindig klingen, so ist es doch einem Arzt, wenn er sich an die Rechtsprechung des Talmud hält, untersagt, eine Apparatur abzustellen, mit der dem todgeweihten Patienten eine Infusion zugeführt wird, aber es ist ihm unter bestimmten Umständen erlaubt, die Infusionsflasche, wenn sie erst einmal geleert ist, nicht wieder neu zu füllen oder auszutauschen.

Das heißt: Wir betrachten Leben als gut, wertvoll und heilig. Wir ahnen aber auch, daß ein Leiden, das wir in unseren schlimmsten Zeiten zu erdulden haben, so übermächtig sein könnte, daß ein würdiges Sterben einen vielleicht sogar noch höheren Wert haben kann. Wir pflegen das Ideal einer unter allen Umständen möglichst zu erstrebenden Lebenserhaltung, aber wir erkennen auch das Extrem der Ausnahme von der Regel. Leben soll bei allen in Einzelfällen möglichen Erschwernissen letztlich immer noch lebenswert sein – und nicht das Siechtum lebender Toter.

Die sorgfältige Abwägung bei der Urteilsfindung wird schließlich auch bei einem Freitod angelegt. Der gilt zwar, wie in anderen Religionen auch, als Verbrechen, aber ist er erst einmal in die Tat umgesetzt, entzieht sich der Täter jeder irdischen Jurisdiktion. Deswegen geht das Judentum zwar in der Theorie harsch mit einem Selbstmörder um, für den die Traditionen eine Bestattung ohne den sonst üblichen Ausdruck an Ehre vorsehen, aber auch hier weist die Praxis Ausnahmen auf, mit denen sich umgehen läßt. Denn schließlich: Wer weiß wohl ganz genau und – trotz aller polizeilichen Ermittlungen – auch wirklich ohne jeden Zweifel, ob der Freitod nicht womöglich ein tragischer Unglücksfall war oder ob der aus dem Leben Geschiedene nicht vielleicht so ernsthaft erkrankt war, daß er nicht mehr Herr seiner eigenen Sinne war, also für sein Verhalten gar nicht verantwortlich gemacht werden kann? Und wer weiß denn, ob er nicht in letzter Sekunde seinen eigenen Entschluß bereut hat, also mit Nachsicht beurteilt werden muß? Der leiseste Schatten eines Zweifels ist nur in den wenigsten Fällen auszuschließen. Deshalb lehrt uns der Talmud, bei jedem Urteil über einen anderen stets die Möglichkeit zu bedenken, daß wir uns irren können.

Ich habe jahrelang zahlreiche Strafprozesse verfolgt, solche, die eine absolut unzweideutige Beweisführung hatten, solche, die auf Geständnissen von Angeklagten basierten, und auch solche, die sogenannte Indizienprozesse waren, also Verfahren, in denen es am Staatsanwalt und seinen Ermittlungen lag, die unabhängigen Richter durch nichts anderes als eine möglichst unumstößliche Kette von Vermutungen von der Schuld des Angeklagten zu überzeugen. Ich habe dabei immer wieder auch Richter erlebt, die von einer so bemerkenswerten Selbstsicherheit waren, daß es einen eigentlich nur schaudern konnte – vor allem bei der Vorstellung, man könnte ihnen durch irgendwelche unglücklichen Umstände und tragischen Zufälle womöglich einmal ausgeliefert sein. Wie tröstlich wäre es da doch, wenn auch solche selbstherrlichen Meister der Entscheidungen sich an die Weisheiten des Talmud hielten: »Bedenke, ehe du dein Urteil über einen anderen sprichst, daß auch du dich irren könntest.«

Trauer

Als kürzlich ein Bekannter, noch viel zu jung an Jahren und Vater zweier kleiner Kinder, ganz plötzlich gestorben war und die Vorbereitungen für seine Beisetzung auf dem jüdischen Friedhof in aller Eile getroffen werden mußten, so wie es das Religionsgesetz für Juden gebietet, da bat die junge Witwe in ihrem Schmerz um eine möglichst kurze Trauerzeremonie, ohne – wie sie sagte – »diesen ganzen Pomp«.

Der Wunsch war vielleicht verständlich, aber er war unangebracht. Und er war das Zeichen der Unkenntnis jüdischer Trauerriten. Ich mache der nichtjüdischen Frau dies ganz gewiß nicht zum Vorwurf, aber wenn sie über die Religion ihres verstorbenen Ehemannes etwas mehr gewußt hätte, dann wäre es ihr geläufig gewesen, daß jüdische Beerdigungen fast immer »ohne Pomp« vorgenommen werden, immer sehr schlicht sind, sehr reduziert auf das leider Unvermeidbare.

Beinahe erscheint es mir, als stünde der Sarg für die gesamte Zeremonie. Dieser ganz einfache, absolut schmucklose Sarg, zusammengezimmert aus rohen Brettern, nicht gebeizt und ohne Zierde. In solchen Särgen werden die Verstorbenen nach unserem Ritus beigesetzt, ein jeder wie der andere, der Reiche wie der Arme, denn im Tod sind sie wieder vereint. Wenn das Wort »Erde zu Erde, Staub zu Staub« seinen Sinn haben soll, dann bedarf es keiner kunstvoll geschnitzten Sargdeckel, keiner metallenen Accessoires und keiner seidenen Auskleidung. Das letzte Hemd hat ohnedies keine Taschen.

Das letzte Hemd, das sind die Tachrichim, jenes Totengewand, das fromme jüdische Männer schon zu Lebzeiten besitzen und das sie einmal im Jahr in der Synagoge tragen: dann nämlich, wenn sie am Jom Kippur, unserem höchsten Feiertag, vor ihren Schöpfer treten und um Vergebung für die Fehlhandlungen im zurückliegenden Jahr bitten. Die Tachrichim sind in der Tat ein »Hemd ohne Taschen«, denn für die Reise nach »Olam Haba«, in die kommende Welt, braucht niemand Gepäck oder Proviant, weder Schmuck noch Geld.

Der Tod, so heißt es, macht alle Menschen gleich. Auch die Trauer vereint. Mag der große Abschied, der letzte gemeinsame Weg, in schmerzerfüllter Schweigsamkeit erfolgen oder in vernehmlich ausgerufener Trauer; wenn ich mir die Trauerzüge vor Augen halte, die letzten Schritte zum offenen Grab, dann verschwinden die Grenzen zwischen den Religionen, dann sehe ich nurmehr Menschen einander gleich in ihren Gefühlen, vereint in ihrem Schmerz.

Bei uns Juden beginnt sofort mit der unmittelbaren Heimkehr von der Beisetzung die Schiwa, die Trauerwoche, während der das Haus nicht verlassen und keine Arbeit geleistet wird. Auch wenn in unseren Zeiten moderner Abkehr von althergebrachten Bräuchen nurmehr wenige sich so streng an die Religionsgesetze halten, daß sie als nächste Hinterbliebene die sieben Schiwa-Tage auf einem niedrigen Schemel sitzend verbringen, ist die Praxis der Schiwa, der Trauerwoche, doch auffallend verbreitet.

Und mehr als bei manch anderem unserer vielen religiösen Ge- und Verbote scheint mir gerade die Schiwa eine besonders kluge, einfühlsame und unmittelbar helfende Institution zu sein. Es ist nämlich üblich, daß während der gesamten Schiwa, in der die Angehörigen sich ganz und gar ihrer Trauer widmen, zahlreiche Freunde und Bekannte ins Trauerhaus kommen, stets Speisen mitbringen, also ebenso geistigen Trost spenden, wie sie auch die Trauernden von den alltäglichen, den profanen Arbeiten entlasten. Auf diese Art erleben die Hinterbliebenen ihre Trauer besonders intensiv, als eine Mischung aus Ablenkung durch die anhaltenden Besuche und konzentrierter Hinwendung an die Erinnerung an den Verstorbenen.

Ich habe, als meine selige Mutter starb, die Anwesenheit der zahlreichen Kondolierenden jedenfalls als genau diese Mischung empfunden: Sie schufen mir einerseits ein Stück ablenkende Erleichterung, führten mich aber andererseits durch den Grund ihrer Anwesenheit ganz konzentriert zurück zum Anlaß der Trauer, wirkten also mit, das Bewußtsein wachzuhalten – und vermittelten, was besonders wichtig ist, das anhaltende, von Tag zu Tag bekräftigte Gefühl, in und mit der Trauer um einen teuren Angehörigen nicht alleingelassen zu sein.

Eine zusätzliche Hilfe ist es, wenn sich am Abend, an jedem Abend der Schiwa, ein Minjan, also das Quorum mindestens zehn erwachsener Männer, im Schiwa-Haus versammelt, um gemeinsam Maariw zu beten und dem hinterbliebenen Erstgeborenen die Möglichkeit zu geben, der Pflicht des Kaddischsagens nachzukommen. Es ist jener Kaddisch, jenes mit »Totengedenken« eigentlich fälschlicherweise übersetzte Gebet, das genaugenommen und viel richtiger eine einzige Anerkenntnis g"ttlicher Größe und seines weisen Ratschlusses ist, das vom Tag der Beisetzung an täglich gesagt werden soll, elf Monate lang bis zum endgültigen Ende der in drei Grade aufgeteilten Trauerzeit.

Es sind dies die Schiwa, die erste strenge Trauerwoche, dann die Schloischim, der Trauermonat, in dem zwar gearbeitet werden darf, man sich aber der Teilnahme an allen Vergnügungen enthält, und schließlich die Zeit bis zum Ende der elf Monate, die das Trauerjahr symbolisieren. Eine Zäsur wird dann gebildet, wenn der Grabstein gesetzt und mit einer schlichten religiösen Handlung gewissermaßen eingeweiht wird. Dies kann unmittelbar nach den Schloischim geschehen, nach den dreißig Trauertagen also, oder, was sich hierzulande mehr eingebürgert hat, nach den elf Trauermonaten.

Die strenge Auflage, während der Schiwa das Haus nicht zu verlassen, sich also ganz der Trauer hinzugeben, einzutauchen in die nicht nur flüchtige und sich verflüchtigende Erinnerung, sondern mit Energie des Verstorbenen zu gedenken, diese Auflage wird nur einmal innerhalb der Schiwa aufgehoben, nämlich am Shabbat. Am Shabbat, so will es unser Religionsgesetz, soll nicht getrauert werden, am Shabbat soll auch der Trauernde sein Haus verlassen, um in die Synagoge zu kommen, eben, um den Shabbat, die feierliche Krönung der Woche, zu heiligen.

Ich hielte es persönlich für einen Euphemismus, anzunehmen, ein Hinterbliebener könnte in den ersten Tagen seines Schmerzes sich urplötzlich und nur, weil der Shabbat naht, seiner Trauer entledigen. Aber genau dies ist auch gar nicht gemeint und nicht gewollt. Denn wie bei der Schiwa im Trauerhaus begegnet den Hinterbliebenen gerade beim ersten Besuch in der Synagoge der spürbare Ausdruck des gesamten Mitgefühls der Gemeinde, der sein zusätzliches Symbol darin findet, daß dort erstmals außer Haus das Kaddischgebet gesprochen wird – so wie fortan elf Monate lang.

Und wenn die Betenden dann gemeinsam das Schma Israel sprechen, das Glaubensbekenntnis an den einen und einzigen G"tt, diese bedeutende Bekräftigung jüdischen Monotheismus, wenn im ansonsten leise aufgesagten Gebet dann laut die Worte »Adonai elohechem emeth« gesprochen werden (Der Herr euer G"tt in Wahrheit), dann sind die Gedanken der Trauernden bei eben diesem Wort »Emeth«, Wahrheit, und seinen Deutungen. Emeth nämlich schreibt man: Aleph, Mem, Taph. Und für Aleph steht Aron (Sarg), für Men steht Mita (Bahre) und für Taph die Tachichim, die Sterbekleider. Und dies zusammen ist es, was man dem Verstorbenen zukommen läßt: Chesset schel emeth, zu deutsch: die letzte Ehre.

Das ehrende Andenken ist eine fest verankerte Aufgabe, die den Angehörigen zeit ihres Lebens auch Ehrenpflicht ist, nicht nur beim Besuch von Kewer Owes, wenn man in den Tagen vor Rosh Hashana, dem jüdischen Neujahrsfest, seinen traditionellen Besuch an den Gräbern seiner Verstorbenen macht.

Es ist ja das ganz besondere Merkmal eines jeden jüdischen Friedhofs, daß er für die Ewigkeit angelegt ist, ein Beth Olam, ein Haus der Ewigkeit, oder Beth haChajim, Haus des ewigen Lebens, eine garantierte Ruhestätte bis zu jenem Tag, da der Maschiach erwartet wird. Deshalb auch gibt es bei uns nicht die Praxis, wie wir sie von christlichen Friedhöfen kennen, daß nämlich ein Grab nach maximal zweimal 25 Jahren aufgelassen, also neu belegt wird.

Nicht nur, daß wir die Grabstellen unserer Verstorbenen nicht neu belegen, wir sorgen mit unserer ganzen Aufmerksamkeit dafür, daß ein jüdisches Grab von Menschenhand absolut unangetastet bleibt. Es besteht bis zu jenem Tag, da neues Leben in anderer Form geschehen wird. Allein die Natur mag hier eingreifen, mag Wurzeln ziehen oder den Grabhügel im Laufe langer Jahre von immer neuer Erde bedecken lassen.

Freilich bedeutet die Einstellung, einen jüdischen Friedhof gleichsam als Sinnbild der Vergänglichkeit alles Lebenden zu verstehen, nun nicht etwa die Überlassung eines Beth Olam sich selbst und allein den Kräften der Natur. Es hat in der Vergangenheit gerade im Zusammenhang mit jüdischer Friedhofspflege viele Mißverständnisse auf nichtjüdischer Seite gegeben – bis hin zum Verzicht auf jede pflegende und ordnende Hand. Dies mag in früheren Zeiten möglich gewesen sein, als Gräber unbefestigt angelegt und Grabsteine einfach in den Erdboden gesteckt wurden. Damals war in der Tat zu erwarten, daß im Laufe der Jahre eine Grasnarbe sie allmählich unter sich bedecken würde, so wie wir dies von einigen sehr alten jüdischen Friedhöfen noch kennen, die an ihren ausgewaschenen und tief eingesunkenen Sandstein-Grabmalen zu erkennen sind.

Heutzutage bedürfen die Gräber eines jüdischen Friedhofs im Gegenteil der besonderen Aufmerksamkeit und Pflege, weil sie mit ihren teils weit mehr als hundert Jahre alten Steinen nicht nur für jüdische Menschen von besonderem – religionsgesetzlichem – Wert sind, sondern für alle anderen einen ebenfalls besonderen kulturhistorischen Wert besitzen sollten. Aber dies ist gleichsam auch ein Symbol unserer Geschichte und der Folgen des größten Völkermordes aller Zeiten: daß es nämlich hierzulande oft nur noch steinerne Zeugen einstiger jüdischer Existenz gibt. Um so tiefer sollte das Verständnis in die Pflicht sein, den Verstorbenen die letzte Ehre zu geben, indem wenigstens ihre Ruhestätten nicht vergessen werden.

Jüdische Identität

Mi Jehudi?

Wir sind Juden, wir leben in Deutschland, wir sind deutsche Staatsbürger. Was also sind wir? Juden in Deutschland, deutsche Juden, jüdische Deutsche? Wie sehen wir selbst uns und wie sehen uns die anderen? Als Angehörige einer Religionsgemeinschaft, eines Volkes oder gar einer Rasse?

Beantworten wir das Abwegigste sofort. Wenn das Judentum eines *nicht* ist, dann eine Rasse. Diesen Unsinn in die Welt gesetzt zu haben dürfen einzig die vereinten Juden-Hasser für sich in Anspruch nehmen, seien sie religiös oder politisch motiviert, in Deutschland obendrein allerdings in konsequenter Einhaltung einer Abstammungsideologie, die sich dezidiert auf das deutsche Blut bezieht – und die in reduzierter Form seltsamerweise auch heute noch als gültig betrachtet wird. Es gibt, wenn es um Juden geht, aber auch noch andere Überbleibsel aus der Zeit der nationalsozialistischen Massen-Gehirnwäsche, man muß nur auf manche verqueren Gedanken achten, die uns selbst im Alltag immer wieder begegnen können.

Rasse also gewiß nicht, denn was sollten wohl die gemeinsamen Rassemerkmale sein, die ich, der jüdische Mensch Moritz Neumann aus Deutschland, mit dem verstorbenen amerikanischen Entertainer Sammy Davis teile? Oder mit den chinesischen Juden der früheren jüdischen Gemeinde von Kanton. Die Hautfarbe jedenfalls nicht. Bleiben also Religion und Volkszugehörigkeit. Aber was ist eigentlich ein Volk? Im Lexikon wird »Volk« als »Gesamtheit der Angehörigen eines Staatsverbands« definiert oder als »Bezeichnung für eine Gruppe, für die nicht die Staatsgrenzen, sondern die Gemeinsamkeit ethnischer Merkmale« Gültigkeit habe. Wohingegen »Nation«, aus dem lateinischen »geboren werden«, ein spätestens seit der Französischen Revolution genau bestimmter Ausdruck für ein in einem staatlich begrenzten Raum lebendes Volk mit gleicher Sprache, gleicher geschichtlicher und relativ einheitlicher kultureller Tradition ist.

Nun verwendet allerdings auch die Thora, die hebräische Bibel, bereits den Begriff des Volkes, entweder unter der Bezeichnung »Gojim«, die Völker, oder als »Am Israel«, das Volk Israel. Mit dem »Am Israel« sind die Juden gemeint, also auch ich. Folglich bin ich ein Angehöriger des Volkes Israel, was freilich nicht zu verwechseln ist mit dem Nationalitätsbegriff des neuzeitlichen Staates Israel, dessen Staatsbürger ich nicht bin.

Ganz gewiß und unbestreitbar aber bin ich ein Angehöriger der jüdischen Religionsgemeinschaft. Diese Zuordnung ist klar und eindeutig, sie ist so etwas wie der kleinste gemeinsame Nenner bei der Suche nach einer greifbaren Definition. Im Selbstverständnis der liberalen Juden zählt einzig die Qualifizierung als Religionsangehöriger bei der Frage nach dem Eigenbegriff, wohingegen die orthodoxen Juden in stärkerer Bindung an das Wort der Thora auch das Volk als Merkmal gebrauchen. Sie folgen damit der Halacha, dem jüdischen Religionsgesetz, das die immerwährende Frage des »Mi Jehudi«, wer also Jude sei, mit der Geburt durch eine jüdische Mutter oder, gleichberechtigt, mit der Konversion zum Judentum, in der Form einer Entscheidung durch ein Rabbinatsgericht, beantwortet.

Dieser Rechtsauffassung entspricht auch der Standpunkt, wer als Jude geboren sei, bleibe immer Jude. Es ist eine Ironie der Weltgeschichte, daß diese Auffassung von den Nazis in ihrem Verfolgungswahn ebenso vertreten wurde, wie sie gelegentlich von Juden selbst gebraucht wird, die sich die Gesetzestreuen nennen. Die mögen, wenn es ihnen Spaß macht, darüber streiten, ob Liz Taylor oder Marylin Monroe, die ihrer jüdischen Ehemänner wegen zum Judentum konvertiert wurden, tatsächlich jüdisch sind, oder Ludwig Börne und Heinrich Heine, die zum Christentum übertraten, nicht in Wahrheit Juden geblieben sind. Aber recht eigenartig würde die Diskussion im Falle des Erzbischofs von Paris, Kardinal Lustiger, der als ziemlich ranghoher kirchlicher Würdenträger einigermaßen eindeutig zu bestimmen ist. Um aber die Verwirrung nur noch größer zu machen, sei daran erinnert, daß selbst der Kardinal einmal von der Kanzel in Notre Dame de Paris den Gläubigen verkündete, er sei Jude.

Der frühere und inzwischen emeritierte liberale Gemeinderabbiner von Berlin, Ernst Stein, teilt die Ansicht, wer einmal Jude gewesen sei, bleibe dies für immer, nicht. Da er die Zugehörigkeit zum Judentum für freiwillig hält, meint er auch, man müsse, ebenso wie man beitreten könne, die Religionsgemeinschaft auch wieder nach eigenem Gutdünken verlassen können. Und er legt sich einmal mehr mit seinen orthodoxen Kollegen an, indem er ihnen vorhält, daß die Stärke einer Religion in ihrer absoluten Freiwilligkeit zu liegen habe, nicht hingegen in einer Erklärung oder einer Feststellung durch Dritte, wie es in der Nazizeit praktiziert wurde.

Andererseits: Rabbiner Steins wohl auch provozierend zu verstehender Verweis auf die Begriffsbeugungen im Dritten Reich macht zwar die Schwierigkeit der Definitionsfindung deutlich, hilft aber kaum weiter, wenn wir die an die Halacha angelehnte Interpretation der Orthodoxen verstehen wollen. Wir können uns einzig auf die Erkenntnis zurückziehen, daß deren Beurteilung eben nur für die von ihnen vertretene Richtung innerhalb des Judentums gilt. Wer sich dagegen der anderen großen Gruppe zurechnet, nämlich den unterschiedlichen Strömungen innerhalb der Liberalen, der wird sich um die Rechtsauffassung der Konkurrenz nicht sonderlich scheren. Und wem das zu unübersichtlich, zu chaotisch gar erscheinen mag, der kann einfach nur zur Kenntnis nehmen, daß das Judentum nun einmal keine dogmatische Religion ist und selbst jahrhundertelang geübte Traditionen ihre Veränderung erfahren können, ohne daß dadurch gleich mit der Religion gebrochen würde. Hätten wir eine dem Papst vergleichbare Institution, könnte manches einfacher sein. Nur mußten im Laufe ihrer Geschichte ja auch die Päpste erkennen, daß ihr Kirchenvolk längst nicht immer brav »ja und amen« zu allem sagt, was aus den Höhen des Heiligen Stuhls nach unten weitergegeben wird.

Wenn zwei das Gleiche tun, sagt ein deutsches Sprichwort, dann ist das noch lange nicht dasselbe. Deshalb sind es auch zweierlei Dinge, wie Juden ihr Judentum definieren und wie es von außen interpretiert wird. Wir in Deutschland lebenden Juden erfahren dies im Alltag immer mal wieder, häufiger jedenfalls, als es uns lieb sein könnte. Etwa dann, wenn wir als Juden mit Israel und den Israelis gleichgesetzt werden. Was nicht nur unbedarft und sachlich falsch ist, sondern eine grundlegende Unkenntnis über die tatsächlichen Verhältnisse offenbart. Denn rund ein Viertel aller israelischen Staatsbürger sind gar keine Juden, sind Muslime, Christen oder Drusen. Richtigerweise käme niemand hierzulande auf die Idee, einen seit fünf Jahrzehnten in Israel lebenden katholischen Mönch, der inzwischen die israelische Staatsbürgerschaft angenommen hat, seiner Staatsangehörigkeit wegen als Juden zu bezeichnen. Aber mich, der ich in Deutschland geboren und deutscher Staatsbürger bin, fragen selbst wohlmeinende Menschen mitunter, ob ich die Politik meiner Regierung ohne Einschränkung verstehen könnte. Und sie meinen damit die Politik der israelischen Regierung.

Dabei bestreite ich ja keineswegs, sehr gefühlvolle Empfindungen für die Situation und für die Menschen in Israel zu haben. Daraus aber sogleich den Schluß zu ziehen, ich müsse angesichts dieser Verbundenheit auch eine öffentlich-rechtliche Bindung in Form eines staatlichen Nachweises der Zugehörigkeit besitzen, dies kann wohl nur durch das typisch deutsche Kästchen-Denken erklärt werden. In den USA jedenfalls käme kein Amerikaner, vom Ku-Klux-Klan vielleicht einmal abgesehen, auf die Idee, die amerikanischen Juden seien israelische Staatsbürger.

Allerdings, dies muß ich zugestehen, haben die amerikanischen Juden auch sehr viel weniger Probleme mit ihrer eigenen Bestimmung als Amerikaner. Was ihnen natürlich leichter fällt, weil es den Holocaust eben nicht auf dem amerikanischen Kontinent gegeben hat, sondern er von Deutschland aus über Europa getragen wurde. Und angesichts dieses gewaltigen und einmaligen Traumas für die Juden, zumal die in Deutschland, sind 50 Jahre danach sicher noch nicht genug, um von einem Nachkommen der Opfer die Identifikation mit den Nachkommen der Täter zu erwarten, wie sie sich in der uneingeschränkten Selbst-Attestierung »Ich bin ein Deutscher« dokumentieren würde. Allerdings haben wir immer wieder auch die traurige Erfahrung zu machen, daß unsere nicht-jüdischen Mitbürger für diese Empfindsamkeit nicht sonderlich viel Verständnis aufbringen.

Äußerlichkeiten spiegeln ja oftmals die innere Befindlichkeit wider. Deswegen ist es wohl auch ein Symptom, daß die bundesweite jüdische Interessenvertretung noch immer »Zentralrat der Juden *in* Deutschland« heißt. Ohne allerdings, daß damit willentlich an die Nazizeit angeknüpft werden soll, als der »Zentralverein deutscher Staatsbürger jüdischen Glaubens« und der »Zentralverband der deutschen Juden« zwangsvereinigt wurden und den neuen Namen »Reichsvertretung der Juden *in* Deutschland«

annehmen mußten. Für die Behörden im Nazi-Deutschland war klar, daß ein Jude kein Deutscher sein konnte. Deswegen wurde Wert gelegt auf die Klassifizierung »Juden *in* Deutschland«.

Als sich, vor rund 50 Jahren, der Zentralrat gründete, gab es, erstens, die »deutschen Juden« nicht mehr und waren, zweitens, die in Deutschland gestrandeten Juden, meist befreite Gefangene aus den Konzentrationslagern, ursprünglich auch gar nicht aus Deutschland gekommen, sondern zumeist aus Polen. Insofern war die Namensgebung »Zentralrat der Juden *in* Deutschland« sogar sachlich gerechtfertigt. Mit der nachgewachsenen Generation, mittlerweile in Deutschland geboren, hatte sich, rein objektiv, diese Situation zwar geändert. Doch die Zeit war noch nicht reif, eine Umbenennung in »Zentralrat der deutschen Juden« durchzusetzen.

Und heute? Nun, heute gibt es schon wieder einen rein sachlichen Grund, die Bezeichnung »deutsche Juden« aufzuschieben. Denn unsere Gemeinden, die im Zentralrat zusammengeschlossen sind, bestehen mittlerweile zu durchschnittlich zwei Dritteln aus Zuwanderern aus der ehemaligen Sowjetunion. Die werden zwar, sobald sie von Gesetzes wegen dazu die Möglichkeit haben, die deutsche Staatsbürgerschaft annehmen, aber bis dahin sind sie nun einmal – im Sinne des Staatsangehörigkeits-Rechts – keine Deutschen. Also hat uns die Wirklichkeit doppelt im Griff – und der alte Nachkriegs-Name des Zentralrats ist wieder ziemlich aktuell.

Wer spricht für das Judentum?

Ein protestantischer Pfarrer, mit dem ich befreundet bin, hat einmal darüber geklagt, wie schwierig es sei, die Mitglieder seiner Gemeinde in die Kirche zu bekommen. Sogar sonntags. »Ihr habt es gut«, sagte er seufzend, »wenn wir auch so eine Vorschrift hätten wie ihr mit eurem Minjan, dann hätte ich wenigstens zehn Männer beim G"ttesdienst.«

Ähnliche Seufzer gibt es gelegentlich auch bei uns, und zwar im Blick auf die Katholiken. Wie praktisch ist doch mitunter das Institut des Vatikan. Es gibt einen Papst, einen einzigen auf der ganzen Welt, und der bestimmt, wo es langgeht. Das führt zwar, wie wir aus den Nachrichten immer wieder hören, auch zu vernehmlichem Mißfallen, etwa in Fragen der Empfängnisverhütung oder Abtreibung, aber andererseits ist die Weisung und Entscheidung von einer letztgültigen Instanz nicht zu verachten. Wer mag, der hat jedenfalls eindeutige Klarheit in den Problemfällen seiner Religion, der weiß also, wonach er sich zu richten hat.

Und wie ist das bei uns Juden? Wir haben ja immerhin die beiden Oberrabbiner in Israel, den aschkenasischen und den sephardischen, zwei richtungsweisende Vordenker und Vorarbeiter also, die bei schwierigen Entscheidungen ein gewichtiges Wort sprechen. Das stimmt und das stimmt doch auch wieder nicht. Denn im Gegensatz zum Vatikan sind die Oberrabbiner sehr viel weniger bindend fürs Religionsvolk. Wer möchte, der folgt ihren Vorgaben. Wer nicht möchte, der läßt es sein. Und es trifft ihn kein Bann, keine Ausgrenzung, schon gar nicht die Exkommunikation. Weil es die bei uns sowieso nicht gibt.

Andererseits: Ganz so einfach und so eindeutig ist es nun auch wieder nicht. Was immerhin ganz gut zu uns paßt, denn wir stehen im Ruf, ziemlich diskussionsfreudig zu sein, was wir selbstironisch mit dem Satz kennzeichnen: »Zwei Juden, drei Meinungen.«

Da wir nicht nur gern debattieren, sondern uns auch darin gefallen, gänzlich unterschiedliche Formen religiöser Praxis zu üben, von der Orthodoxie bis hin zur Reform, werden die beiden orthodoxen Oberrabbiner aus Israel nur von den Anhängern dieser ihrer

Ausrichtung als letztgültige Entscheidungsinstanz anerkannt. Die Reformer indessen, insbesondere deren starke Gruppe in den USA, schert sich nicht sonderlich um die weisen Worte aus dem Heiligen Land. Was auch wieder logisch ist, denn die Reformbewegung wird von der Orthodoxie nicht nur nicht anerkannt, sondern, im Gegenteil, noch häufig bekämpft.

Letztlich führt diese Situation zu einer Reihe schwerwiegender Probleme, hausgemachter Probleme wohlgemerkt. Denn nicht genug damit, daß Juden zu allen Zeiten ihre – teilweise existentiellen, ja lebensbedrohlichen – Schwierigkeiten mit der Allmacht der christlichen Kirche hatten, entwickelten sich gerade im Verlauf der zurückliegenden 150 Jahre heftige Tendenzen zur Abweichung und Aufweichung in den eigenen Reihen.

Ausgemachte und hausgemachte Probleme entstehen nun aber ganz konkret dadurch, daß beispielsweise eine Hochzeit oder eine Konversion, so sie von einem liberalen oder Reformrabbiner vollzogen werden, in Israel nicht anerkannt sind. Wer fest entschlossen ist, für alle Zeiten in den USA oder Deutschland zu bleiben, der kann darüber ziemlich gelassen hinweggehen. Aber, erstens, was heißt bei uns Juden schon »für alle Zeiten«? Wer weiß, ob man nicht irgendwann und durch irgendwelche Umstände zur Emigration gezwungen wird? Und außerdem: Was ist mit den Kindern? Wenn sie sich entschließen sollten, nach Israel auszuwandern, wie verhält es sich dann mit ihrem Status?

Eben diese Frage wurde in den zurückliegenden Jahren immer vehementer diskutiert, in Israel zumal, wo die zum großen Teil sehr weltliche Bevölkerung sich dem Diktat der Rabbiner in zivilrechtlichen Angelegenheiten nicht länger beugen will und auf eine klare Trennung von Religion und Staat pocht. Aber nicht allein in Israel. Denn – wie gesagt – die Entscheidungen und die Haltung der dortigen Rabbinate haben schließlich auch Auswirkungen auf jüdische Gemeinden außerhalb Israels.

Besonders nachhaltig bekommen wir, die Juden in Deutschland, diese Situation zu spüren. Denn einerseits haben wir eine sogenannte Einheitsgemeinde, also die unterschiedlichen und teils widerstrebenden religiösen Richtungen unter einem administrativen und politischen Dach vereint, andererseits müssen Entscheidungen, die auch in Israel Bestand haben sollen, von orthodoxen Rabbinern gefällt werden, was ja letztlich nichts anderes bedeutet als ein Zweiklassensystem wichtiger und nachrangiger Rabbiner innerhalb der Einheitsgemeinde. Daß dies den Liberalen und Reformern nicht recht sein kann, darf getrost als nachfühlbar unterstellt werden. Und daß sie fragen, was denn unter solchen Umständen eigentlich die ganze Einheitsgemeinde wert sein soll, das kann man auch noch verstehen. Und ich sage dies, obwohl ich selbst – der ich in meinem persönlichen Umfeld religiös-liberal bin – dennoch die Führungsrolle der Orthodoxie anerkenne, vor allem in Deutschland und so lange jedenfalls, bis wir in Kenntnis und Praxis unserer religiösen Traditionen wieder den Anschluß an frühere Zeiten gefunden haben, was, zugegeben, noch lange dauern wird.

So schauen denn jene, die ungeduldig darauf warten, das Wort von der Einheitsgemeinde zügig mit der Verschiedenartigkeit religiöser Richtungen zu erfüllen, ein bißchen wehmütig in die USA oder auch nach Großbritannien, wo die liberalen jüdischen Gemeinden sehr viel mehr Einfluß und ein erheblich ausgeprägteres Selbstbewußtsein haben und auch eine stärkere Bereitschaft, sich von israelischen Einschränkungen zu emanzipieren. Bei uns in Deutschland indessen wird strikt den aus Jerusalem leuchtenden Maßgaben gefolgt: ex oriente lux.

Warum das so ist, hat natürlich letztlich auch mit der Persönlichkeit der handelnden Personen zu tun. Wir haben nun einmal nicht mehr die bedeutenden und weltweit anerkannten Rabbiner, wie es sie vor der Nazizeit, in Berlin und Breslau etwa, gab. Wir haben nicht mehr jene geistigen Oberhäupter, deren Entscheidungen so klug und wissend waren, daß sie in vielen Ländern und ihren jüdischen Gemeinden als über alle Zweifel erhaben galten. Wir haben statt dessen, was entscheidend nachteilig wirkt, eine zweigeteilte Rabbinerkonferenz, deren orthodoxer Teil sich den Weisungen der als höherrangig angesehenen Kollegen in Israel ziemlich bereitwillig unterwirft, auf Selbstbehauptung verzichtet und sich deshalb von den Entscheidungen der Gremien in Israel freiwillig abhängig macht. Und wir haben die liberale Abteilung der Rabbinerkonferenz, die allein ihrem eigenen Strickmuster folgt. Das wäre nicht weiter schlimm, wenn dies allein die Rabbiner und ihr alltägliches und persönliches Leben beträfe. Da es aber seine dezidierten Auswirkungen auf jede jüdische Familie in Deutschland hat, ist der Ärger vorprogrammiert.

Noch einmal also die Frage: Wer spricht denn nun eigentlich für das Judentum? Und noch einmal die Antwort: Es spricht nicht allein einer und nicht allein ein spezielles Gremium, sondern stets nur jene, die von ihrem Umfeld dazu legitimiert sind. Das klingt komplizierter und undurchsichtiger, als es ist. Das Beispiel der USA möge dies aufhellen: Zu den namhaften Organisationen, die sich in jüdischen Angelegenheiten gern zu Wort melden, zählen beispielsweise die B'nai B'rith-Loge, deren Anti-Defamation-League einen respektablen Namen im Kampf gegen weltweite antisemitische Erscheinungen hat, und das AJC, das American Jewish Comitee, das auch ein Büro in Berlin betreibt, um sich unmittelbar auch in jüdische Angelegenheiten in Deutschland einschalten zu können.

Für die Presse war diese Büroeröffnung so interessant wie für die Politiker, die in dem Berliner Standbein des AJC eine weitere Stufe auf ihrem schon standardmäßig deklamierten Wunsch nach Normalisierung genommen sehen. Eher zurückhaltend dagegen waren die Reaktionen auf Seiten der jüdischen Gemeinden in Deutschland, insbesondere ihres politischen Organs, des Zentralrats. Kein Wunder, denn was sollte wohl vom AJC erwartet werden, das der Zentralrat der Juden in Deutschland zu leisten nicht in der Lage wäre?! Also ist die amerikanische Filiale nichts anderes als ein zwar erträgliches, letztlich aber überflüssiges Konkurrenzunternehmen.

Aber selbst wenn es das nicht wäre, selbst wenn der AJC gute Gründe hätte, seine Tätigkeit auf Europa und auf die Bundesrepublik Deutschland auszuweiten, selbst wenn dies in Übereinkunft mit dem Zentralrat der Juden in Deutschland geschehen wäre – es bliebe immer noch bloß *ein* Mosaikstein im Gesamtbild dessen, was die legitimierte Wahrnehmung jüdischer Interessen ausmacht. Denn auch das AJC ist nur eine Facette jüdischer Interessenvertretung und gemessen am viel bekannteren und einflußreicheren World Jewish Congress nur eine vergleichsweise blaßschimmernde Facette. Und außerdem, da wir ja nun einmal über Europa sprechen, wäre da auch noch der EJC nicht zu vergessen, der European Jewish Congress, dessen Hauptsitz Paris ist, der aber

ebenfalls kürzlich den Standort Berlin für eines seiner Filialbüros entdeckt hat.
Nun habe ich ja bislang nur von den politischen Interessenvertretern jüdischer Angelegenheiten gesprochen, und doch ist die Vielfalt bemerkenswert. Noch weitaus bunter wird es freilich, wenn all die religiös unterschiedlich ausgerichteten Gruppierungen, Organisationen und Institutionen ins Spiel kommen, von denen jede einzelne den Anspruch erhebt, ebenfalls ein ernsthaftes Wort in jüdischen Angelegenheiten mitzureden, sei es die Vereinigung orthodoxer Rabbiner in den USA, natürlich auch deren liberales Gegenstück, die Vereinigung orthodoxer Synagogen in England, das Leo-Baeck-College als Sprachrohr wiederum liberaler Rabbiner, die Europäische Rabbinerkonferenz, die Rabbinerkonferenz in Deutschland und, als Krönung der beinahe babylonischen Vielfalt, die beiden Oberrabbinate in Israel.
Jede der genannten Organisationen sieht sich in der Pflicht und ist heftig willens, in jüdischen Fragen mitzureden, ja sogar die entscheidende Position zu vertreten. Wie war das noch mit dem Satz von den zwei Juden und den drei Meinungen?
Also bliebe doch nur übrig, falls die hier versuchte Aufzählung zu unübersichtlich geraten sein sollte, auf die Frage, wer denn nun für das Judentum spricht, zu antworten: ganz viele verschiedene. Am besten, Sie suchen sich einen aus.

Reform

Wenn Juden sich streiten, interessiert das nicht bloß Cohn und Levi, sondern mit besonderer Begeisterung offenbar auch Hinz und Kunz. Warum das so ist, dies dürfte sich Psychoanalytikern noch am ehesten erschließen. Für uns ist es eine immer wieder feststellbare Tatsache, daß jüdischer Richtungsstreit selten zu mehr medialer Aufmerksamkeit geführt hat als seit der Entdeckung des Reformjudentums durch die Nichtjuden.
Es ist offenkundig, daß unsere nicht-jüdischen Mitbürger auffallend häufig eine Vorliebe für die Reformgemeinschaft haben, während sie allem, was sie als orthodoxes Judentum zu orten meinen, mit einer eher distanzierten Zurückhaltung begegnen. Ich glaube zwar, daß sich hinter dieser Zurückhaltung bei näherem Hinsehen eher Unsicherheit verbirgt und die Vorliebe für die liberalere Glaubenshaltung eher einer sehr diffusen Erleichterung entspringt als einer Kenntnis über die wahren Unterschiede, doch was auch immer im Hintergrund mitschwingen mag: Es ist Fakt, daß die weniger streng an den Traditionen orientierte Einstellung von Juden von vielen anderen als die sympathischere empfunden wird (eine Erfahrung, die in vergleichbarer Form auch die christlichen Kirchen machen).
Derlei Vorurteile, die wie alle Vorurteile ohne wirkliche Kenntnis der Inhalte auskommen, begegnen uns gern auch in Gesprächen mit Politikern, bei denen ich immer das Gefühl habe, sie hielten, was nicht im religiösen Sinne als liberal gilt, für verstockt und kompromißunfähig. Und diese Haltung funktioniert natürlich nicht nur wider besseres Wissen, sondern besonders ohne besseres Wissen. Also versuchen wir nun mal, dem Wissen ein wenig auf die Sprünge zu helfen.
Die Entstehung jüdischen Liberalismus, genauer: des Reformjudentums, geht zurück in die Mitte des 19. Jahrhunderts und hat ihren Ursprung in Deutschland. Gerade hier nämlich existierte vor rund 150 Jahren ein geistig ausgesprochen reges Judentum, in dem sich das betonte Festhalten am überlieferten Brauchtum und die Ideen moderner Universalbildung begegneten mit dem Ergebnis, daß einzelne Rabbiner nach angemessenen Wegen suchten,

die Ansprüche der Aufklärung unter den Hut einer jahrtausendealten Religion zu bekommen – und bei allen von ihnen als zeitgemäß empfundenen Veränderungen die Ursprünge dennoch nicht preiszugeben.

Vermutlich kann dieses »sowohl als auch« überhaupt nicht funktionieren, ohne daß auf elementare Grundlagen verzichtet wird. Aber in Zeiten begeisterten Reformeifers läßt man derlei von Vernunft geprägte Gedanken kaum zu, weil sie der Begeisterung entgegenstehen, von der das Streben nach Veränderung geprägt ist. Dies ist ziemlich deutlich geworden am Beispiel des Rabbiners Zacharias Fränkel, der um 1845 selbst zu den Reformierern zählte, also zur Opposition des Althergebrachten, doch dann sehr bald die Opposition innerhalb der Opposition verkörperte, weil ihm der angestrebte Wandel dann doch um einiges zu radikal erschien. Fränkel, Oberrabbiner von Sachsen, verstand sich selbst als Vertreter eines positiv historischen Judentums, aufgeschlossen für moderate Neuerungen, einer der namhaften Protagonisten moderner Öffnung. Doch auch seine Aufgeschlossenheit kannte Grenzen. Als bei einer Konferenz der Reformeiferer in Frankfurt sogar die hebräische Gebetssprache zur Disposition gestellt und durch die deutsche Landessprache ersetzt werden sollte, war für Fränkel der Moment der Reue gekommen und er erklärte seinen Rückzug von der wilden Reform.

Man weiß ja von so manchem historischen Beispiel, daß Veränderungen mitunter weit übers Ziel hinausschießen, ehe das Pendel dann wieder zurückschlägt und irgendwo bei Normalnull zum Stillstand kommt. Ein Vorgang, der gelegentlich ein paar Jahre Zeit braucht und einigermaßen extreme Ausformungen aufweisen kann. So war es auch bei den jüdischen Reformern in Deutschland, deren Abweichung vom althergebrachten in seinen besonders radikalen Verästelungen den Traditionalisten schon wie ein neuer Tanz ums Goldene Kalb erschienen sein mag. Nicht ganz ohne Grund, wenn wir uns den radikalsten unter den Reformern betrachten, den eigentlich aus der alten Tradition des Ostjudentums nach Deutschland gekommenen Rabbiner Samuel Holdheim. Er war überzeugt davon, daß viele Elemente des Judentums von nationalem Charakter geprägt waren und ihre Berechtigung in dem Moment verloren hatten, da die Römer den jüdischen Staat zer-

störten. Dazu zählte Holdheim nicht allein die Gesetze königlicher Regentschaft, die Vorschriften des Tempels und der Priesterschaft, nicht nur die zivile und strafrechtliche Rechtsprechung, wie sie sich aus der Thora ableitet, sondern sogar die Regeln für Hochzeit oder Scheidung sowie eine ganze Reihe von Regeln für Familie, Heim und Synagoge. All diese Vorschriften seien im Augenblick des Verlusts eines eigenen Staates obsolet geworden.
Nur: Holdheim beließ es nicht bei dieser sehr eigenwilligen Interpretation, die ihn jahrtausendealte Traditionen als überholt und verzichtbar empfinden ließ, sondern er wagte sich sogar ans Eingemachte, an die Grundsubstanz jüdischen Glaubens und seine Riten. Den Shabbat verlegte er auf den Sonntag mit der Begründung, daß er der Ruhetag der großen Mehrheit im Lande und von den Gesetzen des Staates unter Schutz gestellt sei und es keinen wirklichen Einwand gäbe, den jüdischen Ruhetag dem der nichtjüdischen Mehrheit anzupassen. Eine Reihe jüdischer Feiertage erklärte er zudem für grundsätzlich unzeitgemäß, weil sie nicht religiösen, sondern nationalen Charakters seien, und Trauungen zwischen Juden und Christen waren ihm ebenfalls kein Hemmnis, da schließlich beide Religionen sich durch den Monotheismus auszeichneten, den Glauben an den einen G"tt.
In Schwerin, wo Holdheim in der zweiten Hälfte des 19. Jahrhunderts als Rabbiner amtierte, gelangen ihm seine Umformungen nur in Ansätzen. Doch seine hohe Zeit brach an, als er zum Sprecher einer Gruppe berufen wurde, die sich in Berlin von der Jüdischen Gemeinde abgespalten hatte. Dort wurde in der Tat der Shabbat auf den Sonntag gelegt, die hebräische Gebetssprache bis auf wenige Passagen durch die deutsche Landessprache ersetzt und ohne Kopfbedeckung aus der Thora gelesen. Es dürfte kein Verlust gewesen sein, daß die Berliner Reformgemeinde der Holdheim-Separatisten keine Nachahmer im übrigen Deutschland fand.
Das heißt nun sicher nicht, daß überall im Lande die sehr traditionalistischen Gemeinden bestimmend gewesen wären, ganz im Gegenteil. Mehr und mehr gewannen die Modernisierer an Boden, nur eben nicht in ihrer extremistischen Variante der Supraprogressiven, sondern als Liberale, die graduell unterschiedlich die gewohnten Bräuche über Bord warfen, mal mehr, mal weniger. Doch selbst in ihrer abgeschwächten Modernisierungsphase waren sie

damit weit entfernt von der Orthodoxie, für die es damals unvorstellbar war und noch heute unvorstellbar ist, daß Frauen und Männer sich in die Mitzwot, die religiösen Gebote, teilten, Frauen also gleichberechtigt aus der Thora lesen, G"ttesdienste leiten und sogar als Gemeinderabbinerinnen amtieren konnten.

Heutzutage gibt es hierzulande den Zentralrat der Juden in Deutschland, der gegenwärtig etwa 100.000 jüdische Menschen repräsentiert – gegenwärtig deshalb, weil die Tendenz noch leicht steigend ist –, und es gibt den deutschen Zweig der World Union of Progressive Judaismus, eine, wie der Name vermuten läßt, besonders in den USA verbreitete Richtung, die in Deutschland kaum mehr als 3000 Mitglieder zählt. In den Gemeinden, die dem Zentralrat angehören, gibt es ungefähr so viele liberale Rabbiner wie orthodoxe, auch Rabbinerinnen, auch Gemeinden, in denen der G"ttesdienst von Frauen geleitet wird und Frauen zur Thora aufgerufen werden. Und natürlich gibt es vor diesem Hintergrund auch Richtungsdebatten. Schließlich lebt das Judentum seit 2000 Jahren, seit der Zerstörung des zweiten Tempels, vom Debattieren. Wer das für unerbittlichen Streit hält, kann von Debattenkultur nicht sonderlich viel verstehen.

Ich selbst habe nie einen Hehl daraus gemacht, daß ich mich eher in der traditionellen Ausrichtung zu Hause fühle und nicht damit vertraut bin, daß eine Rabbinerin oder eine Kantorin durch den G"ttesdienst führt. Da aber ein jeder nach seiner Façon glücklich werden möge, rauben mir die Abweichungen vom Ursprung nicht den Schlaf – so lange jedenfalls, wie ich die Möglichkeit habe, meinen Vorstellungen vom religiösen Leben gemäß leben zu können.

Ein Problem hätte ich – und ich gestehe es freimütig ein –, wenn ich in einer Stadt zu leben hätte, in deren einziger Synagoge eine Rabbinerin amtieren würde. Und das gleiche Problem hat ein betont liberal eingestellter Jude, wenn es ihn umgekehrt in eine Stadt verschlägt, deren jüdische Gemeinde nach orthodoxem Ritus geführt wird. Mit einem nicht ganz unwesentlichen Unterschied allerdings: Jeder Liberale kann sehr wohl in einer orthodoxen Synagoge beten. Umgekehrt jedoch funktioniert das nicht ganz so einfach. Also ist es auch eine Frage des gegenseitigen Respekts, Einschränkungen anzuerkennen und nicht auf dem Prinzip des »Alles oder nichts« zu beharren.

Über den Umgang mit dem Gedenken

Die Monate Tamus und Aw des hebräischen Kalenders sind die jüdischen Trauermonate, die uns an die großen Katastrophen der jüdischen Geschichte erinnern, die beiden Zerstörungen des Heiligen Tempels in Jerusalem. In all den Jahrhunderten, da Juden in aller Welt dieser Ereignisse gedachten und am 17. Tamus wie am 9. Aw die Trauergebete in den Synagogen sprachen, war die Möglichkeit einer weit größeren Katastrophe gewiß kaum vorstellbar. Im letzten Jahrhundert jedoch hat die Wirklichkeit alles eingeholt, was jemals denkbar gewesen wäre. Und seither hat das Grauen, das unvorstellbare Leid, die grenzenlose Pein einen Namen: In der Sprache der Vollstrecker war es die »Endlösung«, in der Sprache der Opfer ist es die »Shoa«. Und wem beides nicht so leicht von den Lippen geht, der flüchtet sich in den eigentlich unpassenden, wenngleich zum Synonym gewordenen Titel einer Hollywood-Fernsehserie, nämlich »Holocaust«.

Nicht nur in Deutschland, dem Land, aus dem das Unglück über die Juden Europas kam, sind gelegentlich Sprachstörungen zu konstatieren. Auch die weltweite katholische Kirche war jahrzehntelang stumm, ehe sie im Frühjahr 1998 ihr von großen Erwartungen begleitetes Vatikan-Dokument über den Holocaust veröffentlichte. Dort hat zwar die höchste katholische Institution erstmals über die Fehler der Vergangenheit gesprochen, über den jahrhundertealten Antijudaismus zumal, doch fand dabei auch wieder jene zum Standard erhobene Einschränkung ihren Ausdruck, die alle Eingeständnisse mit dem Versuch einer Rechtfertigung verband.

Nun wissen wir aus leidvoller Erfahrung, daß es anscheinend zu den schwierigsten Unterfangen zählt, Eingeständnisse zu machen, Fehler zuzugeben, ohne zugleich durch Erklärungsversuche die eigene Darstellung wieder zu relativieren. Wir wissen dies aus jahrzehntelanger Praxis im Umgang mit der Erinnerung an die Shoa. Und es bereitet uns gelegentlich Schmerz zu erkennen, wie schwer es allem Anschein nach ist, das »mea culpa« mehr als nur verbal zu praktizieren.

Wie aber gehen wir selbst, die Juden, denn eigentlich mit unserer

Verpflichtung um, das Geschehen der Vergangenheit wachzuhalten? Lassen Sie mich dazu zunächst einmal drei gänzlich unterschiedliche Beispiele nennen:
Es war während einer Anti-Rassismus-Veranstaltung auf der Bühne eines Staatstheaters in Deutschland, als eine Klesmer-Gruppe auftrat und für ihre jiddischen Lieder gewaltigen Applaus erhielt. Die Klarinettistin der Gruppe, als Kind jüdischer Emigranten aus Wien in Israel aufgewachsen, sagte das nächste Lied, die »Jiddische Mamme«, mit den Worten an: »Jetzt spielen wir ein Lied, bei dem Juden immer weinen. Sie haben es halt gern traurig ...« Einer der Zuschauer verließ daraufhin verärgert das Theater. Es war ein Jude, dessen Eltern das KZ überlebt hatten. Und ihm war diese Erklärung einfach zu dumm.
Ein anderes Beispiel: Ein jüdischer Amerikaner, beruflich nach Deutschland versetzt, kämpfte wochenlang mit sich, ob er es seiner Mutter gestehen könnte, daß er ausgerechnet in Deutschland seine neue Wirkungsstätte finden sollte. Ausgerechnet in dem Land, aus dem seine Mutter einige Jahrzehnte zuvor wie ein Hund davongejagt worden war. Nein, nicht wie ein Hund. Denn der hätte es in Deutschland weit besser gehabt als die Juden. Erst am Tag seines Abflugs gestand er es der Mutter, nicht im persönlichen Gespräch, sondern mit der Distanz des Telefons. Aber erfahren würde sie es ohnehin, denn er fuhr nach Deutschland, um seinen Posten als neuer amerikanischer Botschafter anzutreten. Und so etwas ließ sich auch vor der Mutter nicht verheimlichen.
Und noch ein Beispiel: Eine ältere jüdische Frau, die Auschwitz überlebt hatte, pflegte sich, wenn sie in nichtjüdischer Gesellschaft war, stets ihre KZ-Tätowierung am linken Unterarm mit einem Streifen Hansaplast zu überkleben. So wollte sie den Fragen ausweichen, die doch unvermeidlich waren. Für ihre Kinder, die selbstbewußt und provokativ forderten, sie möge die Nummer mit Stolz tragen, hatte sie nur einen vielsagend traurigen Blick.
Drei Beispiele aus dem jüdischen Leben, drei Szenen vom Umgang sogenannter Nachgeborener mit dem Ereignis, das wir uns »Shoa« zu nennen angewöhnt haben, Katastrophe also.
Die Begriffsfindung scheint schon schwierig genug zu sein. Um wieviel mehr aber erst das richtige Verhalten. Daß die anderen, die Nichtjuden, damit ihre Probleme haben, bekommt jeder von

uns immer mal wieder und bei den unterschiedlichsten Gelegenheiten zu spüren. Verbogen-verkrampfte Formulierungen, Vergleiche und Relativierungen sind uns jedenfalls mindestens so vertraut wie Symbole aufrichtigen Mitgefühls oder das Anerkenntnis kollektiver Schande eines Volkes, in dessen Namen die gräßlichsten der nur vorstellbaren Verbrechen verübt wurden.
Daß allerdings auch wir selbst, die Kinder der Opfer, die Nachgeborenen, die sogenannte Second Generation, unsere Probleme mit der Leidensgeschichte unserer Eltern und mithin mit unserer eigenen Geschichte haben, das bekommen wir manchmal stärker zu spüren, als es uns lieb sein könnte. Nur, wie gehen eigentlich wir selbst mit dieser Last um? Und wie unsere Kinder, die allmählich auch erwachsen werden? Und wie geht man überhaupt mit dieser Vergangenheit um?
Eine anscheinend für unser, der Juden, Empfinden wichtige Art des Umgangs ist es, die Bereitschaft zum Gedenken anzumahnen, dabei zugleich mit Skepsis auf die Standardisierung von Geschichtsdaten zu schauen und ihre Umsetzung in das institutionalisierte Gedenken oft als zu geschäftsmäßig zu empfinden, als Pflichtübung halt. Dann verlangen wir – zu Recht! – eine Erinnerung in Gefühlsregungen und übersehen doch oft, daß man Sensibilität wohl nicht einfordern kann.
Denken wir nur an das Datum des 9. November. Seit Jahrzehnten begehen wir diesen Tag in trauernder Erinnerung an die Schandnacht, da in Deutschland die Synagogen in Brand gesteckt wurden. Für viele von uns sind diese Gedenkstunden, die wir, wo immer es möglich ist, in unseren Synagogen begehen, zu einem so fest institutionalisierten Termin geworden, daß er mithin größere Selbstverständlichkeit genießt als unser religiöser Feiertag zur Erinnerung an die beiden Tempel-Zerstörungen, nämlich der 9. Aw. Da sitzen wir dann einträchtig nebeneinander, die Letzten aus der Opfer-Generation mit den Letzten aus der Täter-Generation, die Kinder der Opfer und die Kinder der Täter. Gemeinsam erinnern wir uns, gemeinsam deklamieren wir, gemeinsam beschwören wir die Lehren aus der dunklen Vergangenheit und gemeinsam geloben wir, die Lehren auch wirklich gezogen zu haben. Und nach längstens einer Stunde gehen wir wieder auseinander, als wäre damit getan, was zu tun war.

Selten ist mir die Ambivalenz dieser Gedenkstunden deutlicher geworden als im Jahr der Feuersbrünste von Rostock und Hoyerswerda. Auch da wurde vor den Augen vieler gaffender, ja schrecklicherweise sogar applaudierender Zuschauer Brandstiftung verübt, auch da schritt keine Polizei ein und kein der eigenen Zivilcourage oder wenigstens der Moral verpflichteter Nachbar. 50 Jahre lang wurden wir nicht müde, die Lehren aus dem Geschehen des 9. November 1938 anzumahnen – und dann dies!
Wenn es ums Verdrängen geht, gibt es zwischen Juden und Nichtjuden, zwischen Opfern und Tätern, zwischen deren Kindern und Enkeln natürlich Unterschiede. Aber Verdrängung funktioniert letztlich auf beiden Seiten. Die einen sind ihres schlechten Gewissens müde, die anderen brauchen Verdrängung als Selbstschutz. Wie auch sonst könnten Juden in Deutschland leben? Wie auch sonst könnten sie Medikamente kaufen, die aus den Forschungslabors von Tochterfirmen der nur als organisatorische Einheit zerschlagenen IG-Farben-Industrie stammen, deren massiver Geschäftserfolg einst mit der Fronarbeit verschleppter Sklaven begründet wurde. Und wie auch sonst könnten sie ihre Sparbücher oder Geschäftskonten bei Banken haben, die zu den Förderern und Nutznießern von Nazi-Partei und SS zählten?
Natürlich können auch Juden, zumal jene der unmittelbaren Leidens-Generation, in Deutschland nur mit Verdrängung existieren. Wir beklagen die gelegentlich leidenschaftliche Verdrängungslust unserer nichtjüdischen Nachbarn und übersehen geflissentlich, daß wir selbst nicht eben selten die Augen verschließen, gewissermaßen als Ausdruck essentieller Existenz-Notwendigkeit.
Stimmt nicht? Dann denken wir doch mal an die beiden Synagogen-Brände von Lübeck. Mir fällt dann immer ein Fernseh-Interview mit einem jüdischen Professor aus Deutschland ein, der einmal gefragt wurde, wann für ihn die Möglichkeit zum Leben in diesem Lande erschöpft sei. Seine vollmundige Antwort lautete, es sei dies der Moment, da in Deutschland wieder Synagogen brennen würden. Ja, und dann geschah Lübeck. Und es geschah gleich zweimal hintereinander. Der Professor lehrt noch immer an seiner Alma mater. Nur hat er wahrscheinlich seine persönliche Meßlatte zwischenzeitlich ein bißchen nach oben verschoben, leise und unauffällig. Damit ihn niemand darauf anspricht.

Geben wir es ruhig zu: Die meisten von uns handeln nicht anders und machen sich mitunter schon etwas vor. Etwa dann, wenn wir erstaunt zur Kenntnis nehmen, wie sehr beliebt bei den jüdischen Emigranten aus der ehemaligen Sowjetunion der Zielhafen Deutschland ist. Ausgerechnet Deutschland? Wo es sich doch schließlich auch in Israel gut leben läßt. Das sagen wir, die wir in Deutschland leben. Aber immerhin, wir spenden eifrig für den Magbid, die israelische Aufbauhilfe. Das soll ja ein probates Mittel gegen Gewissensbisse sein.

Ohne Ironie, wir verspüren gelegentlich durchaus unsere eigene Widersprüchlichkeit. Und dann merken wir sehr genau, daß uns die Shoa-Folgen festhalten, auch uns aus der zweiten Generation und auch unsere Kinder.

Weil dies so ist, sind wir uns der Vergangenheit, des Leidens unserer Eltern vermutlich dennoch bewußter als die der Second Generation in den USA, in Großbritannien, ja selbst in Israel. Es ist Last und Verpflichtung zugleich: Wir, die wir uns wegen unserer Existenz in Deutschland mit gelegentlich wortreichen Begründungen letztlich doch nur verteidigen, sind die Garanten der Erinnerung. Und sei es ungewollt, aber die Ehrenpflicht des Gedenkens an unsere ermordeten Verwandten läßt uns nicht los.

Mögen wir mit dem Gedenken an die Shoa vielleicht unzureichend und für uns selbst unbefriedigend umgehen, so stellen wir uns doch immerhin der Geschichte. Wir sind die Protagonisten der Erinnerung, ob wir es wollen oder nicht. Man denke nur an das Beispiel des neuinstallierten Holocaust-Gedenktags vom 27. Januar. Ohne ständige Anmahnung von jüdischer Seite würde der Deutsche Bundestag vermutlich noch heute über ein zu findendes Datum nachdenken. Wenn überhaupt!

Also stimmt auch im Falle der Erinnerungsarbeit das Wort: »Wer, wenn nicht wir?« Das mag manchem als Ausdruck eines angemessenen Umgangs mit der Shoa und besonders im Land der Shoa nicht ausreichend sein. Aber es ist nun einmal die Wirklichkeit.

G"tt und Holocaust

Man glaubt es kaum, wie vielfältig-hinterhältig die verschiedenartigen Versuche sind, im Karpfenteich jüdischer Menschen auf Fischzug zu gehen. Besonders natürlich unter den Zuwanderern, die aus der ehemaligen Sowjetunion zu uns kommen und nach einem Menschenalter unter kommunistischer Religionsfeindlichkeit den Traditionen und Inhalten des eigenen Glaubens so weit entfernt worden sind, daß häufig nur mehr rudimentäre Kenntnisse übriggeblieben sind.

Zu den besonders heuchlerischen wie heimtückischen Versuchen, Menschen vom Zugang zur eigenen Religion abzuhalten, um sie für einen anderen Glauben zu gewinnen, gehören jenes scheinbare Mitgefühl mit dem Leiden des jüdischen Volkes in den Zeiten Hitler-Deutschlands und die dann nachgelegte Frage, was dies für ein G"tt sein müsse, der sechs Millionen Opfer eines in der Weltgeschichte einmaligen Genozids erlaubt habe. Wem Glaubensfragen vielfach so fremd sind wie oftmals und zwangsläufig unseren Zuwanderern, der wird einigermaßen hilflos reagieren. Mich erinnert diese Situation dann immer an meine frühen Schuljahre, als ich, der damals etwa achtjährige Junge, von einem Volksschullehrer – mit vermutlich der gleichen Hinterhältigkeit – gefragt wurde, wieso ich an einen G"tt glaubte, der doch so schrecklich unbarmherzig und grausam sei, so ganz und gar anders als der G"ttessohn Jesus.

Was vermag ein Achtjähriger auf eine solche Frage wohl zu antworten? Allenfalls, daß er im Glauben seiner Eltern und Vorväter erzogen werde. Aber er wird ganz bestimmt nicht mit jenen Bibelstellen antworten können, die ein ganz und gar anderes Bild des jüdischen G"ttes abgeben als jenes von dem Lehrer, übrigens einem protestantischen Religionslehrer, gezeichnete. Und dessen Grundhaltung ist kaum mit seiner irgendwann dann erfolgten Pensionierung aus dem Sprachgebrauch und dem Denken der nichtjüdischen Umwelt verschwunden. Denn auch heute noch begegnen uns regelmäßig die journalistischen Fehlgriffe, die – wenn über einen israelischen Militärschlag als Folge eines terroristischen Attentats auf die Zivilbevölkerung berichtet wird –

gern von der sogenannten alttestamentarischen Unbarmherzigkeit der Juden sprechen. Gelernt ist anscheinend gelernt.

Kehren wir zurück zu unserem Thema: Was mag es wohl gewesen sein, das G"tt bewogen haben könnte, einen Massenmord an sechs Millionen zuzulassen, die nichts anderes getan hatten, als an eben diesen G"tt zu glauben oder – mögen sie selbst Agnostiker gewesen sein – von Eltern oder Großeltern abzustammen, die an eben diesen G"tt geglaubt hatten? Sie werden von mir hoffentlich keine allumfassende, keine alle Zweifel ausräumende und plausible Antwort erwarten. Nicht in dieser Frage, über die es vielfältige Veröffentlichungen von viel kenntnisreicheren Autoren gibt – und die dennoch immer noch nicht ausreichend beantwortet zu sein scheint, denn sonst würde sie nicht immer mal wieder neu gestellt.

Ziemlich verbreitet ist wohl die kühne Behauptung, der Holocaust sei die g"ttliche Strafe für zahlreiche Verfehlungen seines auserwählten Volkes gewesen, ein gigantisches Sühnezeichen also. Wie immer man diesen Unfug bewerten mag, er ist jedenfalls keine jüdische Interpretation. Der verstorbene Lubawitscher Rebbe hat dies einmal mit den Worten deutlich gemacht, daß ein Massenmord an sechs Millionen, davon allein an einer Million unschuldiger Kinder, kaum eine Vergeltung für Sünden gewesen sein könne. Denn nicht einmal Satan selbst sei wohl in der Lage, so viele und so gravierende Sünden zu veranlassen, daß sie als Erklärungsversuch für einen derart gigantischen Menschen-Mord herhalten könnten.

Im Gegenteil: Wir Juden verstehen die Opfer des nationalsozialistischen Mordprogramms als »Kedoshim«, als Märtyrer, denn sie verloren ihr Leben in der Heiligung von G"ttes Namen, nur deshalb, weil sie Juden waren und an den einen und einzigen G"tt glaubten. Dies aber kann kaum als ein strafwürdiges Verhalten interpretiert werden, das zudem ein derart ausuferndes Ausmaß erklären könnte.

Wenn es aber um Erklärungen geht, sind wir Menschen häufiger eingegrenzt in unserem Horizont. Selbst die Größten unseres Volkes, angefangen bei Moshe Rabbeinu, unserem großen Lehrer Moses, sind hier an ihre Grenzen gestoßen. Soweit bekannt, war es eben Moses, der nach der Überlieferung als erster die Frage stellte, warum der Gerechte leiden müsse, das Böse aber gedeihen dürfe. Die Antwort, die ihm zuteil wurde, nämlich die Feststellung: »Ich bin der Herr, dein G"tt. Du sollst keine anderen Götter neben mir haben«, klingt dabei auf den ersten Blick sehr viel weniger als erhellende Antwort denn als purer Befehl. Wenn freilich die Wortwahl »andere Götter« als Anspielung auf menschlichen Intellekt verstanden wird, dann läßt dies Interpretationen auch in bezug auf die Befolgung g"ttlicher Weisungen zu.

Menschliche Wahrnehmungsfähigkeit ist nun einmal und ohne Frage nicht grenzenlos. Sonst hätten wir sämtliche Antworten auf alle Fragen des Universums zum Nachschlagen verfügbar. Wenn wir aber erkennen und uns eingestehen, daß unsere Möglichkeiten des Verstehens begrenzt sind, müssen wir auch akzeptieren, daß es Dinge jenseits unseres Horizonts gibt, die sich unseren Erklärungsversuchen entziehen. Ich möchte Ihnen dies an einem Gedankenspiel erläutern, das ich kürzlich auf einer Internet-Seite aus den USA gefunden habe:

Nehmen wir an, ein primitiver Mensch aus einer lange zurückliegenden Zeit wird mit einer Zeitmaschine in unser Jahrhundert versetzt und wird Zeuge einer bei uns inzwischen selbstverständlich gewordenen Operation am offenen Herzen. Er sieht Unbekannte in grünen Kitteln, mit Plastikhandschuhen an den Händen und Masken vor dem Gesicht. Dann wird ein erkennbar hilfloser, weil schlafender Mann auf einem Tisch in den Raum gerollt und einer der Maskierten greift zu einem Messer und schneidet dem Schlafenden die Brust auf. Da der primitive Besucher nicht weiß, was moderne Medizin ist, muß er zu der schrecklichen Schlußfolgerung kommen, soeben Zeuge eines eiskalten Mordes zu werden. Dort, wo er herkommt, werden jedenfalls Menschen nicht auf diese heimtückische Weise im Schlaf getötet, sondern ehrenhaft, im Kampf Mann gegen Mann.

Wollen wir nun den Versuch unternehmen, dem Besucher aus der Vergangenheit zu erklären, daß er nicht einem Akt der Tötung beiwohnt, sondern im Gegenteil einer lebensrettenden Operation. Er wird uns nicht verstehen und er wird wohl auch jeden Versuch verweigern, abstrakt verstehen zu können. Er wird die Ärzte als Mörder sehen und er wird darauf bestehen, eine besonders perfide Art der Hinrichtung gesehen zu haben. Im g"ttlichen Operationssaal sind wir alle, alle Menschen dieser Erde, primitive Besucher, deren Kenntnisse und deren Verständnis auf einer niedrigen Stufe begrenzt sind und die deshalb schnell bei der Hand sind, den Chef-Operateur für all das vorschnell zu kritisieren, was er als lebensrettende Maßnahme unternimmt. Einzig jene, die im Glauben gefestigt sind, werden sich mit der Annahme beschwichtigen, daß es G"ttes Wille sei, Gutes und Richtiges zu tun, und daß selbst Schmerz und Leiden für etwas gut sein mögen, was sich unserem Verstehen einstweilen noch entzieht.

Jenseits der Glaubens-Ebene kann die manchmal theologische, manchmal rhetorische Frage, wo G"tt während des Holocaust war und wieso er, der jedes Wunder zu vollbringen in der Lage sei, dem Mord nicht Einhalt geboten habe, auch politisch modifiziert werden. Nicht also: Wo war G"tt? Sondern: Wo war die Menschheit? Es ist *eine* Sache, daß eine zivilisierte Nation, die bis dahin unzählige Dichter und Denker hervorgebracht hatte, in einer Vernichtungsaktion unvorstellbaren Ausmaßes ein ganzes Volk zu eliminieren trachtete. Es ist *eine* Sache, daß Zeitungen und Radiostationen in einem bis dahin nicht gekannten Propaganda-Feldzug den Weg bereiteten, den möglicherweise aufkeimenden Widerstand gegen den Massenmord nur denkbar kleinzuhalten. Und es ist *eine* Sache, daß all die Philosophen und Theologen, all die Intellektuellen und Kultivierten nicht willens oder in der Lage waren, dem Absinken ihrer Nation in die schlimmste Barbarei Einhalt zu gebieten. Aber es ist eine *andere* Sache, erkennen zu müssen, daß auch die übrige Welt jahrelang schwieg. Und nicht allein nur schwieg, sondern untätig blieb, zusah und sich nicht rührte. So gesehen muß es wie eine g"ttliche Fügung erscheinen, daß Nazi-Deutschland den USA den Krieg erklärte. Denn deren Eintritt in den Krieg war letztlich entscheidend dafür, daß Deutschlands »Endlösung« nicht zu Ende geführt werden konnte.

Wenn uns also der Holocaust etwas gelehrt hat, dann die Erkenntnis, daß Menschen sich nicht auf die eigenen geistigen Qualitäten ihrer Mitmenschen verlassen können, nicht auf Bildung und nicht auf die Grundsätze von Recht und Gerechtigkeit. Vielleicht sind es tatsächlich der Glaube und die Überzeugung von der Existenz eines höheren Wesens, die uns jene moralischen und ethischen Grenzen auferlegen, deren Befolgung vor rund 60 Jahren Millionen

Menschen hätte vor dem Tod bewahren können. Einer der Grundsätze des Judentums ist die Überzeugung, daß nicht zuvorderst das Studium der heiligen Schriften, nicht also die bloße Theorie und das gelehrte Wissen um ihre Inhalte an der ersten Stelle g"ttgefälliger Taten stehen, sondern die Praxis, die Tat.

Displaced Persons

Er bewegt uns immer noch und immer wieder, der Blick auf jene mehr als ein halbes Jahrhundert alten Fotos von der Befreiung der deutschen Konzentrationslager durch die alliierten Armeen, die Amerikaner, die Briten und die Russen. Noch immer schmerzt der Blick und läßt einen schaudern: Ausgemergelte, zu Skeletten heruntergehungerte Menschen, deren glanzlose Augen tief in dunklen Höhlen liegen, zahnlose Gesichter, kahlgeschorene Köpfe, zerlumpte Gestalten, die sich nur mit Mühe aufrecht halten können. Menschen, die schon todgeweiht waren; Menschen, die in letzter Minute ihren Henkern entrissen und dem Leben zurückgegeben wurden; Menschen, deren Existenz eine einzige Anklage gegen die Unmenschlichkeit war.

Wohin sollten sie nun gehen nach ihrer plötzlichen und schon nicht mehr erwarteten Befreiung? Zurück in ihre Heimatorte in Polen oder Rußland? Dorthin, wo keiner ihrer Angehörigen, ihrer Freunde oder Bekannten mehr am Leben war? Dorthin, wo alle Merkmale, ja sogar jede Erinnerung an ihre einstige Existenz ausgelöscht waren? Oder nach Westen? In das Land der Mörder womöglich, wo der unermeßliche Schrecken unter Umständen seine Fortsetzung finden würde?

Es scheint seltsam genug, daß es die meisten der Entwurzelten tatsächlich nach Deutschland verschlug. Freilich nicht mit eigentlicher Absicht und noch weniger aus Überzeugung. In die polnische oder russische Heimat zurück, das verbot sich schon wegen des dort sich nahtlos an die deutsche Besatzung anschließenden Antisemitismus. Nach Deutschland wollten sie ebensowenig. Doch Deutschland war von den alliierten Siegern besetzt, von den Amerikanern zumal, und deren Nähe verhieß gute Behandlung und Menschlichkeit.

Allerdings gab es Ausnahmen, die gleichwohl das strahlende Bild amerikanischer Freundlichkeit nicht zu trüben vermochten. Die personifizierte Ausnahme war der als heldenhafter Haudegen gerühmte US-General George Patton, dessen glühender Antisemitismus sich wenig von dem deutschen Rassismus unterschied, der zu den Nürnberger Gesetzen des Jahres 1935 geführt hatte.

Aus Pattons verquerer Sicht waren die Juden »schlimmer als wilde Tiere«. So vertraute er es 1945 seinem Tagebuch an, offenbar absolut unbeeindruckt vom Leiden und von der Todesqual von Millionen Juden, die sich den amerikanischen Siegern eben erst eröffnet hatten, etwa bei der Befreiung des Konzentrationslagers Dachau, das von Pattons Panzern überrollt worden war. Und wie gefühlloser Zynismus mutet es da an, daß Patton tausende soeben befreiter jüdischer Opfer erneut in Lager stecken, von Stacheldraht einzäunen und – Gipfel seiner Unfähigkeit zum Mitgefühl – von deutschen Bewachern kontrollieren ließ.
Nicht lange freilich, dann wurde die Weisung des Generals aufgehoben, nachdem eine Untersuchungskommission dem amerikanischen Parlament berichtet hatte und dort das Verhalten des Generals uneingeschränkt mißbilligt worden war. So blieb Pattons Feindseligkeit eine Marginalie von, zum Glück, nur kurzer Dauer. Und unterdessen schwoll der Strom der Entwurzelten weiter an. Es füllten sich die Wartesäle in der amerikanischen Zone und bescherten den Siegern ein unerwartetes Problem: Wohin mit den Ausgestoßenen, den Heimatlosen, die kraftlos und krank einer ungewissen Zukunft im Irgendwo entgegengingen?
Den Alliierten fiel in der Tat nicht viel mehr ein, als die Entwurzelten erneut in Lager zu stecken, wenn auch diesmal ohne Stacheldraht, und ihnen einen Namen zu geben, der die ganze Hoffnungslosigkeit in Worte faßte: Displaced Persons, Menschen am falschen Platz. Dabei waren die »Deplazierten«, von diesem einen Qualifikationsmerkmal abgesehen, alles andere als eine einheitliche Gruppe. Da gab es die befreiten jüdischen KZ-Häftlinge unterschiedlichster europäischer Nationalität, dann einstige russische Kriegsgefangene und die zunächst starke Gruppe der ehemaligen »Fremdarbeiter«, jener Arbeitssklaven also, die ihrer Heimat entrissen worden waren, um in Deutschlands Rüstungsfabriken Fronarbeit zu leisten oder bei deutschen Bauern Felder zu bestellen.
Die Kriegsgefangenen und die sogenannten Fremdarbeiter wurden schon nach wenigen Wochen und Monaten repatriiert, wie es in der damaligen Terminologie hieß, also in ihre Heimatländer zurückgeführt. Nur für die jüdischen DPs gab es diese Rückkehr nicht, denn in Polen beispielsweise hatten schon wenigen Wochen nach Kriegsende abermals blutige Pogrome gegen jüdische

Rückkehrer eingesetzt. Deshalb blieb dieser größte Teil der Displaced Persons auch weiterhin in seinem Lager-Provisorium, teilweise sogar jahrelang, richtete sich vorübergehend ein und gab sich selbst einen von Trauer gezeichneten Namen, der ihre Situation dennoch treffend beschrieb: Sheerit Hapleita, die geretteten Reste des jüdischen Volkes.
Sie selbst sahen sich als gerettete Reste, doch für ihre Umgebung blieben sie oftmals jene Menschen, die nach Kriegsende zu den wieder einmal Unerwünschten in Deutschland zählten. Sie waren die Verschleppten und Entwurzelten: deplaziert.
Es ist gewiß eine Frage der eigenen Herkunft, wie man mit diesem Terminus umgeht. Für mich und vor dem Hintergrund der Leidensgeschichte meiner Eltern (besonders meiner seligen Mutter, die im KZ Auschwitz zur Zwangsarbeit in einer Munitionsfabrik gepreßt worden war) ist die Qualifikation als »DP« beinahe ein Ehrentitel. Für manche andere, besonders für jene, die sich vor dem Einmarsch der Alliierten, vor dem Ende des Krieges zu den Nutznießern der verschleppten und versklavten Opfer gemacht hatten, insbesondere für die Verantwortlichen der Rüstungsindustrie, klang die Bezeichnung DP gelegentlich wie ein Schreckensruf.
Noch in den sechziger Jahren veröffentlichte eine hessische Tageszeitung die Nachkriegs-Erinnerungen eines ihrer Redakteure, passenderweise eines ehemaligen Wehrmachtsoffiziers, der auch zwanzig Jahre danach noch von den DPs als »bis an die Zähne bewaffneten Marodeuren« und deren angeblich »blutiger Mordgier« schrieb.
Zum Glück müssen wir uns beim Versuch der historisch *korrekten* Einordnung nicht nur auf ehemalige Wehrmachtsoffiziere verlassen. Im »Darmstädter Echo« etwa hat Klaus Honold mit viel sensiblem Einfühlungsvermögen die DPs von einst deutlich anders beschrieben: »Während die Täter, die Deutschen, zumeist in bürgerliche Normalität zurückkehrten, nach Hause, in die vom Krieg zwar versehrte, aber nicht ausgelöschte Familie und Heimat, war ihren Opfern jeder Weg versperrt zu dem, was sie einst besaßen – die Familien ermordet, die Heimat verbrannt. Alles, was eine Herkunft ausmacht, war liquidiert.« Und weiter: »Über das, was den von Deutschen geraubten, gejagten, gefolterten Men-

schen nach dem Kriegsende widerfuhr, hat man hier wenig wissen wollen. Im Gegenteil, im Land der Täter besann man sich nur auf Leid, das einem die Opfer zufügten.«

Klingt es nicht beinahe wie Hohn, wenn wir alle, Politiker und Kirchenleute, Journalisten und Lehrer in der Erkenntnis unseren gemeinsamen Nenner finden, daß nur die Erinnerung Schutz vor der Wiederkehr des Geschehenen biete, was wir bei institutionalisierten Gedenktagen dann auch artig und regelmäßig aufsagen – wir aber dann an just dem Punkt der Erinnerung kläglich versagen, wo es um das Leiden der Opfer *nach* dem 8. Mai 1945 geht, etwa die Leiden der Sinti, denen in vielen Fällen die gerechte Wiedergutmachung versagt blieb. Oder eben die Geschichte der DPs, die so perfekt verdrängt worden ist.

Nein, halt, die Verdrängung hat bis ins Jahr 1995 funktioniert. Dann besannen sich einige im allgemeinen Taumel der Jubiläumserinnerung und des runden Datums jener historischen Randerscheinung, kramten die Namen der Sklaven von einst unter den Aktenbergen städtischer und staatlicher Archive hervor und luden ein paar der wenigen noch am Leben gebliebenen menschlichen Arbeitsmaschinen, der »Fremdarbeiter« von einst, zu einem Besuch an den Ort einstiger Qual. In den Zeitungen war dann nachzulesen von Rührung auf beiden Seiten, von Verbrüderung und dem guten Gefühl, mit dem die Besucher wieder gen Osten abgereist seien, mit der Erkenntnis nämlich, daß dieses Deutschland nun ein anderes Deutschland geworden sei. Und damit durfte im Buch der Geschichte wahrlich eine neue Seite aufgeschlagen werden, ein unbeschriebenes Blatt sozusagen.

Ich erinnere mich nicht, daß anläßlich der Besuche der einstigen Sklaven aus Rußland, aus der Ukraine oder aus Polen die Frage von individueller Entschädigung erörtert worden wäre; daß die Frage gestellt worden wäre, ob nicht vielleicht die florierenden Unternehmen, die den Grundstock für ihren Reichtum damals mit der schamlos und hemmungslos ausgebeuteten Arbeitskraft der Sklaven zu schaffen verstanden hatten, womöglich nachträgliche Rentenzahlungen für die Zwangsarbeiter leisten sollten. Statt dessen gab es hier und dort Betriebsführungen am Ort einstiger Schmach, bei denen stolz darauf verwiesen wurde, was seit damals alles aufgebaut worden sei. Von Geld dagegen wurde nicht gesprochen. Bei Geld hört ja bekanntlich auch die Freundschaft auf.

Und heute? Es gibt inzwischen eine von der Bundesregierung initiierte und der Industrie beinahe aufgezwungene Zwangsarbeiter-Entschädigung. Aber was ist denn eigentlich vorhanden an Kenntnis über die einstigen DPs? Wer weiß denn über die Geschichte jener, von denen manch einer Bürger dieses deutschen Staates geworden ist, hier sein neues Leben, sein zweites Leben begann, hier seine Wurzeln schlug – und doch oftmals unbefragt geblieben ist über seine Vergangenheit und über das Zeichen seines großen Zutrauens in das neue, in das bessere Deutschland. Dieses Zeichen, das er vor der ganzen Welt zu setzen bereit war, indem er sich entschied, hierzubleiben und hier zu leben.

Wenig ist nur bekannt. Und das Interesse wird nicht erkennbar größer. Dennoch spüren gerade die Opfer von einst mehr denn je die Notwendigkeit, sich mitzuteilen, um der Nachwelt ihre Erinnerung zu hinterlassen. Zu oft aber will niemand sie fragen. Und dies hat, wie Hannah Ahrendt einst schrieb, »kein Mensch je verdient«.